STEFAN BAUER

DER RETTER VON RIAD

Über den Autor:

Stefan Bauer war viele Jahre als ausgebildeter Rettungsassistent im Bereich des Katastrophenschutzes und in der Notfallmedizin tätig. Er arbeitete in Deutschland, in der Schweiz und in Saudi-Arabien. Von Juni 2011 bis Juni 2012 hielt er sich als Paramedic in Riad auf, wo er unzählige, oft dramatische Einsätze für den Roten Halbmond Saudi-Arabien fuhr. Der Vater einer achtjährigen Tochter lebt in der Nähe von Koblenz. Stefan Bauer ist ein Pseudonym.

STEFAN BAUER

DER RETTER VON RIAD

Als Sanitäter in Saudi-Arabien –
wo Tradition mehr zählt als Menschenleben

BASTEI LÜBBE TASCHENBUCH

BASTEI LÜBBE TASCHENBUCH
Band 60944

MIX
Papier aus verantwortungsvollen Quellen
FSC® C083411
www.fsc.org

Dieser Titel ist auch als E-Book erschienen

Vollständige Taschenbuchausgabe der 2015 bei Lübbe Hardcover unter dem Titel »Der mit dem Scheich tanzt. Mein Jahr in Saudi-Arabien« erschienenen Paperbackausgabe

Umschlaggestaltung: www.buerosued.de
Satz: Greiner & Reichel, Köln
Gesetzt aus der Bembo Std 12,25/14·
Druck und Verarbeitung: CPI books GmbH, Leck – Germany
ISBN 978-3-404-60944-4

2 4 5 3 1

Sie finden uns im Internet unter: www.luebbe.de
Bitte beachten Sie auch: www.lesejury.de

Für Hannah

Wir müssen keine perfekten Helden sein,
aber wir haben die Pflicht zu handeln, selbst wenn
es scheint, dass wir mit einem Löffel
den Ozean ausschöpfen.

Roman Herzog

Inhalt

مقدمة: كيف بدأت القصة

Vorwort: Wie alles begann

Ein Jahr lang habe ich in Riad, der Hauptstadt des Königreichs Saudi-Arabien, gelebt und dort für den Roten Halbmond im öffentlichen Rettungsdienst gearbeitet. Meine Erlebnisse möchte ich Ihnen mit diesem Buch näherbringen.

Da meine Erfahrungen einen ungeschönten Blick auf das Leben in Saudi-Arabien eröffnen, vermute ich, dass man dort nicht erfreut sein wird über das, was ich schreibe. Um mich, meine Familie, meine Freunde und meine ehemaligen Kollegen zu schützen, wurden deshalb alle Namen und Orte verfremdet. Stefan Bauer ist ein Pseudonym, mein richtiger Name tut nichts zur Sache. Des Weiteren ist die zeitliche Abfolge der Einsätze willkürlich gewählt, um Rückschlüsse auf meine saudischen Kollegen zu erschweren.

Eines ist mir jedoch sehr wichtig: Dieses Buch soll keine Kritik am Islam sein. Ich habe ihn als friedliche Religion kennen- und schätzen gelernt. Meine Kritik bezieht sich vielmehr auf die kulturellen Missstände in Saudi-Arabien. Der Islam wird hier meiner Ansicht nach missbraucht, um Unrecht und Unterdrückung religiös zu legitimieren.

Wie kam es zu meinem Jahr in Saudi-Arabien? Ich hatte 1998 mein eigentlich angestrebtes Abitur im jugendlichen Leichtsinn und zum Ärger meine Eltern vorzeitig nach der zwölften Klasse abgebrochen, da ich keine Lust mehr auf die Schule hatte. Direkt im Anschluss an mein Schulfiasko begann ich eine kaufmännische Ausbildung und schloss sie 2001 erfolgreich ab. Da mir anschließend der Wehrdienst drohte und ich mich nicht monatelang herumkommandieren lassen wollte, verpflichtete ich mich 1999 auf Anraten eines Berufsschulkollegen zu sieben Jahren ehrenamtlichem Dienst im Katastrophenschutz beim Technischen Hilfswerk und arbeitete hauptberuflich als Kaufmann in einem IT-Systemhaus. Laut Aussage des Kollegen konnte man die Zeit beim THW entspannt absitzen und trotzdem in seinem Beruf arbeiten.

Aus der Pflicht wurde für mich aber rasch eine anspruchsvolle Leidenschaft, denn über das Technische Hilfswerk absolvierte ich einen Kurs zum Sanitätshelfer. Dies war mein erster Kontakt zur Notfallmedizin, wenn man den Erste-Hilfe-Kurs für den Führerschein außer Acht lässt. Sie fesselte mich so sehr, dass ich zeitgleich beim Deutschen Roten Kreuz ehrenamtlich aktiv wurde. Jedes Wochenende war fortan dem Katastrophenschutz und Sanitätsdiensten bei Sportveranstaltungen, auf dem rheinischen Karneval und bei großen Musik-Events gewidmet. Aus reinem Interesse begann ich eine nebenberufliche Ausbildung zum staatlich geprüften Rettungssanitäter, welche ich 2004 erfolgreich abschloss.

Im selben Jahr ging mein Arbeitgeber konkurs, womit auch meine kaufmännische Karriere endete. Fortan arbeitete ich hauptberuflich als Rettungssanitäter im Rettungsdienst beim Deutschen Roten Kreuz und bildete mich zwei Jahre lang auf einer Abendschule zum Rettungsassistenten weiter.

Was eigentlich der Unterschied sei zwischen einem Rettungssanitäter und einem Rettungsassistenten, werde ich immer wieder gefragt. Entgegen der landläufigen Meinung ist der Rettungsassistent dem Rettungssanitäter übergeordnet. Die Ausbildung zum Rettungssanitäter dauert drei Monate, die Berufsausbildung zum Rettungsassistenten dauert zwei Jahre und ist wesentlich komplexer. Man lernt die notfallmedizinische Behandlung von diversen Erkrankungen und Verletzungen, inklusive der Gabe von Notfallmedikamenten und Sicherung der Atemwege. Als Rettungsassistent hat man auf einem Rettungswagen die medizinische Verantwortung direkt nach dem Notarzt.

Auch privat tat sich Wichtiges: Nach zwei weiteren Jahren im Rettungsdienst kam meine Tochter Sophie zur Welt, doch leider trennten ihre Mutter und ich uns. Um für Sophie auch finanziell sorgen zu können, beschloss ich 2008, in die Schweiz auszuwandern, und arbeitete fortan im Rettungsdienst eines kleinen Schweizer Spitals. Die Arbeit dort war aus drei Gründen interessant: Erstens erhielt ich das Dreifache meines – sehr niedrigen – deutschen Gehalts. Zweitens gab es dort im Rettungsdienst keine Notärzte, was bedeutete, dass es mir erlaubt war, das, was ich in der Ausbildung zum Rettungsassistenten gelernt hatte, auch ohne Notarzt anzuwenden. Ich durfte in der Schweiz im Gegensatz zu Deutschland zum Beispiel stärkste Schmerzmittel verabreichen. Drittens konnte ich aufgrund eines sehr flexiblen Dienstplans mit zum Teil achtundvierzigstündigen Diensten meine Tochter trotz der Entfernung von fünfhundert Kilometern regelmäßig sehen.

Eigentlich war meine Welt ganz in Ordnung. Trotzdem beendete ich 2011 meine Tätigkeit in der Schweiz und zog nach Riad, um dort im Rettungsdienst zu arbeiten. Hier setzt das Buch ein, das Sie in Händen halten.

Wenn Sie jetzt weiterlesen, was ich hoffe, werden Sie feststellen, dass ich teilweise eine recht derbe Sprache an den Tag lege und des Öfteren fluche und schimpfe wie ein Droschkenkutscher. In meinem Beruf ist das ziemlich normal. Der Alltag im Rettungsdienst besteht leider aus extremen Situationen, und da wird dann auch gerne extrem gesprochen. Als Rettungsdienstmitarbeiter sieht man regelmäßig Dinge, die ein Normalsterblicher, wenn überhaupt, vielleicht einmal in seinem ganzen Leben zu Gesicht bekommt. Viele meiner Kollegen, egal in welchem Land, haben genau wie ich einen starken Hang zum Sarkasmus. Auf einen Außenstehenden mag das auf den ersten Blick geschmacklos wirken, für uns ist es jedoch ein wichtiges Ventil. Ich habe es für mich persönlich immer als angenehm empfunden, schlimmen Situationen durch ein wenig Sarkasmus die Dramatik zu nehmen und das Erlebte für mich dadurch erträglicher zu machen. Außerdem bin ich ein Freund der direkten Worte, wenn es nötig ist.

Sie werden auf den folgenden Seiten teils lustige, teils heftige und brutale Geschichten erfahren. Wenn es Ihnen zu viel werden sollte, rate ich Ihnen, das Buch zur Seite zu legen und ein Stündchen draußen spazieren zu gehen. Frische Luft und die friedliche Natur haben mir immer geholfen, meine Erlebnisse zu verarbeiten.

Eine Anekdote möchte ich Ihnen als Auftakt noch erzählen. Ende 2013 las ich folgende Aussage von Franz Beckenbauer zu den Arbeitsbedingungen auf den Fußballbaustellen in Katar: »Ich habe noch nicht einen einzigen Sklaven in Katar gesehen, also die laufen alle frei rum, weder in Ketten, gefesselt noch mit irgendwelchen Büßerkappen am Kopf, also das habe ich noch nicht gesehen. Wo diese Meldungen herkommen, ich weiß es nicht. Ich habe mir vom arabischen Raum […] ein anderes Bild gemacht, und ich glaube, mein Bild ist realistischer.«

Ich habe mich damals maßlos aufgeregt. Heute erscheint mir die Aussage des »Kaisers« aber absolut einleuchtend. Der ausgebeutete Gastarbeiter hält sich eben selten in Luxushotels auf. Beckenbauer konnte die Sklaven also gar nicht sehen.

Aufgrund dieses und eines anderen Artikels zu Saudi-Arabien schrieb ich einen Leserbrief an *Spiegel Online*. Wochen später führte Rainer Leurs vom *Spiegel* ein Interview mit mir. Weitere Monate vergingen, bis der Artikel auf *Spiegel Online* veröffentlicht wurde. Das Interesse war riesig, und ich bekam letztendlich die Chance, meine Erlebnisse in diesem Buch niederzuschreiben.

Aber nun genug davon. Ich wünsche Ihnen einen interessanten Einblick in den sonst abgeschotteten Alltag Saudi-Arabiens.

Stefan Bauer

أريد تبديل الجبال
السويسرية مقابل رمل الصحراء الساخن

Tausche Schweizer Berge gegen heissen Wüstensand

Es ist mal wieder einer dieser langweiligen Tage im Spital Menziken. Menziken ist ein kleiner, beschaulicher Ort im Kanton Aargau in der Deutschschweiz, rund fünfzig Kilometer von der deutschen Grenze entfernt. Ich arbeite hier seit ungefähr zwei Jahren im Rettungsdienst. In meiner einsatzfreien Zeit helfe ich ab und an in der Notaufnahme und in der Anästhesieabteilung des Spitals aus, wodurch ich im Bereich der Behandlung von Patienten, zum Beispiel in der Schmerztherapie, noch routinierter werde.

Inzwischen ist es früher Nachmittag. Sascha, mein deutscher Kollege, und ich haben seit sieben Uhr morgens Dienst auf dem Rettungswagen, und es gab noch nicht einen Einsatz. In Menziken passieren einfach wenige Notfälle. Wir haben den halben Tag mit YouTube-Videos zugebracht, in der Cafeteria zu Mittag gegessen und sitzen jetzt bei einem Kaffee gemütlich in der Sonne auf der Terrasse des Spitals. Sascha blättert gelangweilt in einem Magazin für Notfallmedizin.

»Schau dir das mal an!«, sagt er plötzlich und deutet auf eine Stellenanzeige. »Die suchen Rettungsassistenten als Paramedic für Saudi-Arabien, Bereich Boden- und Luftrettung!«

»Kein Bedarf«, winke ich ab, »ich hab schon einen Job. Außerdem sind wir keine Paramedics.«

Als Paramedic bezeichnet man die qualifizierteste Ausbildungsstufe eines Sanitäters in den USA. Von den Aufgaben her ist ein Paramedic in vielen Bereichen mit einem Notarzt in Deutschland vergleichbar. Allerdings hat der Paramedic nicht die freie Therapiewahl wie ein deutscher Notarzt, sondern alle Kompetenzen sind penibel in Handlungsanweisungen und Algorithmen geregelt.

Sascha bleibt dran. »Die suchen ja auch deutsche Rettungsassistenten!«

»Wir sprechen aber kein Arabisch, zumindest ich nicht. Oder hast du mir da etwa dein verborgenes Sprachtalent verschwiegen?«, frage ich leicht spöttisch. Wir frotzeln uns ständig, wie große Jungs.

»Du musst nur Englisch können.«

»Kannst du das denn?«, frage ich gehässig.

»Du Depp, natürlich! Ich war schließlich mehrere Jahre Funker bei der Marine, falls dir das entfallen sein sollte. Und du? Was ist mit deinem Englisch?«

»Ich war zwar nicht bei der Marine, im Gegensatz zu dir spreche ich die Sprache aber einigermaßen verständlich.« Das ist nicht übertrieben. Im Schulzeugnis hatte ich es zwar nur auf eine Vier gebracht, aber aus Langeweile fing ich irgendwann im Rettungsdienst an, englische Bücher zu lesen. Anfangs musste ich jedes zweite Wort nachschlagen, aber mit jedem Buch wurden meine Kenntnisse besser. Auch amerikanische Serien auf DVD reizten mich dann irgendwann nur noch in der Originalsprache.

»Na, wenn du so gut Englisch sprichst, kannst du dich ja bewerben«, meint Sascha leichthin.

»Kann ich«, entgegne ich grinsend. »Und die würden mich auch nehmen, im Gegensatz zu dir!«

Das Geplänkel wird vom Piepsen unseres Pagers unterbrochen. Eine Röntgenfahrt nach Aarau. Diese Transporte sind unser Hauptgeschäft unter der Woche. Wir bringen

Patienten aus unserem kleinen Spital zur Computertomografie in eine radiologische Praxis am Hauptbahnhof Aarau. Dort warten wir eine halbe Stunde und fahren dann die dreißig Kilometer mit dem Patienten wieder zurück. In der Regel sind die Patienten fit, und die Aktion gleicht einer Taxifahrt mit dem Rettungswagen. Bis zum Abend fahren wir noch eine weitere solche Tour, und die Nacht schlafe ich im Bereitschaftszimmer durch.

So weit, so gut, so langweilig. Manchmal fühle ich mich wie ein Feuerwehrmann, der ab und zu eine Zigarette ausdrücken darf, aber nie ein richtiges Feuer sieht. Wir haben auch Notfalleinsätze, aber das Gros sind radiologische Konsilfahrten. Bei 1200 Einsätzen im Jahr haben wir umgerechnet 3,28 Einsätze in vierundzwanzig Stunden. Bei zwei bis drei Konsilfahrten am Tag lässt uns die Statistik nicht mehr viel Luft für anspruchsvolle Notfälle.

Am nächsten Morgen fahre ich ausgeruht nach Hause, und mir fällt die Stellenanzeige wieder ein. Saudi-Arabien klingt exotisch und spannend, ich weiß nicht viel über das Land. Es ist ein Königreich und hat viel Öl, die Bevölkerung ist unglaublich reich und islamisch, und die 9/11-Terroristen kamen wohl überwiegend aus der Gegend. Riad … Das klingt anders als Menziken. Soll ich vielleicht …?

Mir ist, wie immer, wenn mir etwas durch den Kopf geht, nach Motorradfahren zumute. Am liebsten düse ich planlos mit meiner Suzuki Bandit durch die Gegend, genieße es, im Fahrtwind an nichts zu denken, einfach nur fahren. Ich werfe mich in meine Lederkombi, setze den Helm auf und brause Richtung Süden in die Berge. Ein wenig um den Vierwaldstätter See, ein paar Pässe. Nach vier Stunden bin ich wieder zu Hause, mit klarem Kopf und voller Energie. Ich setze mich an meinen Computer und tippe eine E-Mail an die deutsche Rettungsdienstschule, welche die Stellenanzeige geschaltet hat, und bitte um die Zusendung weiterer Informationen zum Bewerbungsverfahren. Es ist der 22. September 2010. Ich drücke auf »Senden« und vergesse die Geschichte gleich wieder. Doch zwei Tage später erhalte ich Post: eine E-Mail der Rettungsdienstschule mit einer Infobroschüre.

Ich beginne zu lesen, und mit jedem Satz wächst mein Interesse.

Sehr geehrter Herr Bauer!
Vielen Dank für Ihr Interesse und das damit entgegengebrachte Vertrauen. Damit Sie sich ein besseres Bild der ausgeschriebenen Stelle machen können, haben wir einige häufig nachgefragte Informationen für Sie zusammengefasst:
Unser Kooperationspartner ist eine nationale Hilfsorganisation, die in Saudi-Arabien exklusiv mit der Notfallrettung betraut ist.
Unsere Anforderungen an Sie sind natürlich an die Stelle angepasst. Sie sollten über mindestens 24 Monate Berufserfahrung als Rettungsassistent verfügen, weitere Erfahrung bzw. Erfahrung im Ausland ist wünschenswert, aber kein Muss. Da Sie in einem internationalen Umfeld arbeiten, sollte Ihr Englisch in Wort und Schrift gut sein (auf alles Weitere bereiten wir Sie vor). Ihre bereits vorhandene soziale Kompetenz sollte auch insofern eine kulturelle Kompetenz sein, als Sie problemlos in einer religiös, kulturell und sozial neuen Umgebung arbeiten können. Es ist unumgänglich, dass Sie interessiert sind, sich entsprechend Ihrer neuen Aufgaben fortzubilden. Da die Unterschiede zwischen den (deutschen) ärztlichen Rettungsdienst-Systemen und einem nicht-ärztlichen Paramedic-System erheblich sind, müssen Sie bereit sein, sich im Rahmen unserer Vorbereitung fortzubilden.
Wenn Sie interessiert sind, senden Sie uns bitte Ihre schriftliche

Bewerbung. Wir würden uns freuen, Sie bald in München zu einem Bewerbungsgespräch zu sehen!

Ich bin wie elektrisiert. Das passt! Genau so etwas würde ich gerne machen. Leben retten statt Taxi fahren!

Immer wieder lese ich mir die Beschreibung durch und sehe mich schon in Uniform vor einem Rettungswagen unter Palmen und vor Sanddünen, im Hintergrund vielleicht ein paar Kamele.

Meine Bewerbungsunterlagen sind schnell ausgedruckt und auf den Weg nach Deutschland gebracht. Drei Wochen später fahre ich an einem Samstag nach München zu einem Vorstellungsgespräch in der Rettungsdienstschule. Offiziell deklariere ich das als Wochenendausflug, ich habe noch niemandem von der Bewerbung erzählt.

Ich werde von zwei Mitarbeitern der Rettungsdienstschule München, welche den Auswahlprozess für den Saudischen Roten Halbmond durchführt, in einem Bürokomplex in München-Sendling empfangen: Christian Maier und Klaus Stumpf. Klaus Stumpf ist Mitte vierzig und leicht untersetzt, wir haben – nicht zuletzt wegen der Figur – sofort einen guten Draht. Er arbeitet seit drei Jahren als Paramedic in Riad und ist gerade auf Heimaturlaub. Alle drei bis vier Monate fliegt er nach Deutschland, um seine Frau und seine zwei Kinder zu sehen.

Natürlich will ich wissen, wie es ist, als Paramedic in Saudi-Arabien zu arbeiten. Er erzählt mir, dass die Unfallquote sehr hoch sei, die überwiegende Zahl der Einsätze seien deshalb Traumaeinsätze. »Die Kompetenzen als Paramedic in Riad sind vergleichbar mit denen eines Notarztes in Deutschland«, erklärt er mir. »Medikamentengabe, Schmerzmittel, Narkosen, Intubation und Todesfeststellungen – das alles ist dort Alltag.«

Da ich in der Schweiz all diese Dinge ja bereits eigenständig durchführen muss und es in meiner Ausbildung auch gelernt habe, ist das nichts Neues für mich. Es klingt aber auf jeden Fall spannender als das, womit ich derzeit meine Brötchen verdiene. Und deutlich mehr Geld gibt es auch, Herr Maier rechnet mir vor, dass mein Gehalt bei umgerechnet fünftausend Euro netto im Monat liegen würde, inklusive freier Unterkunft, Flügen und günstigen Lebenshaltungskosten.

»Wir möchten Sie sehr gerne für die Stelle haben, Herr Bauer«, versichert er mir. »Ihr Profil und Ihre Erfahrung passen perfekt, Sie sind genau der, den wir suchen!«

Ich fühle mich geehrt und gebauchpinselt, erbitte mir aber trotzdem ein paar Tage Bedenkzeit und fahre zurück in die Schweiz.

Auf der Rückfahrt geht mir das Gespräch andauernd durch den Kopf. Mein Entschluss ist eigentlich schon gefasst. Ich werde zusagen. Das Gehalt ist toll, und wer kann von sich behaupten, in Saudi-Arabien gearbeitet zu haben? Das klingt nach einem großen Abenteuer, und nach über zwei Jahren gemütlicher Langeweile in der Schweiz brauche ich vielleicht einen Tapetenwechsel. Ich muss das nur noch meinen Eltern schonend beibringen. Zuerst rede ich mit meinem Vater, der sich alles anhört und seine Bedenken äußert. Die Entfernung zu Deutschland, die fremde Kultur und die politische Lage sind für ihn Argumente gegen das Projekt, aber die Entscheidung überlässt er letztendlich mir. Meine Mutter reagiert wesentlich emotionaler und ist für die Sache gar nicht zu begeistern. Sie erzählt mir unter Tränen von Krieg und Terroristen.

Ich lasse mir das Für und Wider immer wieder durch den Kopf gehen. Die Entfernung zu Deutschland ist mittlerweile durch Skype und Telefonie nicht mehr ganz so groß, die fremde Kultur sehe ich als Bereicherung, und die politische Lage in Saudi-Arabien scheint mir stabil. Drei Tage später sage ich Herrn Maier per E-Mail zu. Ich werde mindestens ein Jahr in Saudi-Arabien arbeiten.

Jetzt heißt es, Sascha die Neuigkeit zu überbringen. Wie er wohl reagieren wird?

»Ich hab eine Zusage für Saudi-Arabien bekommen. Nächstes Jahr fange ich an«, erkläre ich ihm beiläufig, als wir wieder im Rettungswagen sitzen und auf einen Einsatz warten, der höchstwahrscheinlich nicht kommen wird.

Sascha sieht mich mit offenem Mund an. »Du hast was? Das ist jetzt nicht dein Ernst!«

»Doch, ich hab ja gesagt, dass die mich nehmen.«

»Ich glaub's nicht, Mann. Respekt! Und dann arbeitest du da richtig als Paramedic?«

»Ja, mit allem Drum und Dran. Wolltest du dich nicht auch bewerben?«

Sascha winkt ab. »Fahr du erst mal da runter, und wenn es gut ist, komme ich nach.«

»War ja klar, dass du kneifst«, sage ich hämisch.

»Ach weißt du, irgendjemand muss ja in der Schweiz die Stellung halten! Ich wünsch dir Glück!«

Im Dezember fahre ich wieder nach München, um an einem notfallmedizinischen Kurs teilzunehmen. Ohne diesen Kurs kann ich die Stelle in Riad nicht antreten. Ende Dezember kündige ich mein Arbeitsverhältnis, denn irgendwann im März soll meine Abreise stattfinden.

Je näher der angepeilte Termin rückt, umso nervöser werde ich. Doch erstaunlicherweise ist es weniger Angst vor dem Ungewissen, die mich aufgeregt macht, als vielmehr eine gewisse Euphorie. Endlich passiert wieder etwas in meinem Leben!

Im Februar nehme ich noch mal an einem zweiwöchigen Kurs in München teil, zusammen mit drei weiteren Rettungsassistenten, die ebenfalls nach Riad sollen. Dieses Mal erfahren wir mehr über Menschen und Kultur des Landes, in dem wir in Kürze leben und arbeiten werden. Durch den Kurs wird mir vieles zum ersten Mal richtig bewusst, zum Beispiel, was es bedeutet, in Saudi-Arabien eine Frau als Patientin zu haben und der Willkür des Ehemannes, Vaters oder Sohnes ausgeliefert zu sein. In Saudi-Arabien sind Frauen nicht mündig und dürfen viele Entscheidungen des Alltags nicht selbst treffen. Der Ehemann, Vater oder Sohn ist dort Vormund der Frau und entscheidet alles für sie – vom Arbeitsplatz bis hin zu medizinischen Behandlungen.

Man erklärt uns auch, dass wir auf keinen Fall über Religion oder die Politik des Nahen Ostens diskutieren sollen. Trotzdem – so ganz ahnungslos möchte ich dort nicht auflaufen. Ich fange deshalb an, nebenher den Koran zu lesen. Der Islam ist das Fundament in diesem Land, da will ich zumindest einen kleinen Überblick haben.

Das Rettungsdienstsystem in Saudi-Arabien wird ebenfalls noch einmal detailliert erläutert. Es gibt dort ein paramedizinisches System ohne Notärzte. Die höchste medizinische Instanz an der Einsatzstelle ist der Paramedic oder kurz »Medic« genannt. Dieser hochqualifizierte Sanitäter hat ähnliche Befugnisse wie ein Notarzt in Deutschland, muss sich aber auch an strikte Notfallalgorithmen halten, die sein Handeln definieren. In Saudi-Arabien arbeiten auch arabische Ärzte als Paramedics, denen der Rote Halbmond jedoch nicht immer traut, weshalb sie manchmal keine Medikamente verabreichen dürfen.

Des Weiteren vertiefen wir unser medizinisches Englisch, und wir bekommen ein paar erweiterte medizinische

Maßnahmen, darunter den sogenannten Luftröhrenschnitt, beigebracht. Man gibt uns noch den Tipp mit auf den Weg, dass wir uns amerikanische Serien auf DVD in der Originalsprache ansehen sollten, um unser Englisch zu verbessern. Ich muss ein wenig schmunzeln, weil ich das ja schon seit Jahren praktiziere. Deshalb weiß ich: Es hilft wirklich.

Ende Februar wird es richtig ernst. Ich löse meine gemütliche Zweizimmerwohnung in der Schweiz auf, verkaufe meinen silbernen Hyundai Sonata und meine geliebte Suzuki und ziehe übergangsweise zu meinen Eltern nach Koblenz. Nebenbei muss ich alle möglichen Formalitäten erledigen. Meine kompletten Berufsunterlagen müssen ins Arabische übersetzt und mehrfach beglaubigt werden. Am Ende werden alle Dokumente und Zeugnisse von der ausstellenden Behörde, die Übersetzungen vom Amtsgericht und alles zusammen vom Bundesverwaltungsamt und schließlich von der saudischen Botschaft beglaubigt. Ich muss mich einem medizinischen Test inklusive HIV-Test unterziehen und ein Visum beantragen.

Das alles dauert. Der Verwaltungsprozess zieht sich immer länger hin, während die Hoffnung, doch noch nach Riad zu kommen, von Tag zu Tag schwindet. Aus den geplanten wenigen Wochen bei meinen Eltern werden am Ende fast fünf Monate. Klaus Stumpf und ich skypen mittlerweile regelmäßig und sind jetzt per Du. Von den ursprünglich vier Bewerbern sind nur noch zwei übrig – ich und Christoph –, und auch ich habe mich zwischenzeitlich schon auf andere Stellen beworben. Denn wenn das so weitergeht, muss ich mir einen neuen Job in Deutschland oder in der Schweiz suchen, da meine finanziellen Rücklagen schrumpfen.

مرحبا بكم في الرياض

Willkommen in Riad

Endlich! Nach Wochen der Warterei ist mein Flugticket angekommen. Es ist Juni, nicht März, wie ursprünglich geplant. Aber egal. Irgendwie hat es am Ende doch geklappt. In drei Tagen werde ich im Flugzeug sitzen und einem neuen Lebensabschnitt entgegenfliegen. In der Nacht von Donnerstag auf Freitag werde ich in Riad landen, nach gerade einmal sechseinhalb Stunden Flug.

Meine Anspannung wächst stündlich, ich erledige letzte Besorgungen. Ich kaufe mir neue Einsatzstiefel, ein paar Einsatzhosen und dunkelblaue Hemden, da Klaus mir gesagt hat, dass die gestellte Einsatzkleidung qualitativ nicht die beste sei. Dann decke ich mich noch mit ein paar Büchern ein. Als absoluter Nicholas-Sparks-Fan dürfen seine Bücher auf der Reise nicht fehlen – der toughe Sanitäter liest tatsächlich Herz-Schmerz-Romanzen ... All meine Sachen passen in einen riesigen Koffer und einen Rucksack.

Die Stimmung bei mir und meinen Eltern wird zunehmend bedrückter. Einerseits freue ich mich auf das große Abenteuer, andererseits sehe ich die Angst und Traurigkeit in den Augen meiner Mutter.

Donnerstagmittag fahren meine Eltern mich zum Flughafen Frankfurt. Mein Vater trägt meine Abreise mit Fassung, aber als ich meine Mutter weinen sehe, fließen auch bei mir die Tränen.

Vor der Passkontrolle nehme ich beide in die Arme und drücke sie fest an mich. Wir ahnen nicht, dass diese Reise mein Leben zutiefst prägen wird und ich als ein anderer Mensch wiederkehren werde.

Ich bin sehr zeitig dran, mein Flug ist noch gar nicht angezeigt – genügend Zeit, nach all dem Gerödel der letzten Tage etwas zur Ruhe zu kommen und einen klaren Gedanken zu fassen. Ich sitze im Boardingbereich und weiß nicht recht, was ich mit mir anfangen soll. Mein Abenteuer geht jetzt tatsächlich los, und in ein paar Stunden werde ich in einer völlig fremden Kultur landen. Bin ich eigentlich verrückt?

Ich packe ein Buch aus und lege es nach drei Zeilen wieder weg. Ich gehe auf und ab und schaue ohne Unterlass auf die Uhr. Überdurstig trinke ich einen Schluck und habe dann doch keinen richtigen Durst mehr. Ich sehe einen kleinen Kiosk und kaufe mir spontan eine Packung Zigaretten und ein Feuerzeug. Nach fast vier Monaten der Abstinenz rauche ich eine Zigarette in einer dieser Raucherboxen – es wird die erste von vielen sein –, und das Nikotin vollbringt seine unheilvolle Wirkung: Meine hibbelige Nervosität fällt schlagartig von mir ab.

Nach sechs weiteren Zigaretten ist der Flug bereit zum Boarding, und ich begebe mich ins Flugzeug. Jetzt gibt es keinen Weg mehr zurück.

Der Flug mit Saudi Arabian Airlines ist unspektakulär. Das Unterhaltungsprogramm an Bord ist quasi nicht existent, und ich schlafe irgendwo über der Türkei ein. Eine Stunde vor der Landung wache ich wieder auf, als die Stewardessen Einreiseformulare verteilen. Das Formular erläutert mir noch einmal, dass die Einfuhr von Alkohol, Schweinefleisch, Pornografie, religiösen Materialien und Drogen illegal ist und mit dem Tod bestraft werden kann.

Ich habe ein reines Gewissen – nicht mal der Zipfel einer Salami oder eine Dose Bier wird in meinem Gepäck zu finden sein.

Die bisher unverschleierten Araberinnen begeben sich kurz vor der Landung nach und nach zur Toilette und kommen schwarz verhüllt wieder raus. Die westlichen Frauen tragen ebenfalls einen dunklen Körperschleier, Kopf und Haare sind bei ihnen aber noch sichtbar.

Draußen ist es finster, doch im Schwarz unter mir kann ich den gelblichen Lichtschein vereinzelter Orte erkennen. Je näher wir dem Flughafen von Riad kommen, desto mehr werden die Lichter. Ich bin beeindruckt. Das muss die größte Stadt sein, die ich je gesehen habe! Ein Meer von gelben Punkten, so weit das Auge reicht.

Es ist kurz nach ein Uhr morgens, als das Flugzeug saudischen Boden berührt. Meine Aufregung wächst. Wie wird es draußen wohl aussehen?

Den Flughafen habe ich mir schon mal pompöser vorgestellt. Es gibt zwar viel Marmor und einen Brunnen, aber das Ganze wirkt nicht übermäßig luxuriös. Ich gehe mit meinem Handgepäck zur Einreisekontrolle und erlebe meinen ersten Schock: Ein multikultureller Mix aus mehreren hundert Menschen steht in drei Warteschlangen in einer Halle. Alle Frauen tragen einen schwarzen Körperschleier, die Abaya, die wie ein leichtes, weites und blickdichtes langes Kleid wirkt. Die muslimischen Frauen tragen zusätzlich noch ein Kopftuch oder sind sogar komplett verhüllt, inklusive dem Gesicht. Es ist warm und riecht nach Schweiß, und es geht nur mühsam, Zentimeter um Zentimeter, voran. Das wird Stunden dauern.

Ich entscheide mich für eine der Schlangen und stelle mich an. Vor mir eine endlose Reihe von Männern und

Frauen aus Pakistan, Indien, Bangladesch, Afghanistan und den Philippinen. Aufgrund unzähliger Fernsehdokumentationen erkenne ich die eine oder andere traditionelle Kleidung, wie das typische knielange Hemd der Afghanen und der Pakistani.

Nach zehn Minuten Wartezeit kommt ein Uniformierter auf mich zu und fragt mich auf Englisch, ob ich Europäer oder Amerikaner sei. Als ich ihm antworte, dass ich Deutscher sei, führt er mich ohne weitere Erklärungen zu einem Schalter ohne ungeduldig wartende Menschenmenge davor. Auf dem Weg dorthin habe ich das Gefühl, dass mich von hinten böse Blicke durchbohren.

Die Passkontrolle läuft nun relativ schnell ab. Ich gebe meinen Pass mit dem Visum und das Einreiseformular ab, meine Fingerabdrücke werden mittels Scanner genommen, und ich werde mit meinem Kinnbart und meinen kurz rasierten Haaren fotografiert. Stempel in den Pass, und weiter geht's.

Mein großer Koffer steht schon neben dem Gepäckband. Ein aufdringlicher Kofferträger reißt ihn mir förmlich aus der Hand, wuchtet ihn auf einen Gepäckwagen und trabt los Richtung Zoll. Alle Gepäckstücke müssen hier noch mal geröntgt werde, was den Kofferträger aber nicht interessiert. Er marschiert an dem Röntgengerät vorbei, und ich folge ihm. Kurz schaue ich noch verwirrt zum Zollbeamten hinüber, der vor dem Durchleuchtungsbildschirm döst, dann gehe ich letztendlich ohne Kontrolle weiter durch eine Glasschiebetür. Willkommen in Riad!

Ich gebe dem Kofferträger fünf Euro Trinkgeld, da ich nur große Scheine in Saudi Riyal bei der Sparkasse in Koblenz bekommen habe. Wortlos steckt er das Geld ein, dann verschwindet er so schnell, wie er gekommen ist, und lässt mich mit meinem Koffer in der Halle stehen. Hier wimmelt es von Menschen, die wild durcheinanderrufen und Schilder hochhalten. Wie soll ich in diesem Gewühl einen Fahrer finden, der mich abholen soll?

Was jetzt? Klaus, der mittlerweile wieder in Riad ist und mir als Deutschem als lokaler Ansprechpartner zur Verfügung steht, hatte mir vor dem Abflug noch eingebläut, dass ich unbedingt im Flughafen warten solle, der Rote Halbmond würde einen Abholservice bereitstellen. Unter keinen Umständen solle ich in ein Taxi steigen.

In diesem Moment erlebe ich meinen zweiten Schock: Eine Horde von geschätzt fünfzig Mann stürmt auf mich zu, umringt mich, zerrt an mir und schreit »Taxi, Taxi!«. Nur mühsam schaffe ich es, den Taxifahrern klarzumachen, dass ich von ihnen nicht mitgenommen werden will, und laufe, unter ihren skeptischen Blicken, durch die Ankunftshalle, um den Mann zu suchen, der mich abholen soll. Leider finde ich immer noch niemanden, der ein Schild mit meinem Namen in der Hand hält.

Jetzt brauche ich erst mal eine Zigarette. Ich verlasse das Flughafengebäude, draußen ist es einfach nur heiß und staubig, und es riecht nach Abfall. Die Hitze ist ungewohnt, aber erträglich, doch der Staub ist ziemlich unangenehm und schmerzt in den Augen. Mein Versuch, Klaus anzurufen, scheitert daran, dass der Akku meines Handys leer ist. Scheiße! Da stehe ich hier mitten in der Nacht am Flughafen einer wildfremden Stadt in einem wildfremden Land und komme nicht weiter.

Ein junger Taxifahrer kommt auf mich zu und bittet mich um eine Zigarette. Ich gebe ihm eine, und wir kommen ins Gespräch.

»Wirst du abgeholt?«, fragt er mich auf Englisch.

»Ja, aber der Fahrer ist nicht zu finden.«

»Weißt du, wo du hinmusst?«

Ich schüttle den Kopf.

»Hast du eine Telefonnummer von jemandem, der das weiß?«, erkundigt er sich weiter und zieht an seiner Zigarette.

»Klar, aber mein Handy ist leer.«

»Benutz doch meins. Dann wissen wir, wo du hinmusst.«

Er reicht mir sein Handy, und ich wähle die Nummer von Klaus.

»Hallo Klaus, Stefan hier. Ich bin am Flughafen, kann aber den Fahrer nicht finden!«

»Stefan, herzlich willkommen! Bist du sicher, dass der Fahrer nicht da ist?«

»Ich bin jetzt zig Mal auf und ab gelaufen. Da ist definitiv keiner.«

»Scheiße. Pass auf, ich hab noch Nachtdienst. Ich bin in einer Stunde am Flughafen und hol dich ab. Du steigst in kein Taxi ein, verstanden?«

»Verstanden! Ich warte an Ausgang 3 auf dich. Ach ja, mein Handy geht nicht. Ich rufe hier gerade über das Handy eines Taxifahrers an.«

»Ich bin in einer Stunde da. Bis gleich.«

Ich lege auf und gebe dem verdutzten Taxifahrer sein Handy zurück.

»Weißt du jetzt, wo du hinmusst?«

»Nein, aber es kommt jemand, um mich abzuholen.«

»Äh, du wirst abgeholt?«

»Ja, mein Kollege ist gleich da. Danke noch mal fürs Telefonieren.«

Der Taxifahrer schüttelt ungläubig den Kopf und geht. Ich setze mich auf eine Betonbank, rauche eine Zigarette und beobachte das Treiben vor dem Flughafengebäude. Taxifahrer bemühen sich hartnäckig um Fahrgäste. Ein paar Männer, vermutlich Pakistani, werden von einem Araber in Empfang genommen und nehmen auf der Ladefläche eines Pick-ups Platz. Das sind wahrscheinlich auch Gastarbeiter.

Nach einer Stunde kommt der Taxifahrer wieder, reicht mir grimmig sein Handy und erklärt: »Telefon für dich!«

»Hallo?«, frage ich verdutzt.

»Klaus hier«, kommt es aus dem Mikro. »Ich bin in zehn Minuten da. Ich hab einen schwarzen Hummer. Wo bist du?«

»Ich bin immer noch an Ausgang 3.«

»Alles klar. Bis gleich.«

Ich drücke den roten Knopf und reiche dem Taxifahrer sein Handy zurück.

»Danke. Mein Fahrer kommt in zehn Minuten.«

Er schüttelt wieder nur den Kopf und geht weg. Kein Wunder, dass er ein wenig sauer ist. Für ihn war ich wahrscheinlich ein potentieller zahlender Fahrgast, stattdessen dient er mir gerade als Telefonzentrale. Das hat er sich wohl auch anders vorgestellt. Ich würde ihm gern ein Trinkgeld geben, aber ich habe keine kleinen Scheine mehr. Eine Zigarette hat er ja von mir bekommen, das sollte erst mal reichen.

Zehn Minuten später hält tatsächlich ein riesiger schwarzer Hummer auf meiner Höhe, und Klaus erscheint in der blauen Uniform des Roten Halbmonds. Ich hätte nicht gedacht, dass ich mich einmal so über den Anblick eines untersetzten Mannes freuen würde.

»*Salam alaikum*, Stefan«, begrüßt er mich. »Willkommen in Riad! Wie war der Flug, und bist du gut durch die Kontrollen gekommen?«

»Alles okay. Ich war nach gut dreißig Minuten draußen.«

»Das ist schnell! Dann schmeiß mal dein Gepäck hinten rein, ich fahr dich rasch zum Hotel. Mein Dienst ist nämlich noch nicht ganz rum.«

Ich tue wie mir geheißen und zwänge mich auf den Beifahrersitz. Erstaunlich, dass dieser riesige Geländewagen so wenig Platz für den Beifahrer bietet. Wir verlassen das Flughafengelände und passieren als Erstes einen Kontrollpunkt der Polizei. Der Straßenverkehr ist bei Weitem nicht so schlimm, wie ich ihn mir nach Klaus' Schilderungen während unserer Skype-Gespräche vorgestellt habe. Allerdings ist es auch erst halb vier morgens. Die Landschaft ist, soweit ich das erkennen kann, unspektakulär und sehr, sehr karg. Im künstlichen Licht der Autobahnbeleuchtung sehe ich nur Sand, Geröll und vereinzelte Palmen und Sträucher.

Schließlich halten wir vor dem Hotel. Es sieht aus wie ein sechsstöckiger Glasklotz, den eine riesige Hand in die Wüste gesetzt hat. Ein Wachmann salutiert vor uns, als wir durch die große Drehtür gehen. Das Foyer ist sauber, modern und im Gegensatz zur Hitze draußen angenehm kühl. Einzig die Möbel mit ihren Goldverzierungen und Quasten finde ich ein wenig kitschig-orientalisch, sie wirken in dem coolen, modernen Gebäude etwas fehl am Platz.

Klaus gibt dem Kofferjungen fünf Riyal Trinkgeld und wartet noch, bis der Rezeptionist mich eingecheckt und dem Kofferjungen die Schlüsselkarte ausgehändigt hat.

»Schlaf dich erst mal ein wenig aus«, erklärt er und ist schon fast wieder an der Drehtür. »Ich hol dich gegen zehn ab und zeig dir ein bisschen von der Gegend. Am Samstag fahren wir dann zur Personalabteilung. Bis später!«

Ich folge dem Kofferjungen auf mein Zimmer hoch oben im fünften Stock. Für die nächsten Wochen stehen mir hier ein Wohnzimmer mit großem Fernseher, ein Ankleidezimmer mit leerem Kühlschrank, ein riesiges Schlafzimmer und ein Bad mit einer Badewanne für Kleinwüchsige zur Verfügung.

Mein Notebook ist im Moment meine wichtigste Verbindung nach Hause. Ich logge mich ins Internet des Hotels ein und tippe noch kurz eine E-Mail an meine Eltern, um ihnen zu sagen, dass ich gut angekommen bin, als ich den Muezzin rufen höre. Das klingt jetzt wirklich nach Orient, aber interessanterweise fühle ich mich beim Ruf des Muezzins eher unwohl. Szenen aus Kriegsfilmen wie *Black Hawk Down* geistern mir durch den Kopf. Bestürzt stelle ich fest, dass ich durch unsere Medien anscheinend unbewusst negativ auf den Islam und seine Bräuche geprägt bin.

Der Blick aus dem Fenster auf den sechsspurigen Highway unter mir zeigt mir, dass die Stadt langsam erwacht. Die Straße, die vorhin fast leer war, füllt sich zusehends mit Autos, der Himmel wird allmählich heller.

Erschöpft werfe ich mich auf das Kingsize-Bett und schlafe ein, nur um gegen sieben Uhr frierend wieder wach zu werden. Die Klimaanlage steht auf siebzehn Grad – das ist mir definitiv zu kalt. Ich muss sie wohl noch ein wenig justieren. Jetzt eine Dusche! Leider gibt es das Wasser nur in sehr warm oder kochend heiß.

Das nächste Thema ist mein Handy. Es ist inzwischen zwar geladen, aber die Verbindungskosten von einem deutschen Mobilanschluss aus Saudi-Arabien zurück nach Deutschland würden wahrscheinlich ins Unermessliche steigen. Auf dem Weg zum Frühstück frage ich deshalb an der Rezeption, wo ich eine SIM-Karte bekommen kann. Statt einer Antwort sagt der Portier etwas auf Arabisch zu dem Jungen, der vor ein paar Stunden meinen Koffer aufs Zimmer gebracht hat. Der Junge flitzt unverzüglich los, bahnt sich in einem halsbrecherischen Manöver den Weg über die sechs vielbefahrenen Spuren der Straße, verschwindet kurz in einem Geschäft gegenüber und kommt nach wenigen Minuten wieder zurück – mit einer SIM-Karte für mein Handy.

Ich zahle ihm den Preis für die Karte und gebe ihm für seinen lebensgefährlichen Einsatz ein Trinkgeld von zwanzig Riyal, umgerechnet vier Euro, woraufhin der Junge sich unaufhörlich bedankt.

Die Kommunikation ist gesichert, jetzt brauche ich etwas zu essen. Das Frühstück ist qualitativ gut und besteht aus europäischen und arabischen Speisen, wie Fladenbrot, verschiedenen Käsesorten und Oliven. Ich halte mich erst mal an die Sachen, die ich kenne, und nehme Toast mit Rührei und Speck. Letzterer ist allerdings vom Rind und trifft meine Erwartungen nicht ganz. Im Gegensatz zum knusprigen Bacon ist Rinderspeck eine wabbelige Angelegenheit, die eher nach fettigem Rinderbraten schmeckt. Da verzichte ich zukünftig lieber.

Nach dem Frühstück gehe ich vor das Hotel, um eine Zigarette zu rauchen. Es ist bestialisch heiß und staubig, die Luft fühlt sich an, als ob jemand einen zugestaubten Ganzkörperfön auf mich richtet. Solche Temperaturen habe ich noch nie erlebt, und es ist erst neun Uhr morgens.

Um kurz vor zehn sitze ich wieder in der klimatisierten Lobby und warte rauchend auf Klaus. Hier scheint es keine Rauchverbote zu geben, weil so ziemlich jeder, inklusive dem Personal, regelmäßig an einer Zigarette zieht.

Klaus schießt um kurz nach zehn mit seinem schwarzen Monster am Hotel vor, und unsere Sightseeingtour kann beginnen. Der Straßenverkehr ist nur mit einem Wort zu beschreiben: chaotisch. Jeder fährt, wie er will, und niemand hält sich an irgendwelche Regeln. Rote Ampel? Nur zur Dekoration. Rechts vor links? Nie gehört. Hupe? Dauergeräusch, keiner schert sich drum. Ich bin froh, in Klaus' Automonster zu sitzen, da wird man wenigstens ansatzweise wahrgenommen.

Klaus ist ja schon mehrere Jahre hier und hat seine Fahrweise den örtlichen Gegebenheiten angepasst. Er fährt schnell und aggressiv und missachtet auch gerne mal die eine oder andere bekannte Verkehrsregel. Laut seiner Aussage ist der Verkehr aber harmlos, da wir Freitagvormittag haben. Der Freitag in Saudi-Arabien ist vergleichbar mit dem Sonntag in Deutschland. Fast niemand muss arbeiten, und halb Riad schläft noch.

Wir fahren über die King Fahd Road, vorbei an imposanten Wolkenkratzern, ein Stück nach Süden. Am austernförmigen Gebäude des Innenministeriums halten wir uns Richtung Osten und geraten in einen Kontrollpunkt der Polizei. Klaus zeigt dem schwer bewaffneten Polizisten seine Einsatzweste, erklärt ihm auf Englisch, dass wir Deutsche seien, und wir dürfen passieren.

Danach erreichen wir den Stadtteil Batha. Hier findet man die lokalen Märkte für Gold, Elektronik und Kleidung. In diesen Souks kann man, so erzählt mir Klaus, alles kaufen, was das Herz begehrt. Ich nehme mir fest vor, mir das später irgendwann mal anzuschauen. Im Moment liegt mein Fokus allerdings auf dem Job, ausgiebiges Sightseeing muss warten.

Wir parken neben der Hauptmoschee und dem Dira-Platz. Der Platz mit den Ausmaßen eines Fußballfelds wirkt sauber und ist an sich mit den umstehenden Palmen und der Moschee ganz nett anzusehen – wenn es nicht der Ort wäre, an dem die öffentlichen Hinrichtungen durch Enthauptung mit dem Schwert vollzogen werden. Es gibt ein versenktes Podium, welches für die Hinrichtung hochgefahren wird, und Ablaufrinnen im Boden, damit das viele Blut in geordneten Bahnen abfließt. In westlichen Kreisen wird dieser Platz deswegen auch »Chop-Chop-Square« genannt; laut Klaus gibt es Tage, an denen hier wie am Fließband geköpft wird und der Platz voller Zuschauer ist.

Unser nächster Stopp ist die Rettungswache von Klaus. Das zweistöckige Gebäude wirkt ordentlich wie eine kleine sandfarbene Villa. Die weißen Rettungswagen mit der roten Schrift und dem Logo des Roten Halbmonds stehen unter einem Vordach neben der Wache. Klaus klopft an eine schwere Metalltür, ein junger Araber öffnet, und wir betreten einen großen Vorraum. Klaus erklärt, dass das der Aufenthaltsraum für die Mitarbeiter sei. Es gibt keine Möbel, dafür jede Menge Sitzkissen entlang der Wände.

Nachdem uns ein leckerer, zuckersüßer schwarzer Tee in kleinen Gläschen serviert wurde, weist Klaus mich in die gängigsten Verhaltensregeln des Alltags ein. Alles nur mit der rechten Hand essen, trinken, entgegennehmen oder grüßen, denn die Linke gilt als unrein. Niemals einen angebotenen Tee, Kaffee oder Snack ablehnen, das hieße, die Gastfreundschaft zu verletzen. Nicht mit den Fußsohlen auf andere zeigen, denn das gilt als beleidigend. Nicht mit den Schuhen auf den Teppich gehen, weil Schuhe hier als dreckig gelten. In der Toilette werden die Schuhe aber wieder angezogen, weil die Toiletten hier meist noch dreckiger sind als die Schuhe.

Dann gibt mir Klaus noch einen groben Überblick über die medizinische Ausstattung. Diese ist eindeutig auf westlichem Niveau. Es gibt Überwachungsmonitore mit Defibrillatoren, Absaugpumpen, Beatmungsgeräte und die gängigen Medikamente.

Als er mich zu meinem Hotel zurückfährt, ist mittlerweile Nachmittag, und die andere Hälfte Riads ist erwacht. Der Verkehr ist jetzt chaotisch zum Quadrat. Die Straßen sind noch voller und die Autofahrer viel rücksichtsloser als am Vormittag. Sicherheitsabstände und Tempolimits werden konsequent missachtet. Mir erschließt sich langsam, dass der aggressivere Fahrer Vorfahrt hat. Als wir endlich beim Hotel ankommen, bin ich schweißgebadet.

»Ich hole dich morgen früh wieder um zehn ab«, erklärt mir Klaus zum Abschied. »Dann fahren wir zur Personalabteilung. Die wollen dich auch kennenlernen.«

»Super, bis morgen früh!« Ich werfe die Autotür zu, und während ich einmal tief durchatme, verschwindet Klaus' Hummer im dichten Verkehr.

Den restlichen Nachmittag verschlafe ich bei angenehmen zwanzig Grad. Gegen Abend meldet sich dann der kleine Hunger. Ich habe keine Lust, im Hotel zu essen, und erinnere mich, dass ich zu Beginn unserer Tour in der Nähe auf der anderen Straßenseite ein Hardee's Fastfood-Restaurant gesehen habe, wo es riesige Rindfleisch-Burger gibt. Ich kenne diese Kette noch aus einem USA-Urlaub und entschließe mich, das Hotel zu verlassen und auf eigene Faust loszuziehen. Bisher war ich ständig umsorgt, aber ich muss mich ja auch alleine zurechtfinden. Warum nicht gleich damit anfangen?

In den ersten Minuten draußen achte ich auf jede Person, die mir auf dem Gehweg entgegenkommt. Ich habe das Gefühl, dass mich alle beobachten. Beobachte ich jetzt die Einheimischen, oder beobachten die Einheimischen mich? So ganz klar ist das nicht, aber da muss ich durch. Ich versuche, selbstbewusst und souverän zu wirken, als sei ich hier in Riad schon jahrelang zu Hause. Trotzdem brauche ich gefühlte zwanzig Minuten, um die sechsspurige

Straße zu überqueren. Die weiteren dreihundert Meter zu Hardee's werden bei der Hitze zur Qual. Als ich es endlich geschafft habe, bin ich stolz wie Oskar. Ich gönne mir einen leckeren Burger und kaufe mir auf dem Rückweg in einem kleinen Laden ein paar Getränke, um dem leeren Kühlschrank eine Aufgabe zu geben. Gegen neun Uhr abends schlafe ich schließlich todmüde ein.

Plötzlich werde ich von einem lauten Geräusch geweckt. Es ist stockfinster draußen, und ich grüble noch, warum mein Handywecker so laut ist und zu nachtschlafender Zeit losgeht, als ich realisiere, dass das gerade ein Feueralarm ist. Ich schlüpfe schnell in meine Hose, ziehe mir mein T-Shirt an, schnappe mir Handy, Geldbörse, Zigaretten, Pass und Dokumente. Panik ist in solch einer Situation gefährlich, und durch meinen Beruf habe ich gelernt, in extremen Situationen weiterhin überlegt zu handeln. Ich gehe zu meiner Zimmertür und fühle, ob sie heiß ist. Doch sie ist kalt, also scheint es wenigstens nicht direkt hinter meiner Tür zu brennen. Ich öffne sie vorsichtig und kann keinen Rauchgeruch feststellen. Als ich im Laufschritt die Rezeption passiere, rufe ich noch »FEUER!« und verlasse das Hotel.

Da stehe ich nun um drei Uhr morgens auf der Straße und rauche eine Zigarette. Alleine! Nach ein paar Minuten kommt der Portier nach draußen und schaut mich verwundert an.

»Sir, alles in Ordnung?«, fragt er mich in perfektem Englisch.

»Bei mir schon. Da ging gerade der Feueralarm los. Haben Sie das nicht gehört?«

»Doch, doch, aber warum stehen Sie jetzt hier draußen?«, fragt er mich wieder.

»Na, wegen des Feueralarms!«

»Der geht hier regelmäßig. Da brauchen Sie nicht rauszurennen. Das müssen Sie nur, wenn es brennt.«

»Und woher weiß ich, ob es wirklich brennt?«

»Wir würden Sie bei einem Feuer wecken. Sie können ruhig weiterschlafen, wenn der Alarm geht.«

»Also brennt es jetzt nicht?«

»Nein.«

»Dann mal gute Nacht«, sage ich seufzend und gehe wieder in mein Zimmer.

Bei meinem nächsten Feueralarm, inklusive Rauchentwicklung durch kochende Inder, hält man es immer noch nicht für nötig, die schlafenden Gäste persönlich zu wecken. Der Alarm wird mich in den folgenden Wochen diverse Male aus dem Schlaf reißen und mich im Eiltempo, zur Belustigung der Hotelangestellten, ins Freie jagen.

من قال بأن لبيروقراطية ميزة خاصة بألمانيا

Von wegen, Deutschland ist bürokratisch

Am folgenden Morgen weckt mich mein Handy um sieben Uhr, und ich brauche einen Moment, bis ich wieder weiß, wo ich bin. Nach der nächtlichen Feuerflucht fühle ich mich völlig übermüdet. Eine kalte Dusche ist jetzt das einzig Wahre, denke ich und schäle mich langsam aus meiner dünnen Bettdecke. Im Bad nutze ich ohnehin nur noch die Armatur für kaltes Wasser, da es nach kurzer Zeit ja eh von allein warm wird. Wieder frühstücke ich Toast mit Rührei. Den Rinderspeck lasse ich heute aber aus. Auch die Wurst schmeckt nicht so toll, weswegen ich inzwischen eher zu Käse und Konfitüre tendiere.

Bis zehn Uhr zappe ich durch das TV-Programm und freue mich über ein breit gefächertes Angebot in Englisch. Es gibt sogar Fernsehsender, die rund um die Uhr Livebilder aus Mekka senden. Punkt zehn Uhr holt mich Klaus wieder ab, und wir fahren ungefähr fünf Minuten bis zu einem Verwaltungsgebäude des Roten Halbmonds, um die Personalabteilung kennenzulernen und die nächsten Schritte bis zu meinem Arbeitsbeginn abzusprechen.

Zuerst schauen wir im Büro von Brenda rein. Sie ist Amerikanerin und arbeitet seit ein paar Jahren für den Roten Halbmond in der Verwaltung. Sie lebt mit ihrem Ehemann Matt und ihren beiden Söhnen in Riad. Matt arbeitet ebenfalls als Paramedic für den Roten Halbmond.

Nach kurzem Smalltalk machen wir einen Rundgang

durch die Personalabteilung. Ich werde von den verschleierten und schüchternen saudischen Damen, die dort arbeiten, freundlich begrüßt. Sie scheinen sich zu freuen, dass ich gut angekommen bin. Ein sogenannter Tee-Junge serviert uns saudischen Kaffee und Datteln. Vor dem Kaffee hat Klaus mich bereits zuvor gewarnt: »Saudischen Kaffee kannst du nicht mit unserem in Deutschland vergleichen!«

Ich nehme einen Schluck und stelle fest: Er schmeckt wirklich sehr gewöhnungsbedürftig, irgendwie seifig, und der Geschmack wird von Schluck zu Schluck fieser. Dieses Gemisch aus Kaffee und Kardamom kannte ich so noch nicht. Kaum habe ich das erste Tässchen geleert, wird es auch schon aufgefüllt. Ich kippe auch diese Tasse hinunter, aber das Geschmackserlebnis wird nicht besser. Kaum habe ich die Tasse abgestellt, zack, hat sie der Tee-Junge wieder gefüllt.

Klaus quittiert meinen hilfesuchenden Blick mit einem Lachen und fragt mich leicht hämisch: »Na, schmeckt dir der saudische Kaffee?«

»Nicht wirklich.« Ich verziehe unwillkürlich das Gesicht. Hoffentlich sieht es niemand, ich will ja nicht unhöflich wirken.

»Iss einfach nach jedem Schluck eine Dattel. Die Süße überdeckt den Geschmack.«

»Was sag ich denn, wenn ich keinen Kaffee mehr mag?«

»Also: Eine Tasse ist Pflicht. Eine zweite ist Kür, und wenn du dann nicht mehr magst, hältst du deine flache rechte Hand über die Tasse.«

Ich trinke meine Tasse mit einem Schluck aus und halte direkt die Hand darüber. Das klappt tatsächlich. Schnell noch eine Dattel gegen den Seifengeschmack. Klaus hat recht, es hilft.

Die Damen in der Personalabteilung übergeben mir eine lange Liste mit Aufgaben, die ich erfüllen muss, damit ich im Rettungsdienst anfangen darf:

- Sämtliche Papiere, Pass und Passbilder zwecks Kopie abgeben
- Gesundheits-Check inklusive Röntgen wegen möglicher Tuberkulose
- Berufserlaubnis beantragen
- Gespräch mit dem ärztlichen Leiter des Roten Halbmonds Saudi-Arabien
- Besuch auf der Dabbab Station, einem Verwaltungsgebäude des Roten Halbmonds
- Iqama, sprich, den saudischen Personalausweis, beantragen
- Arbeitsvertrag unterschreiben
- Dienstausweis abholen
- Konto eröffnen, damit ich mein Gehalt bekommen kann
- Uniform abholen
- Führerschein beantragen
- Einarbeitung im Rettungsdienst
- Dienst auf eigener Wache antreten

Die Punkte müssen in exakt dieser Reihenfolge abgearbeitet werden. Für jeden einzelnen Schritt brauche ich ein Schreiben von der Personalabteilung. Dieses Schreiben muss anschließend von mehreren Personen abgestempelt werden. Damit gehe ich dann in die Klinik, aufs Amt, ins Ministerium oder zur Bank, um dort ein Gegenschreiben zu bekommen, welches wieder von diversen Personen abgestempelt werden muss, um es dann in die Personalabteilung zurückzubringen. Besonders lustig wird es, wenn man bei der externen Institution wie dem Krankenhaus eine Gebühr entrichten muss. Das ist dann mit noch mehr Schreiben und Stempeln verbunden. Das Ganze klingt ein wenig nach dem Passierschein A38 aus *Asterix erobert Rom.*

Klaus erzählt mir, dass man normalerweise sechs bis acht Wochen für die Liste benötigt. An dieser Stelle sei aber gleich gesagt: Ich schaffe es in drei Wochen, keiner weiß, warum.

Den Gesundheitscheck im Krankenhaus bestehe ich anstandslos. Als Nächstes ist die Berufserlaubnis dran. Dafür muss ich mit dem Taxi ins Diplomatic Quarter fahren. In diesem mit hohen Zäunen abgesperrten und mit Panzern gesicherten Hochsicherheitsbereich von Riad befinden sich die Botschaften sowie eine Außenstelle des saudischen Gesundheitsministeriums, das für die Erteilung der Berufserlaubnis zuständig ist. Für den Termin muss ich laut Klaus einen bis zwei Tage einplanen.

Ich ziehe eine Nummer und warte dreißig Minuten, zusammen mit fünfzig anderen, bis ich aufgerufen werde. Ich lege dem Schalterbeamten einen ganzen Stapel Papier vor: meine deutschen Berufszeugnisse im Original, meine Arbeitszeugnisse, meinen Pass samt Visum, mehrere Passbilder, ein Schreiben vom Roten Halbmond und alles noch mal in beglaubigter Übersetzung.

Der Beamte studiert die Unterlagen wortlos, verschwindet kurz zu einem Kollegenplausch, studiert wieder die Unterlagen, geht beten, kommt zurück und studiert wieder die Unterlagen.

»Name vom Vater?«, fragt er mich plötzlich, ohne hochzuschauen.

»Achim Bauer.«

»Achim?«

»Ja, Achim«, antworte ich.

»Das ist ein jüdischer Name!«, raunzt er mich auf Englisch an, nimmt den Papierstapel und haut ihn auf den Schreibtisch. »Dein Vater ist Jude! Du bist Jude!«

»Äh, nein, mein Vater ist Protestant, und ich bin Katholik. Also – wir sind Christen!«

»Nein! Achim ist jüdisch!«

»Unsere Familie war schon immer christlich.«

»Kannst du das beweisen?«, funkelt er mich an.

Wie soll ich das denn jetzt beweisen? Ich überlege kurz, habe dafür aber keine Dokumente.

»Schon meine Großväter waren Christen.«

»Deine Großväter waren Juden!«

»Moment mal. Meine Großväter waren deutsche Soldaten im Zweiten Weltkrieg. Das wäre ja gar nicht gegangen, wenn sie Juden gewesen wären, oder?«

Der Typ stutzt einen Moment und sieht mich misstrauisch an. »Deine Großväter haben für Hitler gekämpft?«

»Also ja, irgendwie schon. Die wurden beide in Russland verwundet. Sie waren aber nur ganz einfache Soldaten«, sage ich entschuldigend.

»Deine Großväter wurden im Kampf für Hitler verwundet?«

»Ja, schon.«

Er ruft seine Kollegen herbei und redet aufgeregt auf Arabisch auf sie ein. Ich verstehe gerade nicht, was da vor sich geht. Schließlich kommt der Beamte um den Tisch herum und baut sich vor mir auf.

»Sir, ich möchte Ihnen und Ihrer Familie für das große Opfer danken«, sagt er und schüttelt mir die Hand. Dann setzt er sich wieder und stempelt irgendein Formular ab. Er ruft zwei weitere Kollegen herbei, die es ebenfalls abstempeln. Jetzt druckt er noch eine Plastikkarte aus, die wie ein Ausweis aussieht.

»Hier, bitte schön. Ihre saudische Berufserlaubnis. Es war mir eine Ehre.«

»Danke«, entgegne ich leicht verdattert. Die ganze Prozedur hat zwei Stunden gedauert. »War es das, oder muss ich noch irgendwas machen?«

»Nein, es ist alles erledigt. Sie dürfen jetzt als Paramedic arbeiten.«

Verwirrt verlasse ich das Ministerium. Ich bin es eigentlich gewohnt, eine eher demütige Haltung zur verbrecherischen Geschichte Deutschlands einzunehmen. Hier verhilft sie mir aber offenbar dazu, dass ich bevorzugt behandelt werde. Das Ganze wirkt auf mich sehr paradox. Auch Klaus, den ich anrufe, um ihm von meinem erfolgreichen Termin zu berichten, kann es kaum glauben, dass das so schnell ging.

Als nächster Punkt steht ein Gespräch mit Dr. Al Ghamdi, dem ärztlichen Leiter des Roten Halbmonds Saudi-Arabien, auf meinem Programm. Er will mich anscheinend kennenlernen, bevor ich anfange zu arbeiten. Ich bekomme einen Termin in drei Tagen am Vormittag und soll mich im Sahafa Building, dem Hauptverwaltungsgebäude des Roten Halbmonds, einfinden. Sicherheitshalber bin ich eine halbe Stunde vorher da, werde zum Vorzimmer von Dr. Al Ghamdi gebracht und soll dort warten. Der Sekretär des Doktors scheint kein Englisch zu sprechen, und somit schweigen wir uns an. Er gibt mir durch eine Handbewegung zu verstehen, dass er meine Unterlagen sehen möchte, und fängt an, darin herumzublättern. Nach kurzer Zeit tippt er etwas in seinen Computer, und aus den Lautsprechern des Bildschirms ertönt eine Stimme.

»Hitler sein toll. Ich mögen Hitler!«

Der Sekretär zeigt freudig auf den Lautsprecher, hebt

dann seine rechte Hand und sagt auf Deutsch: »Heil Hitler!« Offenbar hat er Google Translator zu Rate gezogen, um mir seine Meinung kundzutun.

Ich lächle nur verlegen, weil mir das Ganze äußerst peinlich ist und ich ihn mit den eingeschränkten Konversationsmöglichkeiten eh nicht vom Gegenteil überzeugen kann. Als er vor dem Büro mit gestrecktem Arm auf und ab marschiert und immer wieder freudig »Sieg Heil!« ruft, schalte ich innerlich ab. Wo bin ich hier nur hingeraten? Das ganze Spiel geht so drei Stunden lang, und ich erkenne dabei drei Sachen:

1. Der Sekretär ist ein glühender Verehrer von Adolf Hitler.

2. Google Translator hat definitiv seine Schwächen bei der Übersetzung vom Arabischen ins Deutsche.

3. Drei Stunden können eine verdammt lange Wartezeit sein.

Schließlich verschwindet der Sekretär im Büro von Dr. Al Ghamdi und kommt mit einem Schreiben wieder raus. Er drückt mir das Papier in die Hand, gibt mir zu verstehen, dass ich gehen kann, und verabschiedet mich mit einem letzten laut gerufenen »Heil Hitler!«.

Ich rauche vor dem Gebäude eine Zigarette und wähle Klaus' Nummer. Er ist direkt dran.

»Hey Stefan, wie geht's?«

»So weit ganz gut. Ich hab gerade die Unterlagen aus dem Sahafa Building bekommen.«

»Wie war das Gespräch mit Dr. Al Ghamdi?«

»Den hab ich gar nicht gesehen. Ich durfte mich drei Stunden mit seinem Sekretär abmühen.«

»Der Typ spricht doch gar kein Englisch!«

»Nein, aber er kennt Google Translator und hat mich die ganze Zeit mit seiner Bewunderung für Hitler gequält.

Er ist in der Lage, die gängigsten Naziphrasen in akzentfreiem Deutsch auszusprechen.«

Klaus lacht. »Daran wirst du dich hier gewöhnen müssen. Die Saudis lieben uns Deutsche für unsere Geschichte.«

»Ich hätte ihm gerne erklärt, dass das scheiße ist, aber der versteht mich ja nicht.«

»Mach dir da keinen Kopf. Du wirst es nicht schaffen, die vom Gegenteil zu überzeugen. Das ist ein Kampf gegen Windmühlen. Lächle einfach und denk dir deinen Teil. Wie ist der Plan für die nächsten Tage?«

»Morgen muss ich zur Dabbab Station. Zu einem Mike Stone.«

»Der dicke Mike. Nicht wundern, wenn du ihn siehst. Er ist Amerikaner und etwas korpulenter gebaut. An sich ein netter Kerl, er arbeitet nur nicht wirklich viel.«

»Was hat er denn für eine Funktion?«

»Das weiß keiner so genau. Mike sollte ursprünglich eigentlich im Rettungsdienst arbeiten. Dafür war er den Saudis aber zu dick, und zurück in die USA wollten sie ihn auch nicht schicken. Jetzt arbeitet er in der Verwaltung von Dabbab als Mädchen für alles.«

So langsam werde ich neugierig auf diesen Mike Stone. Ich will noch mehr über ihn erfahren. Doch Klaus muss auflegen, ein Einsatz ruft.

Am nächsten Morgen sitze ich also im Taxi und fahre zur Dabbab Station, dem dritten Verwaltungsgebäude des Roten Halbmonds in Riad. Hier wird das operative Geschäft für den Rettungsdienst in Riad geleitet, und hier gehen die Notrufe in der Leitstelle ein.

Ich betrete das zweistöckige voll verglaste Gebäude, frage nach Mike Stone, werde von einem unmotiviert wirkenden Araber in ein anderes Büro verwiesen und erkenne Mike auf Anhieb. Der Mann wiegt sicher zweihundert Kilo.

»Steffen Bauer?«, fragt er mit einem starken Südstaatenakzent.

»Eigentlich Stefan Bauer.«

»Kann ich dich Steven nennen? Das ist einfacher auszusprechen.«

»Ja klar, kein Ding. Dann bist du Mike?«

»Das ist korrekt. Ich bin der berühmte Mike. Jeder beim Halbmond kennt mich«, sagt er stolz.

»Klaus hat mir schon von dir erzählt.«

»Ich hoffe, nur das Beste.«

»Aber sicher doch. Warum sollte ich heute hierhin kommen?«

»Ich hab deinen Verwaltungsprozess ein wenig beschleunigt. Wir holen gleich gemeinsam deine Iqama ab, machen den Arbeitsvertrag und bekommen dann deinen Dienstausweis. Anschließend eröffnen wir ein Konto bei der Bank und holen deine Unform im Sahafa Building ab.«

»Cool, danke! Aber ich möchte dir nicht die Zeit stehlen. Musst du hier nicht noch irgendwas arbeiten? Ich könnte das auch mit dem Taxi erledigen.«

Mike winkt nur ab und zwinkert mir mit einem Auge zu. Er schaltet seinen Computer aus, und schon sind wir auf dem Weg zum Parkplatz.

Mike fährt einen alten, durchgerosteten, grauen und winzigen Hyundai Atos. Ich frage mich kurz, ob das mit seinem und meinem Gewicht gut gehen kann, da sitze ich schon auf dem Beifahrersitz, und das Teil setzt sich in Bewegung.

Mike liegt aufgrund seiner körperlichen Ausmaße halb auf meinem Sitz und rast wie ein Irrer durch die verstopften Straßen Riads. Ich kann mich nicht anschnallen, da das Gurtschloss defekt ist. Zwischendurch hupt er immer wieder, flucht und hält seinen Mittelfinger aus dem Fenster. Nebenbei telefoniert er und spielt an seinem Navigationsgerät herum. Rote Ampeln ignoriert er komplett, und Einbahnstraßen nimmt er gerne falsch rum als Abkürzung. Die Klimaanlage ist nicht vorhanden. Ich schwitze ohne Ende, kann aber nicht sagen, ob das angstbedingt oder der Hitze geschuldet ist.

Wir spulen unser geplantes Programm ab, und als es um die Kontoeröffnung bei der Bank geht, kommt mein Nationalitätenbonus wieder ins Spiel. Der Bankangestellte freut sich, als er sieht, dass ich Deutscher bin, und redet in fast akzentfreiem Deutsch mit mir.

»Herr Bauer. Schön, einen Deutschen zu treffen.«

»Sie sprechen aber gut Deutsch. Wie kommt das?«

»Meine Mutter stammt aus Ihrer Heimat. Ich bin zweisprachig aufgewachsen und fliege jedes Jahr im Sommer nach Köln, wo ich meine Großeltern besuche.«

»Ich bin aus Koblenz. Das ist gar nicht so weit weg.«

»Stimmt, ich war als Kind oft in Koblenz.«

»So klein ist die Welt«, sage ich und lächle ihn an.

»Jetzt wollen wir doch mal schauen, dass wir die Kontoeröffnung ein wenig beschleunigen. Das dauert normalerweise eine bis zwei Wochen, aber wir bekommen das flotter hin.«

»Das wäre super. Umso schneller kann ich mit der Arbeit anfangen.«

»Na, freuen Sie sich nicht zu früh. In Ihrem Beruf wollte ich nicht in Riad arbeiten. Wir haben hier wirklich viele Unfälle.«

»Dafür bin ich ja ausgebildet.«

»Es ist eine ehrenvolle Aufgabe, die Sie annehmen. Die Menschen in Riad werden es zu schätzen wissen.«

»Ich mach am Ende nur einen Job wie jeder andere.«

»Keine falsche Bescheidenheit. Ihre Arbeit ist sehr wichtig. Kommen Sie bitte morgen mit diesem Schreiben noch mal vorbei, bis dahin müssten wir alles erledigt haben.«

Ich schüttle ihm die Hand und gehe zum verblüfften Mike, der mitbekommen hat, dass wir Deutsch gesprochen haben.

»Morgen müsste alles erledigt sein. Ich soll dann wiederkommen.«

»Das ging ja flott. Jetzt holen wir noch fix deine Uniform, und anschließend fahr ich dich ins Hotel zurück.«

Im Sahafa Building werde ich eingekleidet. Die Uniform für Rettungskräfte des Roten Halbmonds ist dunkelblau mit gelben Reflexstreifen. Ich bekomme eine Hose, ein T-Shirt, eine Warnweste und eine Regenjacke. Alles in billigster Qualität. Zum Glück habe ich mir dunkelblaue Einsatzkleidung aus Deutschland mitgebracht. Eine Hose für vier Dienste am Stück bei den hiesigen Temperaturen möchte ich niemandem zumuten.

Im Anschluss fahren wir in halsbrecherischem Tempo zum Hotel zurück. Mikes Fahrstil bestärkt mich in dem Vorsatz, mir möglichst bald ein eigenes Auto zuzulegen. Deshalb beantrage ich noch in derselben Woche bei der Verkehrspolizei meinen Führerschein, das heißt, genau genommen wird mein deutscher Führerschein in einen saudischen umgeschrieben. Ich bezahle umgerechnet zweihundert Euro und kann den Ausweis direkt mitnehmen.

Umgehend miete ich mir einen kleinen weißen Hyundai Accent, um mobiler zu sein. Langsam taste ich mich damit an den Straßenverkehr heran und lerne, mich den nicht vorhandenen Verkehrsregeln anzupassen. Meine zögerliche Fahrweise führt zu diversen Hupkonzerten. Da hier aber jeder ständig hupt, kann mir das egal sein.

Die Orientierung in Riad fällt mir erstaunlicherweise gar nicht schwer: Die Stadt ist in großen Teilen schachbrettartig aufgebaut. Wenn man einmal die Richtung weiß, in die man möchte, ist es eigentlich ganz easy. Ich kaufe mir in einem Elektronikgeschäft trotzdem noch ein Navigationsgerät und speichere nach und nach die wichtigsten Orte, wie das Hotel und die einzelnen Verwaltungsgebäude des Halbmonds, ab. Lost in Riad dürfte für mich jetzt kein Thema mehr sein.

Damit ist der größte Teil meiner To-do-Liste abgearbeitet, allmählich müsste es wirklich losgehen mit der Arbeit. Ein wichtiger Punkt aber fehlt noch: eigene vier Wände. Das Hotel hängt mir trotz allen Komforts mittlerweile ziemlich zum Hals raus.

Irgendwann im Lauf der folgenden zwei Wochen ziehe ich vom Hotel in den Al-Rashed-Compound, eine durch hohe Mauern und bewachten Eingang abgeschottete Wohnanlage mit geschätzt siebzig Villen für westliche Mitarbeiter des Roten Halbmonds. Man kann den Compound am ehesten mit einer Clubanlage in einem Ferienort vergleichen, in der für alles gesorgt ist: Es gibt einen Gemeinschaftspool, einen Tante-Emma-Laden und eine Wäscherei, einen Hausmeister und Gärtner. Nur putzen muss ich selbst.

Mir wird eine riesige Villa zugewiesen. Drei Schlafzimmer, vier Bäder, zwei Wohnzimmer, ein Angestelltenzimmer, eine Dachterrasse und ein Garten stehen mir von nun an für mich allein zur Verfügung. Ich brauche nur noch ein paar Möbel und Küchenutensilien hinzuzukaufen, da die Villen eher kärglich eingerichtet sind, aber prinzipiell dürfte das Leben hier um einiges entspannter sein als im Hotel. Zumindest werde ich nicht mehr von Feueralarmen geweckt werden.

Station 9

Es ist neun, ich sitze gerade gemütlich in meiner neuen Villa am Frühstückstisch, als mich der dicke Mike anruft. »Steven, kannst du nachher zur Dabbab Station ins Büro kommen?« Worum es geht, sagt er nicht, aber er klingt irgendwie anders als sonst. Mal schauen, was ansteht.

Da ich mich noch nicht so richtig an den Verkehr in Riad gewöhnt habe, plane ich die Fahrzeit etwas großzügiger ein und breche zeitig auf. Es ist, wie an jedem Tag zuvor, sonnig und heiß, etwa fünfzig Grad Celsius. Ich komme gut durch, bin um vierzehn Uhr da, eine halbe Stunde eher als besprochen, und gehe direkt in Mikes Büro. Er sieht, wie immer, gespielt gestresst aus. Der Kerl hat ein Leben …

»Hey Steven, da bist du ja schon! Ihr Deutschen seid aber auch überpünktlich«, begrüßt er mich.

»Das steckt irgendwie in uns drin«, erwidere ich und setze mich auf seinen Besucherstuhl.

»Wir wissen jetzt, auf welche Station du kommst. Deine Einarbeitung fängt dort in drei Tagen an.«

»Das sind ja tolle Neuigkeiten. Wo soll ich denn hin?«

»Station 9«, sagt Mike und wirkt leicht nervös. »Wir schauen uns das erst mal an«, meint er gespielt euphorisch.

Das klingt verdächtig, aber ich lass mich überraschen.

»Wo ist denn Station 9?«

»Die liegt in Sweidy, im Süden der Stadt. Ganz nette Leute da, und dein zukünftiger Fahrer und Übersetzer spricht nahezu perfekt Englisch.«

»Na, das setz ich ja mal voraus, wenn er mein Übersetzer sein soll. Kann ich da vorher mal hin, um die Leute kennenzulernen?«

»Sicher doch. Wir fahren gleich zusammen los, gib mir noch eine Viertelstunde. Ich fahre vor, und du fährst mit deinem Wagen hinterher. Dann kannst du die Wache schon mal in dein Navi einspeichern. In Sweidy gibt es nämlich keine richtigen Straßennamen, und es ist ein bisschen kompliziert zu finden.«

Ich hole mir einen Joghurtbecher mit Wasser, setze mich auf die Treppe vor der Dabbab Station, rauche eine Zigarette und warte auf Mike.

Nach zwanzig Minuten erscheint er behäbigen Schritts. »Mein Auto steht dahinten in der linken Ecke, fahr mir hinterher!«

»Wie lange brauchen wir ungefähr?«

»Ich schätze mal eine Stunde.«

»Eine Stunde? Wie weit ist das denn weg?«

»Hhm ... vielleicht zwanzig Kilometer.« Mike bewegt seine zweihundert Kilo in Richtung seines Autos.

»Alles klar. Aber fahr bitte nicht zu schnell«, rufe ich ihm hinterher. »Ich muss mich noch an den Straßenverkehr gewöhnen.«

»Wenn wir uns verlieren sollten, hast du ja meine Handynummer«, ruft Mike zurück und lässt sich in sein kleines Auto fallen.

Wir starten, und bereits an der ersten Ampel huscht Mike bei Rot drüber. Wenn ich ihn jetzt verliere, kommen wir heute nicht mehr an. Also schalte ich einen Gang runter und trete das Gaspedal meines weißen Hyundai durch. Der Wagen macht einen Ruck, und ich bin wieder an Mike dran. Hinter und neben mir ertönt ein kleines Hupkonzert. Wir sind noch keine fünf Minuten unterwegs, aber mein T-Shirt und meine Jeans sind jetzt schon durchgeschwitzt. Es reicht ja nicht, dass sich Frauen in diesem Land verhüllen müssen, auch Männer müssen lange Hosen tragen. Bei fünfzig Grad im Schatten kommt das einer Tortur gleich. Wie Mike damit wohl bei seinem Körperumfang klarkommt?

Nach ein paar weiteren stressigen Minuten biegen wir auf die achtspurige Ring Road ein, und die Fahrt wird etwas entspannter. Gefühlt fahren wir eine Ewigkeit auf dieser Stadtautobahn, vorbei an immer gleichen sandfarbenen Gebäuden, vereinzelten Palmen und Sträuchern. Da alles sandfarben ist, sind die grünen Palmen und Sträucher auf dem Mittelstreifen ein echtes Highlight. Ich würde es gar nicht bemerken, wenn wir zwei Mal an derselben Häuserzeile vorbeikämen, denn weit und breit gibt es keinen markanten Orientierungspunkt. Zum Glück habe ich mein Navi, denke ich mir, vermutlich würde ich allein den Weg nie finden.

Als Mike den Blinker setzt, um die Ring Road zu verlassen, kann ich das Hinweisschild *Sweidy Police Station* erkennen. Es kann also nicht mehr weit sein.

Wir nehmen die Abfahrt, Mike blinkt aber unmittelbar danach wieder links, nimmt die Überführung über die Autobahn und fährt erneut auf die Ring Road. »Wo will der Kerl hin?«, frage ich mich laut. »Hat er sich verfahren?«

Aber er scheint zu wissen, was er tut. Bei der nächsten Abfahrt blinkt er wieder rechts und fährt dann auf der Einbahnstraße neben der Autobahn entgegen der Fahrtrichtung. Schließlich kommt er an einer Hofeinfahrt mit dem Logo des Roten Halbmonds zum Stehen.

Ich halte hinter ihm, stelle den Motor ab, bleibe aber

erst mal sitzen und orientiere mich. Auf den ersten Blick wirkt alles ziemlich heruntergekommen. Auf den zweiten Blick wirkt es nicht besser. Die Station ist eine verwahrloste beigefarbene Baracke mit vergitterten Fenstern, Wellblechdach und einer knallroten verrosteten Tür. Der Hof ist voller Sand und Schlaglöcher. In der rechten Ecke steht ein rostiger Seecontainer, und rundherum liegt medizinischer Müll. Ich glaube, auch blutige Bettlaken in dem Haufen sehen zu können. Die weißen Ambulanzen und die Einsatzfahrzeuge für die Medics sind dreckig und verbeult.

Ich versuche, mein Auto so zu parken, dass ich kein Fahrzeug behindere, steige aus, erkenne den Geruch von Kloake und zünde mir auf den Schock hin erst mal eine Zigarette an.

»Hey Steven. Das hat ja toll geklappt mit der Fahrt. Willkommen in Station 9!«, sagt Mike mit einer großspurigen Geste.

»Haben wir noch zwei Minuten?«, frage ich und zeige ihm die Zigarette.

»Ja, sicher doch. Alle Zeit der Welt. Ich geh schon mal rein, mir wird es hier zu warm«, sagt er und entschwindet durch die rostige Tür ins Innere des Gebäudes.

Ich höre, wie er drinnen aufgeregt Kommandos gibt und mit seinem starken Südstaatenakzent eine Person auf Englisch auffordert, schnell ein wenig Ordnung zu machen. Das kann irgendwie alles nicht wahr sein. Ich beschließe, den Leuten von Station 9 etwas mehr Zeit zum Aufräumen zu geben, zünde mir eine weitere Zigarette an und wähle die Nummer von Klaus.

»*Salam alaikum*, Stefan. Wie geht's dir?«

»Geht so. Der dicke Mike hat mich gerade zu meiner zukünftigen Station gebracht.«

»Und welche hast du erwischt?«

»Station 9.«

Klaus lacht.

»Sweidy, na herzlichen Glückwunsch! Da haben sie dir echt ein Rosinchen rausgepickt.«

»Ich war noch nicht drin. Aber der Hof sieht schon mal nicht nach Rosinchen aus.«

»Ein Gutes hat Station 9. Dir wird da nicht langweilig im Dienst.«

»Versuchst du jetzt auch, mir eine faule Traube als Rosinchen zu verkaufen?«

»Nein, nicht doch, wie käme ich dazu?«, antwortet er in gespieltem Ernst, um gleich darauf wieder loszuprusten.

»Das baut mich gerade auf, vielen Dank!«, entgegne ich leicht pikiert.

»Jetzt ehrlich. Die Wache ist ein bisschen älter, aber die Leute dort sind, soweit ich das weiß, in Ordnung. Wichtig ist, dass dein Fahrer Englisch spricht. Lass dir keinen unterjubeln, der nur Arabisch kann. Und jetzt geh da erst mal rein, stell dich mit einem *Salam alaikum* beziehungsweise *Wa Alaikum Salam* vor, wie ich es dir auf meiner Wache erklärt habe, und trink einen Tee mit den Leuten. Hau rein, Großer, du machst das schon! Sweidy, herrlich …«, höre ich ihn noch kichernd sagen, als er schließlich auflegt.

Ich rauche eine dritte Zigarette, versuche, nicht zu tief Luft zu holen, gehe zu der verrosteten Tür und drücke sie auf. Begleitet von einem lauten Quietschen öffnet sie sich, und ich betrete erstmals in meinem Leben Station 9.

Mir schlägt ein Gestank nach Fäkalien und Lavendel entgegen. Es riecht, als ob jemand ins Blumenbeet geschissen hätte. Links trennt eine niedrige, rot und weiß gekachelte Mauer einen Bereich ab, in dem ein paar Teppiche auf dem

Boden liegen. In der Ecke steht ein alter Schreibtisch samt Bürostuhl. Rechts ist ein Raum mit großen Fenstern und zugezogenen Vorhängen. Geradeaus erahne ich durch eine halb offene Tür ein Bad, und links daneben ist ein Raum mit einem versifften Herd, offenbar die Küche. Die ganze Szenerie erinnert mich an Katastrophenschutzübungen in Abbruchhäusern während meiner Zeit beim Technischen Hilfswerk, nur sah es dort teils besser aus.

Ein arabischer Junge kommt aus der Küche, schaut mich neugierig an und verschwindet wieder. Aus einem Gang, der noch weiter nach links führt, eilt mir der schwitzende Mike mit hochrotem Gesicht entgegen. Ich erlebe ihn erstmals *wirklich* gestresst, so hektisch, wie er hier rumwuselt.

»Ah Steven, da bist du ja. Hat die Zigarette geschmeckt?«

Ich nicke nur.

»Dann komm mal rein. Möchtest du einen Tee?«

Ich schüttle den Kopf.

»Doch, möchtest du«, flüstert er mir übertrieben zu. »Geh da rechts in den Raum, dort sitzen ein paar deiner neuen Kollegen.«

Ich nicke wieder nur wortlos.

»Ach Steven – *Salam alaikum* und *Wa alaikum salam*«, flüstert er mir noch mal zwinkernd zu.

Ich gehe durch einen Durchgang eine Stufe nach oben, betrete den Raum, den Mike mir gezeigt hat, sehe ein paar Sanitäter auf dem Boden liegen und sage: »*Salam alai…*«

»Schuhe aus!«, blökt mir ein ganz junger arabischer Sanitäter auf Englisch entgegen. Er ist ungefähr so groß wie ich, wiegt aber bestimmt nur ein Drittel von mir. Wenn ich ein Problem mit Übergewicht habe, dann hat er sicher ein Problem mit Untergewicht.

»Äh, was?«, frage ich verwirrt. Wer möchte denn ernsthaft hier in dieser Siffbude seine Schuhe ausziehen?

»Die Schuhe ausziehen. Hier liegt Teppich!«, wiederholt er bestimmt.

»Ach so, ja sicher. Entschuldigung.« Ich gehe einen Schritt zurück, schlüpfe aus meinen Turnschuhen, ohne auf die schmierigen Fliesen zu treten, und stehe wieder auf Socken auf dem Teppich.

»Salam alaikum«, fange ich noch mal an.

»Salam!«, ertönt es aus allen Ecken.

»Setz dich!«, befiehlt mir der junge Sanitäter.

»Egal wo?«

»Bist du Muslim?«

»Äh nein, ich bin Christ.«

»Bist du Amerikaner?«

»Nein, ich bin Deutscher.«

Der junge Sanitäter lächelt ganz kurz. »Als amerikanischer Christ hättest du dich da in die Ecke setzen müssen, aber als deutscher Christ darfst du hierher«, erklärt er mir immer noch ernsthaft und zeigt neben sich.

In dem Raum stehen keine Möbel. Entlang der Wände sind Kissen auf dem Boden und als eine Art Rückenlehne an den Wänden verteilt. Nur an einer Wand werden die Kissen von einem Flachbildfernseher unterbrochen, der auf dem Boden steht. Ich setze mich wie geheißen auf das Kissen neben dem jungen Sanitäter.

»Wie heißt du?«, fragt er mich.

»Stefan Bauer«

»Stef… Ba…?«, wiederholt er fragend.

»Eigentlich heiße ich Stefan, ihr könnt mich aber auch Steven nennen, wenn das für euch einfacher ist.«

»Ich bin Fadi. Wie alt bist du?«

»Ich bin fast dreiunddreißig.«

»Dann bist du ein verdammt alter Mann«, lacht Fadi in die Runde.

»Und wie alt bist du?«

»Zwanzig.«

»Dann bist du verdammt jung für so ein Großmaul.«

Alle, bis auf Fadi, fangen an zu lachen.

»Fährst du BMW, Audi, Porsche oder Mercedes?«

»Porsche? Scherzkeks. Zuletzt hatte ich einen Hyundai.«

»Einen Hyundai? In Deutschland? Warum keinen Mercedes oder Porsche?«

»Den kann ich mir nicht leisten.«

»Krass. Ein Deutscher, der kein deutsches Auto hat.«

Die anderen tuscheln alle auf Arabisch.

»Was ist dein Lieblingsfußballverein?«, setzt Fadi das Verhör fort und schaut mich skeptisch an.

»Ich schaue kein Fußball. Ich hab auch keinen Lieblingsverein.«

»Du fährst kein deutsches Auto und magst Fußball nicht. Dann bist du vielleicht überhaupt kein Deutscher! Magst du wenigstens Bier?«

»Ein Bierchen geht immer. Habt ihr vielleicht eine kalte Flasche hier?«, frage ich provokant.

»Äh, nein, also … Du weißt schon, dass hier in Saudi-Arabien kein Alkohol … Aber wir haben alkoholfreies Bier«, stammelt er vor sich hin.

»Alkoholfreies Bier? Nee, lass mal gut sein. Das kann man ja nicht trinken! Das schmeckt wie Pferdepisse.«

Ein Raunen geht durch die Runde, so langsam bewegen wir uns wieder auf einem Level.

Das Funkgerät neben dem Fernseher krächzt etwas Unverständliches, und gemächlich stehen alle auf, inklusive Fadi.

»Wir haben einen Einsatz. War nett, dich kennenzulernen.«

»Hat mich auch gefreut.«

»Masalama.«

»Masalama«, antworte ich, während ich mich unter Mühen vom Boden erhebe.

Ich gehe zu meinen Schuhen, schaffe es erfolgreich, sie ohne Fliesenkontakt wieder anzuziehen, und suche nach Mike.

»Mike! Wo bist du?«, rufe ich im Flur.

Der kleine Araber kommt aus der Küche und schaut mich verängstigt an. Vom Aussehen her würde ich sagen, dass er noch ein Teenager ist. Vielleicht fünfzehn Jahre alt. Er scheint hier der Putzjunge für die Station zu sein, da er keine Uniform trägt und mit Lappen und einem Besen hantiert.

»Mike? Hast du den gesehen?«

Der Junge versteht ganz offensichtlich kein Englisch, also sind hier meine Talente als Pantomime gefragt.

»MIKE?«, frage ich übertrieben und deute einen riesigen Bauchumfang an.

»Mike.« Er nickt und zeigt Richtung Tür.

Ich verlasse die Baracke und stelle mit einem Blick fest, dass Mikes Auto weg ist. »Der Drecksack ist einfach gefahren. Du kriegst gleich noch was von mir zu hören«, sage ich laut zu mir selbst.

Aber bevor ich mich bei Mike auskotze, möchte ich noch den Rest der Station sehen. Ich gehe wieder in die Baracke und Richtung Küche und stehe dem kleinen Araber gegenüber. *»Salam alaikum«*, sage ich zu dem Jungen.

»Wa alaikum salam.«

»Steven«, sage ich, während ich mit beiden Händen auf meine Brust zeige.

»Steven?«

»Ja, Steven. Und du?«, frage ich und deute auf ihn.

»Tahmid.«

»Tahmid?«

Er nickt.

»Okay, Tahmid, ich möchte mich hier mal umsehen. Zeigst du mir die Wache?«, frage ich und gestikuliere überdeutlich.

Er nickt nur. Ob er mich verstanden hat, spielt jetzt keine Rolle. Ich werde einfach auf eigene Faust gehen.

Zuerst nehme ich das Bad neben der Küche in Augenschein und muss mich fast übergeben. Das ist nicht mehr als ein gefliester Raum, in der Mitte ist ein Loch im Fußboden, und der Gestank ist bestialisch. Die Fliesen waren wohl mal weiß, jetzt sind sie nur noch schmuddelig braun.

Rechts neben dem Bad gibt es eine Art Büro, das mit Aktenbergen vollgestopft ist. An der Küche vorbei den Gang runter kommen noch ein paar Räume. Die erste Tür ist offen, dahinter sieht es aus wie in einem Mülllager. Die nächste Tür ist verschlossen. Bleiben zwei Türen. Nach rechts vom Gang aus geht es in ein weiteres Bad mit Loch. Es riecht nicht ganz so schlimm wie das erste Bad, ist aber definitiv inakzeptabel. Der letzte Raum ist wieder zugemüllt, offenbar ein Lager.

Nachdem ich die Besichtigung beendet habe, gehe ich zurück zur Küche. Tahmid schaut mich fragend an, aber ich ziehe nur die Brauen hoch.

»*Masalama*. Ich fahr dann jetzt mal. Danke nochmals«, sage ich.

»*Masalama*«, antwortet Tahmid mit einem Lächeln.

Im Navi gebe ich den Compound als Ziel ein. Wie ich mich auf meine saubere Villa freue! Auf der Fahrt werde ich reichlich Zeit haben, mit dem dicken Mike zu telefonieren.

Es klingelt drei Mal, bis er drangeht.

»Mike, ich bin es, Steven.«

»Ah, Steven! Entschuldige, aber ich hab dich leider nicht mehr gesehen.«

»Du musstest doch an dem Raum vorbeigelaufen sein, wo ich war!«

»Ähm … Du hast gerade so nett mit den Jungs geplaudert, da wollte ich nicht stören.«

»Ja, wie dem auch sei – Station 9 kannst du vergessen. Da kann ich nicht arbeiten.«

»Wieso denn?«

»Hast du dir mal die Toiletten angesehen?«

»Ja, ich weiß. Da muss nur mal feucht durchgewischt werden, und dann sind die wieder wie neu.«

»Die haben nämlich gar keine Toiletten! Das sind nur stinkende Löcher im Boden!«, motze ich ihn an.

»Da finden wir auch eine Lösung.«

»Dafür gibt es keine Lösung. Auf so eine Toilette kann ich nicht gehen. Das mach ich nicht!«

»Immer mit der Ruhe, Steven. Du bringst jetzt einfach mal deine Einarbeitung da hinter dich, und dann versetzen wir dich auf eine andere Wache. Einverstanden?«

»Und wo, bitte, soll ich während der Einarbeitung hingehen, wenn ich mal muss?«

»Wir hatten Kollegen hier, die sich einen Klappstuhl mit einem Loch in der Sitzfläche besorgt haben und den über das Loch gestellt haben.«

»Das ist jetzt nicht dein Ernst. Mike, ich habe keine Böcke, da zu arbeiten! Der ganze Bau ist marode und ekelhaft. Hast du nicht bemerkt, wie es da überall stinkt?«

»Doch, aber die haben auf der Station ein super Lavendelspray. Ich hab mir extra eine Dose mit nach Hause genommen. Das riecht echt toll!«

»Es riecht da nach Scheiße mit Lavendel und nicht nur

nach Scheiße. Ey, Mike, das geht nicht. Das steh ich nicht durch!«

»Ich versprech dir hoch und heilig, dass du da maximal zwei Wochen bleiben musst, und dann kommst du auf eine Station mit richtigen Toiletten.«

»Kann man da nicht vorher irgendwas machen?«

»Leider nicht. Wenn du da nicht anfängst, kürzt dir der Halbmond das Gehalt für den Monat.«

»Zwei Wochen?«

»Maximal! Wahrscheinlich schon eher.«

»Versprochen?«

»Versprochen!«

»Okay, dann mach ich das.«

»Das ist doch mal ein Wort. So seid ihr Deutschen. Da ruft grade jemand auf der anderen Leitung an. Können wir später noch mal telefonieren?«

»Ja, sicher. Bis dann«, antworte ich genervt.

»Bis dann.«

Mein Navigationsgerät führt mich mitten in einen Stau. Nach gut zwei Stunden habe ich es zurück zum Compound geschafft und zweifle an der Sinnhaftigkeit des ganzen Unterfangens. »Es sind ja nur zwei Wochen!«, versichere ich mir selbst und verbringe den Rest dieses denkwürdigen Tages auf meiner Couch, ganz in die heile Welt von Nicholas Sparks vertieft.

Saudi-Arabien: ein Land wie aus 1001 Nacht?

Die Festung Masmak ist Zentrum des historischen Riac

Moscheen gibt es in der saudischen Hauptstadt an jeder Ecke

Entspannter Verkäufer in einem traditionellen Souk

Die meisten Frauen tragen die Abaya, den traditionellen Ganz-Körper-Schleier

Auf dem Weg zur Verwaltung: Bis ich alle Papiere für den Job zusammen habe, vergehen Wochen

Mein neuer Arbeitsplatz: die Station 9 im Stadtteil Sweidy

Teamarbeit: Ohne meinen englischsprachigen Fahrer würde ich nicht weit kommen

Ein bisschen Heimat in der Fremde: nach einer Grillparty im Compound

Treuer Begleiter: Sid begegnet mir vor meinem Haus und bleibt bis zum Schluss bei mir

Zuhause: Während meiner Zeit in Riad wohne ich in einem Compound, einer Wohnanlage für Gastarbeiter

Klänge des Orients: Fünf Mal am Tag ruft der Muezzin zum Gebet

دروس مكثفة في الاختيار العشوائي

Crashkurs Triagieren

Am nächsten Morgen wähle ich wieder Mikes Nummer. Nach kurzem Klingeln hebt er ab.

»Hey Steven, was kann ich für dich tun?«, fragt er betont euphorisch.

»Wie läuft meine Einarbeitung jetzt genau ab?«

»Du musst übermorgen, also am Freitag, um neun auf der Wache sein und fährst dann mit einem ähm … warte kurz, gleich hab ich es … Ah ja, du fährst mit einem Dr. Moath aus Jordanien acht Schichten, und anschließend schauen wir weiter.«

»Es gibt keinen westlichen Arzt auf der Station?«

»Nein, in Sweidy sind nur arabische Ärzte. Die machen aber genau den gleichen Job wie du, und Dr. Moath spricht sehr gut Englisch.«

»Na gut. Dann weiß ich ja Bescheid.«

»Hast du sonst noch Fragen?«

»Nein, von meiner Seite ist alles klar.«

»Dann mach es gut, und viel Spaß auf Station 9.«

Und zack, hat er auch schon aufgelegt. Der dicke Mike wird mir immer unsympathischer.

Ich klappere zwei Tage lang unterschiedliche Baumärkte und Campinggeschäfte ab, um die ominöse Kreuzung aus Klappstuhl und Klobrille zu finden, kann aber nirgendwo etwas Adäquates entdecken. Und wenn es so etwas gibt, scheint man es in Riad gut zu verstecken. Vielleicht schaue ich auch einfach in den falschen Läden. Ich beschließe, die Suche zu verschieben und während der Arbeit erst mal nicht auf die Toilette zu müssen.

Gegen sieben Uhr morgens sitze ich schließlich an besagtem Freitag im Auto und fahre Richtung Sweidy. Die Stadt wirkt wie ausgestorben. Das Navi führt mich über die King Fahd Road nach Süden. Diese Straße ist eine Art Stadtautobahn, die von Norden nach Süden, vorbei an den imposanten Hochhäusern, mitten durch Riad verläuft. Nach gut einer halben Stunde stehe ich vor der Rettungswache. Das ging ja mal fix, denke ich erstaunt.

Neben der Wache gibt es eine Tankstelle, aber die hat geschlossen. Da muss ich wohl später ein paar Getränke organisieren und wappne mich innerlich, jetzt in die hygienischen Abgründe von Riad einzutauchen.

Ich parke mein Auto auf dem Hof und versuche wieder, kein Fahrzeug zu blockieren. Erst noch eine schnelle Zigarette. Bis auf den Müll, die heruntergekommene Wache und die zerbeulten Einsatzfahrzeuge sieht es doch ganz nett aus, murmle ich grummelnd, als ich aussteige. Da ich keinen Aschenbecher oder irgendwas Ähnliches sehe, schmeiße ich die Kippe auf den sandigen Boden und hole meine Tasche mit den Einsatzstiefeln und der Uniform aus dem Kofferraum. Ich öffne die quietschende rote Tür und betrete mit Widerwillen die Station, um meinen ersten offiziellen Arbeitstag zu beginnen.

Es ist kein Mensch zu sehen, und von Lavendel ist auch nichts mehr zu riechen. Die Tür zum ersten Bad öffnet sich, und Tahmid kommt in Unterwäsche, barfuß und mit nassen Haaren raus. Ich muss meinen Ekel unterdrücken und sage »*Salam alaikum*«, während ich mit der rechten Hand winke.

»*Wa alaikum salam*, Steven«, antwortet Tahmid freudestrahlend und winkt zurück. Den Rest von dem, was er so spricht, kann ich nicht verstehen. Er hat mir aber anscheinend eine Menge zu erzählen.

Wahrscheinlich durch Tahmids Redeschwall angelockt, kommt auf einmal der junge Fadi aus dem Raum mit dem Teppichboden.

»Hey, Deutscher.«

»*Salam alaikum*«, wiederhole ich.

»*Salam*. Was machst du hier?«

»Ich soll heute mit Dr. Moath mitfahren.«

»Der kommt doch erst um neun, vielleicht auch ein bisschen später.«

»Ich bin eben ein wenig früher da. Wo ist denn der Umkleideraum?«

»Wir haben keinen Umkleideraum. Wofür sollen wir den haben?«

»Um die Uniform anzuziehen.«

»Die ziehen wir immer zu Hause an.«

»Und dann fahrt ihr nach dem Dienst mit der kontaminierten Uniform nach Hause?«

»Was bedeutet kontaminiert?«

»Kontaminiert heißt so viel wie dreckig!«

»Ah, okay. Ja, damit fahren wir dann wieder nach Hause. Du kannst dich aber im Bad umziehen, wenn du magst.«

»Ich geh vorher lieber noch mal kurz nach draußen, eine Zigarette rauchen«, erwidere ich und bewege mich zügig zu meinem Auto.

Das Umziehen auf dem Rücksitz des Kleinwagens geht einigermaßen gut von der Hand, wenn man die angebotene Alternative bedenkt. Ich packe mir mein Handy, ein paar Kugelschreiber, einen Notizblock, die Taschenlampe und mein Stethoskop in die Seitentaschen der Uniformhose und gehe zurück in die Wache, als Fadi aus der Küche kommt.

»Bist du jetzt zum Umziehen nach Hause gefahren?« fragt er erstaunt.

»Nicht ganz. Ich hab mich im Auto umgezogen.«

»Macht man das so in Deutschland?«

»Eigentlich nicht. Mir war gerade danach.«

Er schaut skeptisch und deutet mir an, ihm in den Aufenthaltsraum zu folgen.

»Schuhe aus«, flüstert er.

Ich nicke. In dem Raum liegen überall verteilt junge Männer auf dem Boden und schlafen. Zwischen den Schlafenden verlaufen unzählige Ladekabel zu Notebooks, Tablets und Handys. Ich zähle mit Fadi neun Mann und elf Notebooks in einem Raum von optimistisch geschätzten fünfundzwanzig Quadratmetern. Fadi hat sich an seinem mutmaßlichen Schlafplatz abgelegt und spielt mit seinem Notebook. Diese Leute arbeiten, wie sich später herausstellt, als Fahrer und Sanitäter und sind mir in medizinischen Belangen untergeordnet. Als Paramedic bin ich die höchste Instanz an der Einsatzstelle.

Wir haben jetzt acht Uhr, und ich setze mich auf ein Sitzkissen zwischen zwei dösende Kollegen, die kurz aufschauen und weiterschlafen. Nach zehn Minuten des Schweigens meldet sich mein Rücken, und ich stehe wieder auf.

»Alles okay?«, flüstert Fadi.

»Ja. Ich geh nur raus, eine Zigarette rauchen«, flüstere ich zurück.

»Das kannst du auch hier!« Er deutet auf einen Aschenbecher, als mein vermeintlich schlafender Nebenmann hinter sich greift und mir ebenfalls einen Aschenbecher reicht.

»Ich muss aber noch etwas aus dem Auto holen«, flüstere ich und stelle den Aschenbecher zurück auf den Boden.

»Ah okay. Bis gleich.«

Ich ziehe meine Stiefel an, gehe auf den Hof und zünde mir eine Kippe an. Die Tür zum rostigen Seecontainer steht offen, und ich kann beobachten, wie Tahmid in dem dunklen Inneren des Containers eine Matratze sorgfältig zusammenrollt und in die Ecke stellt. Er sieht mich und winkt mich rein. Ich versuche mit meinen Händen zu reden und frage ihn mühsam, ob er hier schläft. Er nickt, hält beide Hände an seine rechte Gesichtshälfte und zeigt auf die Matratze und den Boden. An der Decke des Containers hängt eine schummrige Lampe, entlang der Wände stapeln sich offene Kartons mit medizinischem Verbrauchsmaterial, außerdem sehe ich zirka zwanzig große Gasflaschen. Der Boden ist purer rostiger Stahl.

Tahmid zieht einen alten Holzstuhl heran und bietet ihn mir als Sitzgelegenheit an. Ich lächle und lehne dankend ab. Er setzt sich unverzüglich auf den Stuhl, greift sich ein Buch, das auf einem der Kartons liegt, und zeigt mir lachend, dass er hier anscheinend immer liest. Das Buch hält er allerdings falsch rum. Ich lache und nicke anerkennend. Als ich ihm eine Zigarette anbiete, lehnt er ab.

Bald habe ich das dringende Bedürfnis, den Container zu verlassen, weil die Luft heiß und stickig wird. Da fällt mir etwas ein. Ich deute Tahmid an, dass er kurz warten soll, gehe zu meinem Auto, hole aus der Kühlbox auf dem Rücksitz zwei kalte Dosen Cola und gehe wieder zum Container. Die Kühlbox habe ich mir gleich zu Beginn organisiert, damit ich immer kühle Getränke im Auto habe.

Tahmid fegt gerade den Boden seiner Unterkunft, als ich ihm eine Dose hinhalte. Er schaut mich verwundert an, aber schließlich nimmt er sie. Ich öffne meine und proste ihm zu. Die Geste des Prostens scheint er nicht zu kennen, aber auch er öffnet seine Dose, trinkt einen Schluck und stößt ein erleichtertes »Aaaaaaah« aus, gefolgt von einem lauten Rülps. Wir müssen beide lachen. Auf einmal wird mir bewusst, dass die Verhältnisse in der Wache geradezu luxuriös sind, wenn ich sie mit Tahmids Schlafplatz vergleiche.

Ich schaue auf die Uhr. In zehn Minuten sollte der Doktor eintreffen. Tatsächlich: Zwei weiße Geländewagen fahren auf den Hof, denen zwei junge Männer in Rettungsdienstuniform entsteigen. Sie sehen mich misstrauisch an und sagen etwas auf Arabisch zu Tahmid, der daraufhin unverzüglich in die Station geht.

»Salam alaikum«, begrüße ich die beiden, doch sie gehen wortlos in das Gebäude. In den nächsten Minuten kommen immer mehr Autos, und der Platz auf dem Hof wird langsam eng. Jeder parkt jetzt jeden irgendwie zu. Das gibt bestimmt ein heilloses Chaos, wenn die Kollegen vom Nachtdienst nach Hause wollen. Ich grüße jeden Neuankömmling mit einem freundlichen *Salam alaikum*, und ein paar antworten auch.

Schließlich kommt ein kleiner Mann mit Halbglatze und leichtem Bauchansatz aus der Station und begrüßt mich auf Englisch. »Hallo. Sie müssen Herr Bauer sein.«

»Das stimmt, aber nennen Sie mich bitte Steven. Sie sind Dr. Moath?«

»Korrekt. Sie begleiten mich also die nächsten Tage, um unsere Arbeitsmethoden hier in Saudi-Arabien kennenzulernen?«

»Das wurde mir so gesagt.«

»Sehr schön. Sie sind Arzt?«

»Nein, ich bin Paramedic.«

»Wo haben Sie gelernt?«

»Ich habe meine Ausbildung in Deutschland gemacht und dann mehrere Jahre in Deutschland und in der Schweiz im Rettungsdienst gearbeitet.«

»Schweiz und Deutschland«, sagt er und nickt anerkennend.

»Welche Fachrichtung haben Sie studiert?«, möchte ich wissen.

»Ich bin Hals-Nasen-Ohren-Arzt. Ich habe in Jordanien studiert und möchte irgendwann mal in Deutschland arbeiten. Sie haben tolle Kliniken in Ihrer Heimat.«

»Ich denke, dass es tolle Kliniken auf der ganzen Welt gibt. Sollen wir mal unser Fahrzeug checken?« Ich bin es gewohnt, zu jedem Dienstbeginn die medizinische Ausrüstung auf Vollständigkeit und Funktion zu überprüfen.

»Das brauchen wir nicht. Da wird schon alles in Ordnung sein. Aber Sie können sich gerne mit der Ausrüstung vertraut machen. Ich sage dem Fahrer, dass er Ihnen den Schlüssel zu unserem Fahrzeug geben soll. Ich muss dann noch mal reingehen und ein wenig Schreibarbeit erledigen. Bis später.«

»Bis später.«

Kurz darauf kommt ein Araber in Sandalen, gibt mir wortlos einen Autoschlüssel und geht wieder. Auf dem Schlüssel steht »Toyota«. Ich drücke die Fernbedienung und schaue, welcher der beiden Toyota Camrys, die im Hof stehen, sich öffnet. Der Camry ist ein gewöhnlicher weißer PKW mit Stufenheck, der mit Blaulicht, Sirene, Funk und einem Rammschutz ausgestattet wurde. Er ist mit dem Zeichen des Roten Halbmonds beklebt und trägt die Kennung »Medic Unit«. Mit diesem Wagen werden wir gemäß dem sogenannten Rendezvous-System an die Einsatzstelle fahren, treffen uns dort mit einem Rettungswagen und unterstützen die Sanitäter gegebenenfalls mit erweiterten medizinischen Maßnahmen. Falls unsere Hilfe nicht benötigt wird, können wir direkt weiter zum nächsten Einsatz. Dadurch ist die erweiterte medizinische Hilfe nicht an einen Rettungswagen und somit einen Patienten gebunden, der die Hilfe vielleicht gar nicht braucht.

Als ich Heckklappe und Seitentür des Camry öffne, bin ich gelinde gesagt erstaunt. Die gesamte medizinische Ausrüstung liegt im Kofferraum und auf dem Rücksitz verteilt. Die Medizingeräte sind mir im Wesentlichen bekannt, da wir sie auch in Europa genutzt haben. Solide amerikanische Technik auf recht aktuellem Stand. Die Notfalltaschen enthalten Verbandmaterialien im Überfluss, ich finde aber nur ganze drei Infusionen im Fahrzeug, wovon eine schon abgelaufen ist. Das kann ja rosig werden. Gerade will ich mir die Sauerstoffdruckminderer mit dem amerikanischen System anschauen, mit dem ich noch keine Erfahrung habe. Er verringert den Druck in den Sauerstoffflaschen von rund dreihundert Bar auf drei bis fünf Bar. In diesem Moment erscheinen Dr. Moath und der stille arabische Fahrer und bedeuten mir, dass wir einen Einsatz haben.

»Alles in Ordnung mit der Ausrüstung?«, fragt mich Dr. Moath.

»Da fehlen eventuell ein paar Infusionen.«

»Die brauchen wir nicht«, winkt er ab.

»Was haben wir denn für einen Einsatz?«

»Eine bewusstlose Person, aber das wird eh nichts für uns«, winkt er wieder ab. »Wir behandeln nur kritische Patienten, ansonsten fahren wir direkt weiter.«

»Was ich eben nicht gefunden habe, sind Medikamente. Außer Glukose«, merke ich an.

»Die habe ich noch in meinem Tresor auf der Station.«

»Und wenn wir welche brauchen?«, frage ich verblüfft.

»Ich habe die seit zwei Jahren im Tresor und habe sie noch nie gebraucht. Außer vielleicht Glukose. Das wird alles überbewertet mit den Medikamenten.«

Die Straßen sind immer noch leer, und der Fahrer fährt recht gemächlich. Nach ein paar Minuten halten wir an einem zweistöckigen, von einer hohen Mauer umgebenen Haus, vor dem schon ein Rettungswagen steht. Ich gehe zum Kofferraum, um die Ausrüstung zu holen, aber der Doktor sagt, das sei nicht nötig. Ich nicke nur und folge den beiden durch den gefliesten Hof ins Haus.

Ein etwa siebenjähriger Junge führt uns in ein Schlafzimmer, in dem ein älterer Mann mit sichtlicher Atemnot liegt. Man kann die Lungen bei jedem Atemzug blubbern hören, was auf ein Lungenödem hindeutet. Hierbei sammelt sich Flüssigkeit in der Lunge, wodurch die Atmung zunehmend erschwert wird. Dafür kann es verschiedene Ursachen geben, aber ein Lungenödem ist erst einmal kritisch.

»Wir sehen hier ein klassisches Lungenödem. Dem Patienten soll weiter Sauerstoff verabreicht werden, und dann wird er von der Ambulanz in die Klinik gefahren. Nichts Ungewöhnliches«, sagt mir der Doktor.

»Sollten wir ihn nicht wenigstens mal untersuchen?«, frage ich zunehmend irritiert. »Eventuell könnten wir schon mit einer Therapie beginnen.«

»Da sollen die sich in der Klinik drum kümmern. Wir können dann wieder fahren.«

»Helfen wir nicht, den Patienten in die Ambulanz zu bringen?«

»Das schaffen die beiden Sanitäter allein.«

Der Doktor füllt ein Protokoll aus und gibt einen Durchschlag an die Sanitäter. Danach deutet er unserem Fahrer und mir an, dass wir gehen können. Ich bin sprachlos. In Deutschland und in der Schweiz haben wir solche

Situationen anders gehandhabt. Oberstes Ziel war immer, die Kollegen zu unterstützen und das Beste für den Patienten zu tun. Hier scheint man das etwas anders zu sehen.

Die folgenden drei Einsätze laufen nach dem gleichen Schema ab. Wir fahren an die Einsatzstelle, untersuchen den Patienten nicht, führen keine Behandlung durch, helfen nicht beim Transport und fahren wieder.

Als wir am frühen Nachmittag zurück auf der Rettungswache sind, brauche ich einen Moment für mich. Die saudischen Arbeitsmethoden kann ich mit meinem Berufsethos schwer vereinbaren. Ich zünde mir eine Zigarette an und überlege, wie ich hier vorgehen soll, ohne jemandem auf die Füße zu treten, als ich aus der Station Schreie und Kreischen höre. Ich schmeiße die Zigarette weg und laufe rein.

Die Vorhänge an dem kleinen Fenster zum Aufenthaltsraum sind aufgezogen, und ich kann Tahmid erkennen, der in einer Ecke des Raumes kauert, während Dr. Moath auf ihn einprügelt. Ich sehe, wie zwei Faustschläge mit voller Wucht auf Tahmids Kopf krachen, bevor ich wirklich realisiere, was da gerade passiert.

Ohne Rücksicht auf den Teppich stürme ich in meinen Stiefeln durch die Tür in den Aufenthaltsraum, packe Dr. Moath an den Schultern, um ihn wegzuziehen, und stelle mich schützend vor Tahmid. Der Doktor schaut mich irritiert an, während Tahmid wimmert. Ich halte den Doktor mit meinem linken Arm auf Abstand und blicke hinter mich. Der Junge blutet aus der Nase, und die Oberlippe ist aufgeplatzt. Ein Auge ist geschwollen, und er hat eine Beule an der Schläfe.

»Was soll das?«, schnauze ich den Doktor an.

»Es tut mir leid, dass Sie das sehen mussten«, entschuldigt sich Dr. Moath ruhig.

»Ich hab dich verdammt noch mal gefragt, was das soll!«, brülle ich und schere mich einen feuchten Dreck um irgendeine formellere Wortwahl.

Die anderen Sanitäter stehen jetzt alle im Raum.

»Der Kleine hat nicht gehorcht, und ich musste ihn erziehen.«

»Bist du bescheuert? Das ist doch noch ein halbes Kind!«

»Er hat nicht gehorcht und hat seine Arbeit nicht gemacht.«

»Das ist doch kein Grund, den Jungen krankenhausreif zu schlagen!«

»Wenn er nicht gehorcht, muss man ihn züchtigen. Wie gesagt, es tut mir leid, dass Sie das sehen mussten.«

»Ich fass es nicht. Hast du schon mal was von humanem Verhalten gehört? Entschuldige dich nicht bei mir, sondern bei Tahmid. Und zwar sofort!«

»Wie redest du mit mir?« Auch Dr. Moath lässt jetzt jegliche Höflichkeit mir gegenüber fallen. »Ich bin Arzt!«

»Was ich gerade hier erlebt habe, zeigt mir aber nicht, dass du Arzt bist.«

»Zeig mir gegenüber gefälligst mehr Respekt!«, fordert mich der Doktor sichtlich aggressiv auf.

»Solche Leute wie dich kann ich nicht respektieren. Du bist kein Arzt. Du bist höchstens ein Arschloch!«

Der Doktor ballt seine Faust.

»Nur zu! Den ersten Schlag schenk ich dir. Du solltest aber wissen, dass ich danach nicht in der Ecke kauere und heule, weil ich dir dann nämlich mehrfach den Kiefer brechen werde.«

Ein paar Sanitäter erkennen, dass die Situation weiter zu eskalieren droht. Sie packen Dr. Moath von hinten und zerren ihn nach draußen. Er schimpft auf Arabisch, und ich rufe ihm ein herzhaftes »*Fuck you*!« hinterher, während mir das Herz in der Brust hämmert.

Die anderen Sanitäter kommen näher, begutachten Tahmid und schütteln den Kopf.

»Spricht hier irgendjemand Englisch?«

»Ja, ich«, meldet sich ein junger Sanitäter, der ungefähr einen Kopf kleiner ist als ich und ebenfalls etwas untersetzt.

»Sag dem Doktor, dass der Junge hier tabu ist. Falls ich mitkriege, dass er ihn noch mal anfasst, prügel ich ihm die Scheiße aus dem Leib.« Es ist selten, dass ich mich so klar ausdrücke. An sich bin ich ein friedliebender Mensch, der Konflikten gerne aus dem Weg geht. Wenn ich aber solch ein Unrecht mitbekomme, hält mich nichts mehr.

»Was Dr. Moath gemacht hat, war falsch«, sagt der Sanitäter sichtlich betroffen.

»Wie heißt du?«, frage ich ihn.

»Ich bin Ahmed.«

»Und ich bin Steven. Der Junge wird jetzt verarztet, und dann muss ich telefonieren. Hilfst du mir?«

»Ja, sicher doch.«

»Vielen Dank!« Ich halte ihm meine Hand hin, die er nimmt und schüttelt.

Tahmid hat auf den ersten Blick keine ernsthaften Verletzungen. Er ist jedoch total verängstigt und weint. Eigentlich müsste er zu weiteren Untersuchungen ins Krankenhaus, aber Ahmed erklärt mir, dass er ein illegaler Einwanderer aus dem Jemen ist und deswegen nicht ins Krankenhaus kann. Er würde sofort verhaftet, um danach abgeschoben zu werden. Wir lassen ihn also erst mal auf der Wache. Anschließend rufe ich den dicken Mike an und erkläre ihm, was an meinem ersten Arbeitstag passiert ist. Er verspricht mir, umgehend etwas zu unternehmen.

Eine Stunde später trifft Mike gleich mit zwei wichtigen Leuten auf der Rettungsstation ein: dem Wachenleiter von Station 9, der mir bislang unbekannt war, und einem Field Supervisor. Der Wachenleiter ist zuständig für den organisatorischen Ablauf auf der Station, wie zum Beispiel die Dienstpläne. Der Field Supervisor ist verantwortlich für den reibungslosen Betrieb des Rettungsdienstes, kontrolliert stichprobenartig die Einsatzfähigkeit der Rettungswachen und kommt bei schwierigen Einsatzlagen dazu.

Dieses leitende Trio befragt nun jeden auf der Wache und entscheidet schließlich spontan, dass meine Einarbeitung jetzt beendet sei und ich vorerst fest auf der Station 9 bleiben solle. Sie verleihen mir den Funkrufnamen *MEDIC 7*, auf Arabisch *Medic Saba*. Der Wachenleiter strickt extra die Dienstpläne um, damit Dr. Moath und ich uns möglichst wenig über den Weg laufen. Dr. Moath wird weiterhin auf Station 9 arbeiten, aber sein Schichtrhythmus läuft entgegengesetzt zu meinem. Ich soll am Sonntag mit meinen Nachtdiensten anfangen, werde den jordanischen Arzt also jeweils nur an meinem ersten Tagdienst und am letzten Nachtdienst zur Ablösung sehen. Alle versichern mir, dass Tahmid nichts mehr passieren wird.

Damit ist mein Dienst für heute beendet, und ich fahre nach Hause in den Compound. Dort muss ich erst mal verdauen, was passiert ist, und verliere mich wieder in der heilen Welt von Mr. Sparks.

Am nächsten Morgen bekomme ich in der Dabbab Station einen Satz Notfallmedikamente inklusive Betäubungsmitteln wie zum Beispiel Morphium ausgehändigt, für die ich persönlich die Verantwortung trage. Wenn ich sie verliere, droht mir, wie mir einer der Ärzte bei der Medikamentenausgabe erklärt, eine Strafe wegen Drogenmissbrauch beziehungsweise Drogenhandel. Das bedeutet hier im Land im schlimmsten Fall die Todesstrafe. Folglich hüte ich die Ampullen künftig wie meinen Augapfel. Mir wird außerdem das aufwendige Dokumentationsprozedere zu den Betäubungsmitteln erläutert. Ich muss jedes Mal drei Formulare ausfüllen, wenn ich ein Schmerzmittel verabreiche, und die leeren Ampullen aufbewahren, um sie während der Bürozeiten gegen neue Medikamente einzutauschen.

Und dann, am Sonntag, beginnt mein erster Nachtdienst.

Meine erste Nacht in Sweidy ist fast geschafft. Bisher war es ein entspannter Dienst. Ein paar Unterzuckerungen und ein leichter Verkehrsunfall. Ich hatte sogar Zeit, die Ausrüstung in meinem Camry auf ein akzeptables Niveau zu bringen. Jetzt haben wir bei Einsätzen jedenfalls ausreichend Infusionen und Medikamente an Bord. Wenn jede Nacht so läuft, dürfte es hier auf Station 9 recht angenehm werden, sofern ich die Schlaf- und Toilettensituation noch optimieren kann. Ein Feldbett wäre ein Traum. Mal sehen, ob sich auf irgendeinem Souk so etwas findet. Für die Toilette habe ich jedoch nach wie vor keine zündende Idee.

Khaled, mein Fahrer, entpuppt sich als freundlicher, ein wenig schüchterner junger Kerl. Er ist groß, muskulös und dunkelhäutig. Er sagt nicht viel, aber ich habe das Gefühl, dass er und ich zusammenpassen können. Ständig kaut er auf einem Stöckchen herum. Ich muss unbedingt mal recherchieren, was er da im Mund hat und wofür das gut ist.

Es ist jetzt vier Uhr morgens, ich sitze vor der Rettungswache auf der Stoßstange eines Rettungswagens, rauche eine Zigarette und beobachte den Sonnenaufgang. Ich könnte zwar auch in der Wache rauchen, aber irgendetwas zieht mich vor die Tür. Wahrscheinlich muss ich einfach mal für fünf Minuten alleine sein, nachdem mich die Kollegen vom Nachtdienst stundenlang beobachtet haben. So schnell wird man zum Exoten. Europäer, Nicht-Muslim und wegen eines jemenitischen Reinigungsjungen auch noch fast mit dem Doktor geprügelt. Da sticht man eben heraus. Es gab wohl schon mal Amerikaner, die auf Station 9 ihren Dienst geleistet haben, doch keiner von ihnen war länger als ein paar Wochen da. Gründe dafür fallen mir spontan genügend ein.

Es ist verhältnismäßig ruhig so früh am Morgen. Auf der nahen Ring Road fahren nur wenige Autos. Tahmid schläft in seinem Container. Ihm geht es wieder etwas besser. Das Veilchen wird er noch eine Weile behalten, aber er hat wohl keine bleibenden Schäden davongetragen. Die Kollegen dösen im Aufenthaltsraum. Ich habe es auch probiert, bekomme jedoch kaum ein Auge zu, wenn ich auf dem Boden zwischen anderen Männern schlafen muss.

Plötzlich kommt Leben in den Morgen. Fadi, der junge und etwas vorlaute Sanitäter, läuft rasch aus dem Gebäude und ruft »Einsatz! Einsatz!«. Dann erscheint Ahmed, der mir am Freitag mit Tahmid geholfen hat. Die beiden Sanitäter sind jetzt fest auf meiner Schicht. Khaled schlendert ganz gemächlich hinter den beiden her und sagt: »Hey Steven, Einsatz!«

»Was ist es?«, frage ich ihn.

»Code 6.«

»Was ist Code 6?«

»Überschlag.«

»Hast du mehr Informationen?«

»Nein!«

So oder ähnlich liefen in dieser Nacht alle Gespräche mit Khaled ab.

Während er jetzt unseren Einsatzwagen auf die Straße lenkt, schalte ich mit einem Drehknopf an der Bedienkonsole die Sirene ein. Ich habe die Verantwortung über die Sirene an mich gerissen, weil ich bei den bisherigen Einsätzen schon gemerkt habe, dass Khaled sie nie einschaltet. Ich fühle mich deutlich wohler, wenn andere Verkehrsteilnehmer zumindest die Chance bekommen, uns zu hören, bevor wir mit einem Mordstempo an ihnen vorbeischießen. Außerdem haben wir diese coolen amerikanischen Sirenen mit vielen unterschiedlichen Tönen und nicht die langweiligen Martinshörner, die in Deutschland genutzt werden.

Den Funk muss dafür Khaled übernehmen. Die Leitstelle spricht nur Arabisch, und wenn er mit ihr kommuniziert, ist Khaled definitiv gesprächiger. Beim ersten Einsatz schaut er für einen Moment verwundert zu mir rüber, weil ich mich anschnalle. Er schnallt sich nie an. Während der Anfahrt kümmere ich mich auch um das Einsatzprotokoll. Dafür brauche ich eine Einsatznummer und den Einsatzcode. Die Einsatznummer ist eine individuelle Nummer, die für jeden Einsatz durch die Leitstelle neu zugeteilt wird. Der Einsatzcode gibt die Art des Einsatzes an. Was sagte er noch, Code 6? »Hast du eine Einsatznummer für mich?«

»Noch nicht.«

»Gibst du sie mir, wenn du eine bekommst?«

»Inschallah.«

»Danke.«

Den Rest der Fahrt spricht Khaled kein Wort mehr mit mir, jedoch viele Worte mit der Leitstelle.

»Heilige Scheiße!«, ruft er, als wir uns schließlich der Einsatzstelle nähern. Sogar das Stöckchen fällt ihm aus dem Mundwinkel.

Auf dem Highway sehe ich eine riesige Menschenmenge, es sind geschätzt mehrere hundert Personen. Auf den ersten Blick sieht es aus wie ein arabisches Rockkonzert auf der Autobahn, nur ohne Musik und ohne Frauen.

»Was ist das? Was ist da los? Ich dachte, wir fahren zu einem Überschlag!«

»Gaffer!«, entgegnet Khaled ungerührt.

»Scheiße, wo ist der Unfall?«

»Keine Ahnung! Wahrscheinlich irgendwo in der Menge.«

Mir wird mulmig. Ich muss dazu sagen, dass ich Menschenmengen nicht mag. Ich habe es früher schon gehasst, als Sanitäter bei Konzerten in die Zuschauermenge zu müssen. Inmitten so vieler Menschen befürchte ich, die Kontrolle über die Lage zu verlieren.

»Khaled, du bleibst bitte immer an meiner Seite. Egal, was passiert. Okay?«

»Okay!«

Der Camry kommt zum Stehen. Ich steige aus, öffne die Hintertür und hole die Notfalltasche. Mitten in dem Gewusel von Menschen entdecke ich unseren Rettungswagen.

»Dahinten stehen die anderen!«, rufe ich Khaled zu. Er nickt. Ich atme noch mal tief ein, und dann beginnen wir, uns durch die Menschenmassen zu kämpfen. Niemand geht zur Seite. Ich halte die Notfalltasche schützend vor mich und schiebe die Leute resolut weg. In solch einer Situation muss man sich auch schon mal etwas rabiater Platz verschaffen.

Schließlich erreichen wir die Jungs von unserer Station. Fadi und Ahmed sind dabei, einen jungen Mann mittels Herzdruckmassage und Beatmung mit einem Beatmungsbeutel zu reanimieren, was bedeutet, dass der Patient einen Herzstillstand haben muss. Ich fühle nach einem Puls, kann aber keinen feststellen.

»Gibt es noch mehr Patienten?«, frage ich in die Runde.

»Da liegen noch so fünf oder sechs rum, keine Ahnung«, antwortet Fadi relativ ungerührt.

»Dann ist der hier jetzt tot. Lasst uns nach den anderen sehen«, sage ich und stehe auf. Wir sind im Moment nur zwei Teams, das Sanitäterteam vom Rettungswagen und Khaled mit mir, und wir haben fünf bis sechs Patienten. Da können wir unsere Kräfte nicht an einem Patienten bündeln, der keine Chance hat. Die beiden hören mit der Reanimation aber nicht auf.

»Der ist tot!«, schreie ich. »Die Reanimation wird jetzt sofort beendet!« Ich darf so etwas befehlen, denn in medizinischen Fragen bin ich hier an der Einsatzstelle der Boss. Das bedeutet, ich muss Entscheidungen wie diese treffen und auch durchsetzen.

Khaled sagt etwas auf Arabisch, aber Fadi und Ahmed reanimieren stur weiter. Ich nehme Fadi den Beatmungsbeutel weg, entferne die Elektroden des Defibrillators, schreibe mit einem schwarzen Edding eine dicke »1« auf die Stirn des Toten und decke den Körper mit einem Laken zu.

»Und jetzt zu den nächsten Patienten, *yalla!*«, schreie ich.

Yalla heißt so viel wie »Los jetzt!«, ist mir aus diversen Filmen bekannt und scheint zu funktionieren. Die beiden schauen mich verwundert an, stehen aber schließlich auf und führen mich zu den anderen Patienten. Jetzt heißt es triagieren, das bedeutet, ich muss die Patienten erst mal sortieren, um sie in bestimmte Dringlichkeitskategorien einzustufen. Bei einem ungünstigen Verhältnis von Rettern zu Opfern ist es entscheidend, sich zuallererst einen Überblick zu verschaffen und Ordnung in das Chaos zu bringen, bevor man anfängt, jeden Patienten individuell zu behandeln. In der Kategorie »schwarz« landen die Patienten, die tot oder sterbend sind. Rot heißt schwerstverletzt mit Behandlungspriorität. Gelb ist etwas weniger schlimm, aber immer noch zügiger Transport, und mit Grün werden die Leichtverletzten eingestuft. Jeder Patient bekommt mit meinem schwarzen Edding eine Nummer, und auf einem Notizblock ordne ich die einzelnen Nummern den Triagefarben zu, damit ich einen Überblick über die Situation erhalte.

Wer wird zuerst behandelt? Wer wird zuerst transportiert? Wer ist tot und braucht keine Hilfe mehr? Das sind die Fragen, die sich in so einer Situation stellen und die schnell beantwortet werden müssen. Es hat keinen Sinn, kostbare Zeit an einen Leichtverletzten oder Toten zu vergeuden, während ein Schwerverletzter stirbt, obwohl er mit unserer Hilfe vielleicht eine Chance gehabt hätte.

Es ist sicher nicht einfach, auf diese Weise Richter über Leben und Tod zu sein. Durch die Reihen schreiender Verletzter und toter Körper zu gehen, alle Emotionen auszublenden und ständig gegen den Drang, helfen zu wollen, anzukämpfen, erfordert eine Menge Selbstdisziplin. Doch genau diese Eigenschaften sind es, auf die wir durch drillartiges Training vorbereitet wurden.

Der nächste Patient, auf den wir treffen, sitzt auf dem Boden, ist bei Bewusstsein, und es stellt sich nach kurzer Untersuchung heraus, dass er nur ein paar Schrammen am Unterarm hat. Ich male ihm mit dem Edding eine »2« auf die Stirn, woraufhin der Patient mich ganz irritiert ansieht. »Der ist grün, Nächster!«, befehle ich. Nebenbei schreibe ich auf einen kleinen Notizblock: *1: schwarz; 2: grün, Schramme Unterarm.*

Den Nächsten finden wir neben der Fahrertür eines Autos, das auf dem Dach liegt. Er hat eine große Wunde am Kopf, ist bewusstlos, aber er atmet, und der Puls am Handgelenk ist sehr kräftig tastbar, wenn auch verlangsamt. Außer der Verletzung am Kopf ist nichts zu sehen. »Der ist rot! Stabile Seitenlage und weiter!«, sage ich, während ich ihm die Nummer 3 auf die Stirn schreibe und *3: rot, Schädelhirntrauma, ggf. Intubation* auf meinem Block festhalte.

Die Jungs machen jetzt, was ich ihnen sage. Aber wir sind definitiv zu wenig Helfer. Wo bleiben die anderen Rettungswagen?

»Khaled, kommen da noch mehr Rettungswagen?«, frage ich auf dem Weg zum nächsten Patienten.

»Keine Ahnung«, antwortet er. Er wirkt nicht mehr ganz so ruhig wie sonst immer.

»Dann frag bitte nach! Sag der Leitstelle, dass wir mindestens fünf weitere Ambulanzen und zwei oder drei weitere Paramedics benötigen. Okay?«

»Mach ich!«, bestätigt er und fängt sofort an, auf Arabisch in sein Handfunkgerät zu sprechen.

Der nächste Patient liegt ebenfalls auf dem Boden in der Nähe des Kofferraums. Arme und Beine sind in alle Richtungen verdreht, er hat eine massive Deformierung des Schädels und ist bewusstlos. Puls und Atmung sind nicht feststellbar. Er bekommt die Nummer 4. »Der ist schwarz, und weiter, *yalla!*«

»Die schicken uns noch zwei Rettungswagen«, informiert mich Khaled auf dem Weg zu Patient Nummer fünf.

»Scheiße! Wie sollen wir denn bitte mit nur drei Rettungswagen diese Menge Patienten transportieren? Fuck!« Ich kann mir ein kräftiges Schimpfwort einfach nicht verkneifen. »Wie viele Paramedics kommen?«, schreie ich.

»Keiner!?«, antwortet Khaled halb fragend, etwas eingeschüchtert.

»Wie – keiner? Khaled, sag denen verdammt noch mal, dass ich hier mehr Ambulanzen und mehr Paramedics brauche!«, raunze ich ihn an. Wortlos greift Khaled zu seinem Funkgerät.

Der fünfte Patient ist bei Bewusstsein, sein rechtes Bein ist verdreht, ein Arm gebrochen, er atmet gut, auch der Puls ist gut tastbar und normal. »Der ist gelb, weiter!« *5: gelb, Fraktur Bein und Arm, ggf. Schmerzmittel* steht jetzt auf meinem Block.

»Steven, die schicken keine Paramedics mehr. Das müssen wir alleine regeln«, teilt mir Khaled nach einem kurzen Zwiegespräch mit seinem Funkgerät ängstlich mit.

»Schöne Scheiße. Ja gut, kann ich auch nicht ändern«, maule ich und gehe zu Patient Nummer 6. Der sitzt auf dem Boden, fünf Meter neben der Beifahrerseite des Unfallwagens, hat eine Platzwunde am Kopf, einen gebrochenen Unterarm und ein paar Schrammen am Bein. Er ist bei Bewusstsein, atmet gut, und sein Puls ist normal. »Der ist gelb, weiter!«

Mittlerweile ist ein zusätzlicher Rettungswagen eingetroffen. Ich sage Khaled, dass die sich um den Patienten mit der Nummer 3 auf der Stirn kümmern sollen. Die Gaffer bemerke ich jetzt schon gar nicht mehr. Ich habe einen Tunnelblick, fokussiert auf die Opfer.

Das siebte Unfallopfer liegt noch ein Stück weiter weg auf dem Boden, hat bläuliche Lippen und röchelt. Nach kurzer Untersuchung stelle ich fest, dass er etliche Rippen gebrochen hat. Das sieht ganz nach einem Spannungspneumothorax aus. Dabei dringt durch die Verletzung bei jedem Atemzug Luft in die Brusthöhle. Der so ständig anwachsende Druck verdrängt nach und nach die Lunge, was dem Patienten die Atmung zunehmend erschwert. Ich muss jetzt schnell dafür sorgen, dass die eingeschlossene Luft aus der Brusthöhle herauskann. Also nehme ich eine lange Kanüle mit einem großen Durchmesser und steche diese zwischen der dritten und vierten Rippe in den rechten Brustkorb, bis ich ein Zischen höre. Der junge

Mann atmet erleichtert durch. Ich baue noch ein Ventil auf die Kanüle, damit man immer wieder den Druck ablassen kann, und sage: »Der ist rot, weiter!«

»Hey Steven, das war's. Da sind keine anderen Patienten mehr«, bremst Khaled mich.

»Gut, dann geht die 7 zu Fadi und Ahmed in den Rettungswagen. Ihr fahrt los und achtet schön darauf, dass der Junge Sauerstoff bekommt. Wenn die Atmung schlechter wird, müsst ihr dieses Ventil hier kurz öffnen, bis ihr ein Zischen hört. Verstanden?«

»Verstanden!«, antworten beide gleichzeitig.

Patient Nummer drei liegt mittlerweile auf einem speziellen Brett, welches den Rücken stabilisiert, um seinen Hals eine Kinderhalskrause. Die Wunde am Kopf ist bandagiert. Er ist immer noch bewusstlos. Ich verdunkle kurz seine Augen mit meiner Hand, damit ich die Pupillenreaktion auf den Lichteinfall sehen kann. Normalerweise reagieren die Pupillen gleich schnell. Bei ihm ist eine Seite verlangsamt, was den Verdacht auf eine Hirnverletzung bekräftigt.

»Okay, sprecht ihr Englisch?«, frage ich die Sanitäter des zweiten Rettungswagens. Einer nickt. »Gut, den hier müssen wir intubieren. Habt ihr bei so was schon mal geholfen?« Erneutes Nicken.

Aufgrund der schweren Verletzung hat der Patient keine Schutzreflexe mehr, und so besteht die Gefahr, dass die Atemwege durch Blut oder Erbrochenes blockiert werden, wenn wir ihn nicht kontrolliert beatmen.

»Okay, dann mach mir mal eine Infusion fertig. Ich lege einen Zugang.«

Wir schließen die Infusion an, sie läuft einwandfrei. Als Nächstes bereite ich die Medikamente vor. Ich ziehe ein Beruhigungsmittel, ein Schmerzmittel und ein muskelentspannendes Medikament auf jeweils eine Spritze auf und injiziere sie nacheinander in die laufende Infusion. So lege ich den Patienten in Narkose, um ihm dann einen Schlauch in die Luftröhre einzuführen, über den wir ihm mit dem Beatmungsbeutel Sauerstoff verabreichen können. So weit funktioniert alles problemlos.

»Die Kinderhalskrause machen wir aber jetzt ab und nehmen eine passende für Erwachsene, okay?«

»Wir haben nur die«, antwortet der Sanitäter schuldbewusst.

»Khaled, bring den Jungs mal eine Halskrause für Erwachsene aus dem Camry!«, rufe ich.

Ich drücke den Beatmungsbeutel alle fünf bis sechs Sekunden, da unser Patient wegen der starken Medikamente nicht mehr eigenständig atmen kann. Als der dritte Rettungswagen eintrifft, bringt Khaled uns die richtige Halskrause. »Kann der Rettungswagen da die Patienten 5 und 6 mitnehmen?«

»Das geht, die legen einen Patienten auf die Sitzbank hinten im Rettungswagen«, antwortet Khaled.

»Fadi und Ahmed sind schon weg?«

»Die sind bereits auf dem Weg ins Krankenhaus.«

»Gut, dann fahre ich mit den Jungs hier Patient 3 ins Krankenhaus. Wir nehmen noch den Leichtverletzten vorne auf dem Beifahrersitz mit. Khaled, du hilfst der neuen Ambulanz und kommst dann mit dem Camry in die Klinik nach, verstanden?«

»Verstanden!«

»Gut, dann *yalla yalla!*«

Wir laden den beatmeten Patienten in den Rettungswagen, setzen den Leichtverletzten auf den Beifahrersitz und fahren los. Bei mir im Behandlungsraum ist der Sanitäter, mit dem ich Englisch sprechen kann. Sein Kollege fährt, als sei der Teufel hinter ihm her. Wir werden ordentlich durchgeschüttelt.

»Hey, sag deinem Kollegen mal, er soll etwas langsamer fahren. Wir sind hier nicht bei der Formel 1«, rufe ich. Der Sanitäter spricht auf Arabisch mit dem Fahrer, worauf der sich umdreht und verwundert nach hinten schaut.

»Der soll verdammt noch mal auf die Straße gucken!«, schreie ich, während ich den Beatmungsbeutel drücke.

Der Fahrer schüttelt nur den Kopf, fährt jedoch trotzdem etwas langsamer weiter.

Meinem Patienten geht es den Umständen entsprechend gut. Okay, das ist jetzt übertrieben, aber immerhin verschlechtert sich sein Zustand nicht. Nach fünfzehn Minuten kommen wir in der Klinik an. Wir laden den Patienten aus und steuern mit dem kritischen Patienten auf der Trage und dem Leichtverletzten im Schlepptau die Notaufnahme an. Die Stimmung dort ist entspannt, gar nicht so, als ob sie einen schwerverletzten Patienten erwarten würden.

»Wo ist der Schockraum?«, frage ich eine vorbeigehende Krankenschwester. Der Schockraum dient zur Aufnahme und Erstbehandlung von Schwerverletzten.

Sie zeigt in eine Richtung und geht weiter. »Wissen die, dass wir kommen?«, frage ich meinen Sanitäter auf dem Weg zum Schockraum.

»Nein, glaub ich nicht.«

»Habt ihr uns hier nicht angemeldet?«

»Nein, das machen wir nie so.«

Ich schüttle ungläubig den Kopf. Aus Europa kenne ich es so, dass der Rettungswagen mit dem schwer verletzten Patienten bei der Notaufnahme vorangekündigt wird, damit das Krankenhaus Zeit hat, sich vorzubereiten.

Den Beatmungsbeutel weiter drückend, rattere ich der

asiatischen Schwester im Schockraum auf Englisch runter, was ich weiß: »Patient männlich, Verkehrsunfall mit Überschlag, isoliertes Schädelhirntrauma mit Pupillendifferenz, initial bewusstlos, an der Einsatzstelle intubiert, Vitalparameter ansonsten stabil.«

Sie nickt und schreibt weiter in irgendwelchen Dokumenten rum. Auch das bin ich anders gewohnt. In Europa standen die Ärzte und Pfleger eigentlich immer bereit und waren motiviert, den Patienten zu übernehmen.

»Wann kommt der Anästhesist oder sonst irgendein Arzt?«, will ich mit etwas Nachdruck wissen. Sie zuckt die Schultern.

»Können Sie sich bitte darum kümmern, dass umgehend ein Arzt kommt?«, frage ich jetzt barsch.

Die Schwester steht sichtlich genervt auf und verlässt den Raum. Wir schließen den Patienten an die Überwachungsmonitore des Schockraums an. Die nächste Viertelstunde verbringe ich mit Warten und dem Drücken des Beatmungsbeutels. Gerade, als ich einen Sanitäter losschicken will, um nach der Schwester oder einem Arzt zu suchen, kommt Khaled herein, gefolgt von einem älteren Inder im Kittel.

»Hallo Sir, ich bin Dr. Sakesh, Arzt der Notaufnahme. Was bringen Sie mir Schönes?«

Ich wiederhole meine Diagnose und erkläre abschließend erleichtert: »Da müsste jetzt mal zügig ein Anästhesist drüberschauen. Der ist intubiert, und ich weiß nicht, wie lang die Narkose noch wirkt.«

Dr. Sakesh übernimmt den Beatmungsbeutel und sagt: »So was sehen wir hier nicht oft. Sind Sie ein amerikanischer Arzt?«

»Äh, nein, ich bin ein Paramedic aus Deutschland.«

»Sie sind neu im Land?«

»Ja, das war mein erster Nachtdienst.«

»Sie müssen ruhiger werden. Die Dinge laufen hier anders. Ihr Deutschen habt vielleicht die Uhr, doch die Araber haben die Zeit«, erklärt er mit einem Lächeln.

»Das mag ja sein. Dieser Araber hat aber nicht mehr viel Zeit, wenn wir hier weiter stehen und über kulturelle Unterschiede philosophieren.«

Khaled schaltet sich ein: »Steven, du musst die Berichte schreiben. Der Doktor macht jetzt weiter.«

»Ja ja, die Berichte. Ich hab noch nicht mal einen Namen oder irgendwas.«

Khaled drückt mir einen Zettel in die Hand, auf dem die Nummern 1 bis 7 mit den dazugehörigen Namen auf Englisch stehen.

»Alter, das ist ja mal richtig cool! Danke!«

Das erste Mal seit Stunden sehe ich in Khaleds Gesicht so etwas wie ein Lächeln.

Die nächste Stunde verbringe ich damit, vor der Notaufnahme meine sieben Berichte auf Englisch aus dem Gedächtnis zu schreiben, während ich geschätzte zehn Zigaretten rauche. Als Paramedic muss ich zu jedem Patienten einen Bericht verfassen. Mein Zigarettenkonsum hat seit meiner Abreise aus Deutschland ordentlich zugenommen. In den ruhigen Minuten nach einem stressigen Einsatz hilft mir das Nikotin anscheinend, runterzukommen.

»Du rauchst zu viel«, sagt Khaled, der plötzlich neben mir auftaucht und mir eine Flasche Wasser hinhält.

»Ich weiß, danke. Das war echt ein guter Job, den du da draußen gemacht hast.«

»Du bist nicht böse?«

»Nein! Warum sollte ich böse sein?«

»Weil du mich und die anderen angeschrien hast.«

»Sorry, dass ich laut geworden bin, aber wenn ich zum Beispiel sage, dass der tot ist, dann ist der tot. Was soll ich denn machen, wenn die nicht aufhören, einen Toten zu reanimieren?«

»Du warst auch böse, als ich dir gesagt habe, dass nicht mehr Rettungswagen kommen.«

»Ja, aber doch nicht auf dich, sondern auf die Leitstelle!«

»Du sagst ziemlich oft Scheiße und andere schmutzige Wörter, wenn du böse bist.«

»So bin ich eben«, antworte ich lachend.

»Wir haben das, was du vorhin gemacht hast, hier noch nie gesehen«, fügt er nach kurzem Schweigen hinzu.

»Was jetzt? Verkehrsunfälle? Ich denke mal, dass du mehr davon gesehen hast als ich!«

»Nein, nicht Verkehrsunfälle. Die Sache mit den Nummern.«

»Ach so, du meinst Triagieren.«

»Ja genau. Normalerweise behandeln wir immer alle Patienten der Reihe nach.«

»Ihr triagiert nicht?«, frage ich ungläubig.

»Nein.«

»Soll ich dir später erklären, wie das geht?«

»Wenn das für dich okay ist, gerne!«

»Na klar ist das okay! Ich denke mal, dass wir noch ein paar Unfälle zusammen abarbeiten müssen, da möchte ich schon, dass mein Partner und ich auf einem Level sind.«

»Partner? Ich bin dein Fahrer!«

»Nein, du bist mein Partner!«, sage ich und halte ihm grinsend meine Faust entgegen, woraufhin er mich fragend ansieht. »Du musst jetzt mit deiner Faust dagegenstoßen. Das machen Partner so«, erkläre ich ihm. Khaled schaut mich immer noch verwundert an und stößt schließlich seine Faust gegen meine.

Nachdem ich den restlichen Papierkram erledigt habe, fahren wir zurück zur Wache. Noch eine Stunde, und mein Dienst ist beendet.

Auf der Wache bitte ich Fadi und Ahmed zu einem kurzen Gespräch. Ich frage sie, ob der Patient gut im Krankenhaus angekommen ist, und ob das mit dem Ventil funktioniert hat. Dann erkläre ich ihnen, dass ich nicht sauer auf sie bin und dass sie einen guten Job gemacht haben. Den Rest der Schicht reden alle auf Arabisch wild durcheinander. Ich verstehe immer nur Wortfetzen wie »Steven« oder »Almani«, was Deutscher bedeutet. Anscheinend müssen die Jungs ihren ersten richtigen Einsatz mit dem neuen Deutschen auch noch verarbeiten.

Ich zünde mir eine weitere Zigarette an, öffne eine kalte Dose Cola und genieße die restliche Morgensonne bis zum Feierabend. Um kurz nach neun fahre ich in meiner dreckigen Uniform nach Hause in den Compound, gehe duschen und lege mich direkt ins Bett. Ich bin todmüde. Zu müde, um über die letzte Nacht nachzudenken. Ich schlafe bis zum frühen Abend, werde von der tropfenden Klimaanlage geweckt und mache mich dann fertig für den Nachtdienst. Auf zur nächsten Runde in Sweidy.

رمضان تحت حرارة خمسين درجة

Ramadan bei fünfzig Grad Celsius

Auf dem Weg zu Station 9 halte ich noch an einer Tankstelle, um mich mit kalten Getränken und ausreichend Snacks einzudecken. Man weiß nie, ob man im Dienst dazu kommt, sich irgendwas Essbares zu holen. Ungesunde Snacks sind da besser als ein hungriger Bauch. Als ich um kurz vor neun wieder auf den Hof der Wache fahre, sitzt Khaled schon im Camry, und der ägyptische Doktor, der mich am Morgen abgelöst hat, springt aufgeregt herum.

»Steven, wir haben einen Einsatz. Übernimmst du?«

»Kein Ding. Das Auto ist so weit einsatzbereit?«

»Ich habe nichts verbraucht.«

»Dann sehen wir uns morgen früh«, verabschiede ich ihn und steige ein.

»Hey Khaled, wie geht's?« Ich halte ihm meine Faust hin, und er stößt seine dagegen.

»Gut.« Zwischendurch spricht er immer wieder mit dem Funkgerät.

»Gut geschlafen?«

»Ein wenig.«

»Was für einen Einsatz haben wir?«

»Code 27.«

Ich muss grinsen, weil er mit seinen Informationen immer so spärlich umgeht. »Und was ist Code 27?«, frage ich betont freundlich.

»Geburt.«

Das Grinsen verschwindet schlagartig aus meinem Gesicht. Ich habe in meiner ganzen bisherigen Rettungsdienstkarriere noch nie ein Kind entbinden müssen. Glück oder Pech, wie man's nimmt. Eine Geburt ist einer dieser Einsätze, vor denen ich Angst habe. In der Theorie weiß ich natürlich, wie so was abzulaufen hat. Eine russische Hebamme hat mir während meiner Ausbildung einmal gesagt, dass Geburten nicht schwierig seien. Im Krankenwagen oder Taxi kämen die Babys immer von alleine raus, da müsse man bloß danebenstehen, lächeln und der werdenden Mutter die Hand halten. Stressig sei es nur, wenn es Komplikationen gäbe, aber das käme ja so gut wie nie vor. Ihr Wort in Gottes Gehörgang.

»Warst du denn schon mal bei einer Geburt dabei?«, frage ich Khaled.

»Nein, und du?«

»Ich war schon bei diversen«, lüge ich.

Die Straßen sind ziemlich voll, wir kommen nur langsam voran. Ich schalte munter zwischen den einzelnen Sirenentönen hin und her.

»Was heißt eigentlich ›Fahr nach rechts‹ auf Arabisch?«

»Attla jemin.«

»Und was heißt ›Fahr nach links‹?«

»Attla jessar.«

Unsere Sirene ist mit einem Mikrofon ausgestattet. Ich schnappe mir das Mikro und rufe dem Fahrer vor uns *»Attla jemin«* zu. Khaled muss laut lachen. Der Fahrer vor uns reagiert nicht. Ich rufe noch mal *»Attla jemin!«*. Keine Reaktion. Ich versuche es auf Englisch. *»Move to the right, now!«* Khaled prustet schon vor Lachen.

»Das kannst du gerne noch in anderen Sprachen probieren, aber die machen keinen Platz«, sagt er vergnügt.

»Hör mal zu, du Vogel, schieb deinen Arsch jetzt auf

die rechte Spur, sonst flipp ich gleich aus!«, rufe ich auf Deutsch ins Mikro. Die Bremslichter des Vordermannes leuchten kurz auf, dann fährt er tatsächlich nach rechts.

»War das Deutsch?«, fragt Khaled verblüfft.

»Ja«, erwidere ich und grinse.

»Was hast du gesagt?«

»Ich hab ihn nur freundlich gebeten, nach rechts zu fahren.«

»Das hat er bestimmt nicht verstanden, aber aus Angst hat er dann doch Platz gemacht.«

»Da geh ich mal von aus. Wie weit ist es noch?«

»Fünf Minuten.«

Wir verlassen die Ring Road und gelangen in einen ärmlich wirkenden Stadtteil. Irgendwie sieht hier alles anders aus. Normalerweise sind in Riad die Straßen breit, schnurgerade und beleuchtet. Hier gibt es nur schmale Gassen, sie sind verwinkelt und dunkel. Die Häuser scheinen aus Lehm gebaut zu sein. Außen an den Fassaden laufen Kabel entlang. Es stinkt zudem fürchterlich nach Kloake, man riecht es im geschlossenen Auto. Khaled schaltet die Sirene aus.

»Wie heißt dieser Stadtteil?«, will ich wissen.

»Manfuha. Das ist kein guter Ort. Viele schwarze Menschen. Viel Gewalt.«

»Ist das hier gefährlich für mich? Ich sehe ja nicht unbedingt aus wie ein Saudi.«

»Solange du eine Uniform trägst, passiert dir nichts. Komm hier nur nie privat hin. Das wäre nicht gut für dich. Mit viel Glück würden die dich nur ausrauben.«

»Okay, hab ich nicht vor.«

Wir fahren verschiedene Gassen entlang, ich verliere langsam die Orientierung in diesem Labyrinth.

»Sag mir, wenn du einen Rettungswagen siehst, die sind

schon da«, murmelt Khaled, während er selbst nach rechts und links Ausschau hält.

Vereinzelt stehen Jugendliche im Dunkel der Gassen. Sie tragen nicht die traditionelle saudische Kleidung, die aus einem weißen bodenlangen Gewand, Sandalen und rot-weißem Kopftuch besteht, sondern sehen eher aus wie Gangsterrapper aus den USA, mit viel zu tief sitzenden Hosen, zu großen T-Shirts und Baseballcaps. Wir werden misstrauisch von allen Seiten beäugt.

»Fahr mal zurück. Ich glaube, dahinten rechts stehen die anderen«, sage ich.

Khaled setzt den Camry ein paar Meter zurück und biegt dann in eine Gasse nach rechts ab. Er tippt kurz den Schalter der Sirene an, daraufhin kommt ein Sanitäter aus einem heruntergekommenen Haus mit diversen Löchern in den Wänden und winkt uns.

Ich steige aus und greife mir meine Notfalltasche und das Geburtsset. Es beinhaltet alles, was man für eine Geburt braucht, wie zum Beispiel Nabelklemmen, einen kleinen Schleimsauger und Tücher, um das Neugeborene sauber und warm einpacken zu können.

In dem Haus riecht es staubig, und es ist stockdunkel. Durch die Lehmwände wirkt es, als bewegten wir uns in einer finsteren Höhle. Ich mache meine Taschenlampe an, damit ich sehe, wo ich hintrete. Wir gehen durch mehrere Zimmer, die alle mehr oder weniger mit Müll, Kleidung und kaputten Möbeln vollgestopft sind. Am Ende eines Flures folgen wir dem Sanitäter nach rechts in einen kleinen Raum, in dem der zweite Sanitäter wartet.

In der Mitte des Zimmers steht ein Bett, und darauf liegt eine Frau mit Abaya, dem schwarzen Übergewand der saudischen Frauen. Sie ist komplett verhüllt, man kann nichts außer den Füßen sehen. Selbst die Hände stecken in

Handschuhen. Sie stöhnt leise, und ich erkenne, dass sich unter der Abaya ein Babybauch abzeichnet. Sie ist hochschwanger.

»Frag mal nach, was los ist«, bitte ich Khaled.

»Meine Frau ist schwanger«, antwortet ein Mann aus einer dunklen Ecke, den ich zuerst gar nicht gesehen habe.

»Ah gut, Sie sprechen Englisch. Wissen Sie, in welchem Monat sie ist?«

»Im achten oder neunten.«

»Wie lange hat sie die Schmerzen schon?«, frage ich.

»Seit heute Morgen.«

»Hat sie Wasser verloren?« Damit meine ich natürlich Fruchtwasser.

»Ja.«

»Wann ungefähr?«

»Vor zwei bis drei Stunden.«

»Okay. Ich müsste mal nachsehen, ob wir das Kind hier entbinden müssen, oder ob wir es noch ins Krankenhaus schaffen.«

»Auf keinen Fall!«, antwortet der Mann sichtlich gereizt. »Fassen Sie meine Frau nicht an!«

»Hören Sie, ich muss Ihre Frau untersuchen. Wir schaden sonst eventuell ihr und dem Baby«, sage ich langsam und deutlich.

»Die anderen gehen aber raus!«

Khaled nickt mir zu und klopft den beiden anderen auf die Schulter, damit sie ihm folgen.

»Dann erklären Sie jetzt bitte Ihrer Frau, dass ich einmal unter die Abaya schauen muss. Dafür sollte sie ihre Beine anwinkeln.«

Er redet auf Arabisch mit seiner Frau, und sie macht, worum ich gebeten habe.

Ich leuchte mit meiner Taschenlampe zwischen ihre

Beine und kann ein kleines haariges Köpfchen erkennen. Aber genau über dem Köpfchen verläuft ein grau-blauer Strang, der da nicht hingehört.

»Alles klar, wir haben hier ein Problem«, erkläre ich dem Mann. »Sehen Sie diesen Strang da? Das ist die Nabelschnur, über die das Baby mit Blut und Sauerstoff versorgt wird. Jetzt drückt das Baby aber mit seinem Köpfchen dagegen und drückt somit die Nabelschnur ab.«

Er nickt die ganze Zeit, während ich spreche.

»Ihr Baby wird also im Moment nicht ausreichend mit Sauerstoff versorgt. Ich müsste jetzt den Kopf ein wenig zurückschieben, um den Druck …«

»Auf keinen Fall!«, unterbricht er mich.

»Bitte, ich muss den Kopf nur ein bisschen zurückschieben.«

»Nein! Du fasst meine Frau nicht an«, schreit er.

»Hör mal, dein Kind stirbt, wenn ich jetzt nichts mache!«, schreie ich zurück.

»Nein, du durftest gucken, aber du fasst nichts an!«

Aufgeschreckt durch das Gebrüll kommt Khaled rein. Der Mann zieht die Abaya seiner Frau schnell wieder runter.

»Khaled, kannst du ihm auf Arabisch erklären, dass das echt sein muss. Wir haben hier einen Nabelschnurvorfall, daran stirbt das Baby, wenn wir nichts machen«, bitte ich.

»Ich hab dich ganz genau verstanden, aber niemand fasst meine Frau an!«, fährt der Ehemann zornig dazwischen.

»Steven, wenn er Nein sagt, müssen wir das akzeptieren«, sagt Khaled an mich gewandt.

»Ja super, sollen wir einfach wieder fahren oder was? Schöne Scheiße. Soll er das nächste Mal doch ein Taxi rufen. Fuck!« Ich kann es nicht fassen.

Khaled redet erst auf Arabisch mit dem Ehemann und anschließend mit den beiden Sanitätern.

»Wir bringen die Frau jetzt ins Krankenhaus. Du fasst sie aber nicht unten an. Verstanden?«, sagt er dann zu mir.

»Dürfen wir ihr wenigstens Sauerstoff geben?«, frage ich trotzig.

»Kein Problem«, meint großzügig der Ehemann.

»Khaled, sag bitte den Jungs, dass sie ein paar Decken auf Höhe des Beckens auf die Trage legen sollen«, sage ich. Wenn wir sie schon nicht anfassen dürfen, machen wir uns zumindest die Schwerkraft zunutze.

Die beiden Sanitäter kommen mit der Trage zurück, und der Ehemann hilft seiner Frau, sich daraufzulegen. Der Versuch, ihm zu helfen, wird durch ein lautes »Nicht anfassen!« unterbunden. Die Frau liegt jetzt auf unserer Trage, das Becken leicht erhöht. Mit etwas Glück rutscht das Baby so ein bisschen zurück, und die Nabelschnur wird entlastet. Einer der Sanitäter setzt der Frau noch eine Sauerstoffmaske auf. Wenn schon weniger Blut bei dem Baby ankommt, dann soll dieses Blut zumindest optimal mit Sauerstoff gesättigt sein.

Wir wuchten die Trage durch die dunklen Gänge, vorbei an Müll und ausrangierten Möbeln. Ich versuche, mit der Taschenlampe den Weg auszuleuchten. Erst nach zehn Minuten sind wir auf der Straße, wo sich bereits die halbe Nachbarschaft versammelt hat, um zu sehen, was los ist. Wir laden die Frau in den Rettungswagen und fahren Richtung Klinik. Der Ehemann sitzt hinten bei mir und einem der Sanitäter, Khaled kommt im Camry hinterher. Während der Fahrt kontrolliere ich die Sauerstoffsättigung im Blut und den Puls mit dem Fingerclip eines Pulsoxymeters, welches mit einem kleinen roten Licht durch den Finger leuchtet und gewisse Bestandteile im Blut messen kann. Das hat aber eigentlich auch keinen Sinn, weil ich ja eh nichts machen darf, sollten sich die Werte verschlechtern. Die Schwangere stöhnt während der Fahrt immer wieder auf. In der Klinik angekommen, fahren wir direkt mit ihr in den Kreißsaal. Dort treffen wir auf eine ältere Hebamme von den Philippinen. Sie trägt wie das übrige weibliche Krankenhauspersonal ein weites helles Gewand samt Kopftuch.

»Ja bitte?«, fragt sie.

»Frau unbekannten Alters, im achten oder neunten Monat schwanger, Wehen seit heute Morgen, Fruchtwasserabgang vor drei bis vier Stunden, Köpfchen ist zu sehen, es besteht ein Nabelschnurvorfall. Uns war nur eine Beckenhochlagerung möglich. Vitalparameter, soweit messbar, stabil. Sechs Liter Sauerstoff über Maske.«

»Okay. Ihr lagert um, und ich hole die Ärztin.«

Kurz darauf kommt die Hebamme mit einer Ärztin wieder.

»Haben Sie den Bericht schon geschrieben?«, fragt sie mich.

»Ja, liegt hier auf dem Tresen. Wollen Sie noch eine Übergabe?«

»Die Hebamme hat mir bereits alles erzählt. Danke.«

»Können Sie mir sagen, was mit dem Baby ist?« Irgendwie ist mir das wichtig. Normalerweise muss ich das nicht erfahren, aber in diesem Fall interessiert es mich.

»Kommen Sie gleich noch mal wieder, dann wissen wir mehr.«

Ich gehe raus auf den Parkplatz vor der Notaufnahme und rauche eine Zigarette. Khaled steht auch schon draußen und redet mit einer anderen Crew.

Ich hole das Geburtsset und meine Notfalltasche aus dem Rettungswagen und lege alles in den Camry. Natürlich habe ich meine Getränke auf der Wache in meinem Auto liegen lassen. Eine kalte Cola wäre jetzt ein Traum.

»Können wir?«, fragt mich Khaled.

»Ich muss noch mal rein, hab was vergessen«, erwidere ich.

Ich gehe zurück Richtung Kreißsaal, da kommt mir die Hebamme bereits entgegen.

»Wissen Sie schon, wie es dem Baby geht?«

»Das Baby ist tot. Da konnten wir nichts mehr machen.«

Ich bin erschüttert. »Ich hätte ja den Kopf ein wenig zurückgedrückt, aber der Ehemann hat das verboten«, stammele ich entschuldigend.

»So ist das hier in Saudi-Arabien.«

»Danke für die Info«, sage ich bedrückt.

»Das ist nicht Ihre Schuld. Angenehmen Dienst noch«, versucht sie mich zu beschwichtigen und geht weiter.

Vor der Notaufnahme sehe ich den Ehemann. Er telefoniert auf seinem Handy. Als er das Gespräch beendet hat, gehe ich zu ihm.

»Du weißt, dass dein Baby tot ist?«

Er zuckt nur die Schultern.

Khaled kommt dazu und will mich überreden, zur Wache zu fahren.

»Sein Kind stirbt, weil er es so wollte, und jetzt kann der Arsch nicht mal was sagen!«, rufe ich wütend.

»Bitte Steven, lass uns gehen.«

»Das ist alles Scheiße!«

Ich weiß nicht, wie und ob ich mit solchen Situationen in Zukunft umgehen kann.

Dann höre ich doch noch einen Kommentar vom Ehemann: »Ich kannte das Baby ja noch nicht, und somit ist es kein großer Verlust für mich. Ich kann jederzeit ein neues

Baby machen.« Er dreht sich um und geht Richtung Notaufnahme.

»Für dich ist es vielleicht kein großer Verlust, aber für deine Frau bestimmt. Unglaublich, was für ein Arschloch!«, rufe ich ihm hinterher.

»Steven, wir fahren zurück zur Wache!« Khaled klingt jetzt streng.

»Ist ja gut, ich komme schon.«

Auf der Rückfahrt reden wir erst mal kein Wort miteinander. Kurz vor der Wache sagt Khaled: »Du kannst die Menschen hier nicht ändern, Steven. Das war immer so, und es wird auch immer so bleiben. Entweder akzeptierst du das, oder du gehst kaputt.«

»Es tut mir ja leid, wenn ich manchmal laut werde und ›schmutzige Wörter‹ sage, aber dieses Kind hätte vielleicht eine Chance gehabt. Ich kann das nicht akzeptieren, weil es unnötig ist.«

»Du hast so was doch bestimmt schon mal in Deutschland erlebt. Hätte es wirklich überlebt?«

»Das war das erste Mal. Ich war noch nie bei einer Geburt dabei, und eigentlich hab ich mir meine erste etwas schöner vorgestellt. Das hier war einfach nur ein Scheißeinsatz.«

»Du hast gesagt, dass du schon mehrere …«

»Ja, ja, hab ich gesagt, aber nur, um dich nicht nervös zu machen. Wir haben das zu Hause immer ›sicheres Auftreten bei völliger Ahnungslosigkeit‹ genannt. Sorry.«

Khaled grinst: »Du hast ein gutes Herz, aber du bist auch gerissen, mit einer ziemlich dreckigen Sprache!«

»Du hast auch ein gutes Herz. Und die dreckige Sprache lernst du noch von mir«, gebe ich zurück und halte ihm meine Faust hin.

Den Rest des Dienstes haben wir viele, aber dafür eher unspektakuläre Einsätze. Ein paar leichte Verkehrsunfälle und kleinere Dramen der Nacht wie Unterzuckerungen. Als ich mich auf den Weg nach Hause machen will, sagt mir Khaled noch, dass bei unserem nächsten Schichtblock der Fastenmonat Ramadan anfängt. Ich dürfe dann auf der Station am Tag nicht essen, trinken und auf gar keinen Fall eine Zigarette rauchen. Für mich eine entsetzliche Vorstellung, zumal die Temperaturen im August am Tag auf über fünfzig Grad klettern.

Khaled zeigt mir einen Aushang im Aufenthaltsraum, der meinen Einwand, dass ich doch kein Muslim sei und mich deshalb nicht an die Regeln halten müsse, auf Englisch und Arabisch entkräftet.

ES IST JEDEM PER GESETZ VERBOTEN,
während des Ramadan zwischen Sonnenaufgang
und Sonnenuntergang in der Öffentlichkeit und
am Arbeitsplatz Getränke, Speisen oder
Zigaretten zu konsumieren. Bei Zuwiderhandlung droht Bestrafung und für Ausländer die
unverzügliche Abschiebung ins Heimatland.
Das Gesetz gilt auch für andere Religionszugehörigkeiten (Christen) und Ungläubige!

Den Ramadan hatte ich total vergessen. Ich rufe Klaus an, da muss es doch einen Trick geben. Ich kann bei der Hitze nicht auf Getränke verzichten, das schaffe ich körperlich nicht.

»*Salam alaikum*, Stefan. Welch Freude, dich zu hören. Was hast du denn mit dem Doktor auf Station 9 angestellt? Du machst dich ja richtig schnell beliebt!«

»Woher weißt du davon?«

»Ich bin schon ein paar Jährchen länger hier. Meine Informationskanäle unterrichten mich über alles. Erst recht bei so einer Story. Die Geschichte vom Deutschen in Sweidy macht unter den Saudis die Runde, und da haben sie dem dienstältesten Deutschen natürlich Bericht erstattet.«

»Und – was meinst du, gibt das irgendwelche Probleme?«

»Keine Angst. Der Doktor ist selbst für die Saudis ein arrogantes Arschloch und zudem nur Jordanier. Der steht in der Hierarchie weit unter dir. Mach das nur nicht mit einem Saudi.«

»Dann ist ja gut.«

»Und du bleibst jetzt erst mal in Sweidy?«

»So sieht es aus. Meine Kollegen in der Schicht sind ganz nett und sprechen gut Englisch.«

»Das ist das Wichtigste. Für alles andere gibt es eine Lösung.«

»Womit wir beim Thema wären. Bald fängt doch der Ramadan an, und ich hab da diesen Aushang gelesen.«

»Keine Panik, auch dafür gibt es einen Ausweg. Nimm dir Getränke und Essen in einem geschlossenen Rucksack mit. Immer, wenn du etwas auf der Wache trinken möchtest, gehst du mit dem Rucksack zum Beispiel auf die Toilette. Da sieht dich niemand.«

»In den Toiletten auf Station 9 möchtest du aber nichts trinken.«

»Dann gehst du halt in dein Auto oder in einen anderen Raum, in dem du dich einschließen kannst. Ich hab hier auf meiner Wache mein Büro. Ab und an schließe ich die Tür für fünf Minuten. Zum Rauchen gehe ich außerdem immer in eine Ecke hinter dem Rettungswagen.«

»Und wenn das deine Kollegen mitbekommen?«

»Die wissen alle, was ich draußen mache. Wichtig ist

nur, dass du die kalte Cola nicht direkt vor deinen Kollegen trinkst oder genüsslich eine Zigarette rauchst. Die Jungs fasten wirklich, und die haben auch wirklich Schmacht. Das bedeutet auch für Muslime Stress. Reduzier die Zigaretten einfach ein wenig, dann klappt das schon.«

»Das klingt machbar.«

»Ich bin mal gespannt, was du zu den Nachtdiensten im Ramadan sagst.«

»Warum? Was soll da sein?«

»So was hast du noch nicht erlebt. Aber lass dich überraschen.«

In meinen vier freien Tagen bis zum nächsten Schichtblock reift ein Plan, den ich nach und nach umsetze. Ich organisiere mir fürs Auto fünf reflektierende Sonnenblenden mit Saugnapf, die man innen an den Scheiben befestigen kann. Eine hatte ich sowieso schon, ich packe sie immer hinter die Windschutzscheibe, wenn ich parke, weil man sonst in der Hitze das Lenkrad nicht mehr anfassen kann. Mir war sogar mal ein Feuerzeug, das ich in der Mittelkonsole vergessen hatte, beim Losfahren explodiert. Mit den zusätzlichen Sonnenblenden kann ich den Innenraum meines Autos komplett verschleiern.

Als Nächstes besorge ich mir sechs große Kühlakkus und lege sie über Nacht ins Gefrierfach. Bisher musste die Kühlbox die Getränke nur für kurze Zeit isolieren. Aber nach zwölf Stunden in der Sonne bei mehr als fünfzig Grad Außentemperatur wird das ohne extra Kältepower nicht reichen. Schokoriegel und Ähnliches fliegen aus der Nahrungskette raus, die würden beim Ausfall meines Kühlkonzeptes nur wegfließen. Eingeschweißtes Fladenbrot schmilzt hingegen nicht und gibt ein wenig länger Energie als Traubenzucker.

Als letzte Stufe meines Ramadan-Plans besorge ich Mundspray für den guten Atem. Es soll ja niemand merken, dass ich geraucht habe. Ich kenne die Jungs auf meiner Wache noch nicht wirklich gut und weiß deshalb nicht, ob sie so tolerant sind wie die Kollegen von Klaus.

Im ersten Tagdienst im Ramadan präpariere ich am Morgen auf der Wache mein Auto. Ich habe unter dem Wellblechvordach in der hintersten Ecke des Hofes geparkt, und alle Scheiben sind mit Sonnenschutzfolien zugehangen. Ich gehe um den Wagen herum und kann keine blickundichte Stelle finden. Den Kollegen werde ich einfach jede Stunde erzählen, dass ich mal zum Telefonieren oder für frische Luft nach draußen müsste.

Gesagt, getan. Gegen Mittag besiegt das Verlangen nach einer Zigarette die Angst vor dem Verbot. Die meisten meiner Kollegen dösen schon den halben Tag auf der Wache, also gehe ich zum Auto und setze mich in mein Versteck der Sinnesfreuden. Der erste Sinn, der definitiv keine Freude empfindet, ist mein Temperaturempfinden. In diesem Backofen auf Rädern wird der Genuss schnell zur Qual. Nach einem Schluck Wasser und zwei Zügen an einer Zigarette lasse ich den Motor an, drehe die Klimaanlage hoch, rauche rasch fertig und gehe anschließend nassgeschwitzt wieder in die Station. Den Motor lasse ich laufen.

»Alles okay mit dir?«, fragt mich Khaled.

»Ja, alles bestens. Da ging keiner ans Telefon. Ich muss es gleich noch mal probieren.«

»Du kannst auch hier telefonieren.«

»Die schlafen doch alle, und ich will euch wirklich nicht stören.«

»Wie du meinst.«

Nach einer halben Stunde melde ich mich erneut ab

zum Telefonat, die Klimaanlage müsste mittlerweile erfolgreich gewesen sein. Ich öffne die Autotür und darf die wunderbare Verwandlung eines Backofens in ein Gefrierfach erleben. Das ist viel besser. Ich verriegele die Türen von innen und bereite mir mein Festmahl. Eine Flasche Wasser, ein trockenes Stück Fladenbrot und eine Zigarette. Welch ein Genuss! Rasch kippe ich eine zweite Flasche Wasser auf Vorrat runter, sprühe mir den Atem frisch und gehe wieder in die Station.

»Jetzt ging einer ans Telefon, oder?«, fragt mich Khaled.

»Ja klar. Meine Mutter. Sie war eben kurz einkaufen. Ich muss aber später noch mal meinen Vater anrufen. So sind Eltern«, winke ich ab.

Ich bin mir nicht sicher, ob Khaled Verdacht geschöpft hat, doch er sagt nichts. Offiziell rufe ich über den Tag verteilt meine ganzen Familienangehörigen, inklusive diverser Onkels und Tanten, an. Nach meiner letzten Genussmission kommt mir Khaled entgegen, als ich die Wache betrete.

»Anruf beendet?«

»Ja. Die können sich in Deutschland gar nicht vorstellen, was das an Telefonkosten verursacht.«

»Das glaube ich gerne. Auslandstelefonate sind nicht billig. Aber wenn du das nächste Mal telefonieren gehst, solltest du dein Handy mitnehmen«, meint Khaled und hält es mir hin. Das hatte ich anscheinend im Aufenthaltsraum liegen lassen. Mir wird schlecht. Mein Puls geht schlagartig nach oben, und ich spüre, wie meine Hautfarbe von Rot zu Kalkweiß wechselt.

»Lass mich das bitte erklären.«

»Wir wussten schon beim ersten Telefonat, was du wirklich im Auto machst«, lacht er.

»Es tut mir leid, dass …«

»Steven, es ist alles gut. Wir freuen uns echt, dass du unser Fasten so respektierst. Wir würden aber auch nichts sagen, wenn du in der Wache Wasser trinkst oder eine Zigarette rauchst. Wenn du zum Trinken einfach in einen anderen Raum gehst, macht es das Fasten für uns etwas erträglicher.«

Ich nicke schuldbewusst und fühle mich wie ein kleines Kind, das nach einem dummen Streich erwischt wurde.

»Aber du hattest mir nach dem Nachtdienst doch gesagt, dass …«

»Auch Muslime haben Sinn für Humor«, unterbricht er mich zwinkernd. »Lass uns mal reingehen. Gleich ist *salat al-maghrib*, und dann feiern wir das *iftar*.«

»Was ist *salat al-maghrib*, und was ist *iftar?*«, will ich wissen.

»*Salat al-maghrib* ist das Abendgebet. Und nach dem Abendgebet ist *iftar*, dann brechen wir das Fasten. Wir würden uns freuen, wenn du das *iftar* mit uns begehst.«

»Dann esst und trinkt ihr wieder etwas?«

»Oh ja«, sagt Khaled und grinst über beide Ohren.

»Da bin ich liebend gerne dabei. Ich hatte heute nämlich nur Wasser und trockenes Fladenbrot«, rutscht es mir raus.

»Man fastet auch, wenn man auf Genüsse verzichtet. Du hast heute deutlich weniger Zigaretten geraucht als bei den letzten Diensten. Somit hast du ebenfalls gefastet. Vielen Dank dafür!«

Ich bin mir nicht sicher, ob Khaled das ernst meint oder ob das wieder ein Anflug von Humor ist. Ich nicke nur, und wir gehen rein.

Als ich den Aufenthaltsraum betrete, halten alle Kollegen ihr Handy in die Höhe und lachen Tränen. Khaled sagt etwas auf Arabisch, und das Lachen verstummt.

»Du hast heute nur Fladenbrot gegessen und Wasser getrunken?«, fragt mich Fadi ungläubig.

Ich nicke schuldbewusst.

Er springt auf, umarmt mich und dankt mir ebenfalls. Die anderen Sanitäter nicken anerkennend. Anscheinend ist es etwas Besonderes, dass ich mich als Nicht-Muslim während des Ramadan so einschränke. Jeder möchte, dass ich neben ihm Platz nehme. Da ich mich aber nicht zerteilen kann, setze ich mich zwischen Fadi und Khaled.

»Wieso hatten wir heute keinen Einsatz?«, frage ich Khaled.

»Während des Ramadan schlafen die meisten Leute tagsüber. Da passiert weniger.«

»Dafür haben wir in der Nacht mehr zu tun«, wirft Ahmed ein.

»Gleich nach dem *salat al-maghrib* müssen wir uns mit dem *iftar* beeilen, denn dann fährt die halbe Stadt zum Essenholen. Da werden wir in den letzten zweieinhalb Stunden noch ein paar Einsätze haben«, sagt Fadi.

Ich merke, wie die Kollegen Zigaretten, Feuerzeuge und Aschenbecher bereitlegen. Tahmid bringt ein Tablett mit Wasserbechern, einer Teekanne und Teegläschen.

»Das heißt, nach dem Gebet dürft ihr zum ersten Mal wieder trinken?«, frage ich und deute auf das Tablett. Alle nicken. »Und Zigaretten rauchen?«

»Oh ja«, schießt es aus Fadi raus, der mit seiner Zigarettenpackung langsam genüsslich unter seiner Nase entlangfährt und dabei tief einatmet. Ich empfinde großen Respekt angesichts der Leistung, die das Fasten hier abfordert.

Als der Muezzin zum Abendgebet ruft, springen alle auf, gehen ins Bad, um sich Gesicht, Hände und Füße zu waschen, und beten gemeinsam in dem rotweiß ummauerten Bereich gegenüber des Aufenthaltsraums. Ich bleibe im Aufenthaltsraum sitzen, weil ich das Gebet nicht stören möchte. Die Stimmung auf der Station wirkt gerade jetzt außerordentlich friedvoll.

Nach gut zehn Minuten ist es mit dem Frieden vorbei. Da kommt die Meute in den Aufenthaltsraum geprescht, und es startet eine Trink- und Rauchorgie. Jeder kippt becherweise Wasser in sich hinein und raucht mehrere Zigaretten hintereinander weg. Ich sitze staunend da und beobachte das Treiben. Tahmid bringt einige Tabletts mit diversen kleinen Vorspeisen und stellt sie in der Mitte des Zimmers auf den Teppich. Er setzt sich zum ersten Mal zu uns in den Aufenthaltsraum, sonst isst er immer in seinem Container.

Alle platzieren sich um die Tabletts und essen mit den Händen. Ich werde aufgefordert, mich anzuschließen. Dabei erfahre ich, dass die Vorspeisen von den Ehefrauen und Müttern meiner Kollegen gemacht wurden. Es gibt gefüllte und frittierte Teigtaschen, Falafel, gefüllte Fladenrollen, kleine Salate und Eintöpfe, und das alles in den unterschiedlichsten Variationen. Ich muss alles, wirklich alles probieren und soll natürlich auch bewerten, was am allerbesten schmeckt. Die Sachen sind köstlich, und ich habe das Gefühl, gleich zu platzen, so voll bin ich, aber bei der Bewertung will ich mich nicht festlegen. »Das ist das Leckerste, was ich je gegessen habe. Alle Sachen sind am allerbesten«, urteile ich.

Jubel bricht unter den Kollegen aus. Die Stimmung ist ausgelassen und heiter, als aus dem Funkgerät *»Markess Tissa, Markess Tissa«* tönt. Die Leitstelle ruft nach Station 9. Wir haben einen Einsatz.

Khaled und ich müssen an diesem Abend zu insgesamt drei Verkehrsunfällen. Beim letzten Einsatz gegen 20 Uhr fahren wir zu einem Fußgänger, der mit Tüten voller Essen die Straße überqueren wollte und angefahren wurde. Ich kann nur noch den Tod feststellen.

Meinen ersten Nachtdienst im Ramadan zwei Tage später kann ich nur mit zwei Worten beschreiben: Gelage und Toilette. Wir fressen die ganze Nacht. Das Festessen wird nur unterbrochen, wenn wir einen Einsatz haben.

In dieser Nacht ereilt mich dann aber der Fluch von Sweidy: Ich muss auf die Toilette. So lange wie möglich versuche ich, es zu verdrängen, doch der Hauptgang dieser Nacht ist Kabsa, ein zwar leckeres, aber auch sehr fettiges und schweres Reisgericht. Es kommt, wie es kommen muss – ein Durchfall kündigt sich an. Das, was ich bisher erfolgreich zu vermeiden wusste, wird nun unumgänglich: Ich werde eine der beiden Toiletten der Rettungsstation aufsuchen müssen. So viel vorweg: Die Choreografie meines ersten Stehklo-Besuchs gestaltete sich derart skurril, dass sie in den folgenden Monaten immer wieder Thema unter den westlichen Kollegen war und meine Erzählungen inklusive einer andeutenden Darstellung der Bewegungsabläufe wiederholt Lachsalven auslöste.

Als es überhaupt nicht mehr anders geht, ziehe ich meine Stiefel an und suche die hintere, weniger versiffte Toilette auf. Während ich noch überlege, wie ich das Problem mit dem Stehklo angehen soll, fällt mir ein, dass es auf arabischen Toiletten in der Regel kein Toilettenpapier gibt. Ich gehe also zurück in den Aufenthaltsraum und hole mir einen Karton Papierservietten. Zurück in der Toilette, lasse ich die Hose runter und versuche, die Stiefel immer noch an den Füßen, mich über das Loch zu kauern. Aber egal, wie ich es anstelle, der Winkel ist so ungünstig, dass ich unweigerlich meine Hose treffen würde.

Trotz der Hitze bricht mir der kalte Schweiß aus, und

ich verfluche mir innerlich die Knochen. Mir ist durchaus zum Weinen zumute. Warum ist das hier so kompliziert? Ich will doch einfach nur zur Toilette!

Irgendwie muss ich es hinbekommen, die Hose loszuwerden, das heißt, ich muss meine Stiefel ausziehen. Eine Vorstellung, bei der es mich graust. Bei genauerem Hinsehen erkenne ich aber, dass die Fliesen an der Wand hinter der Tür einigermaßen sauber sind. Da läuft anscheinend selten jemand lang. Ich stelle mich an ebendiese Stelle, schlüpfe mit einem Fuß aus dem Stiefel und stehe nur noch auf einem Bein. Anschließend versuche ich, das schwebende Bein aus der Hose zu befreien, möglichst ohne Bodenkontakt. Der Darm drückt währenddessen gnadenlos. Ich schaffe es und schlüpfe mit dem schwebenden Bein wieder in den Stiefel. Jetzt das andere Bein. Das wird ein verdammt knappes Rennen. Die Entkleidung des zweiten Beins fällt mir aber leichter.

Ich hänge die Hose an den Türknauf, als mir auffällt, dass ich meine Boxershorts noch anhabe. Also das Ganze von vorn. Ohne Bekleidung untenrum, dafür in abwaschbaren Sicherheitsstiefeln, hocke ich mich wieder über das Loch. Die nächste Aufgabe besteht darin, einen Kompromiss zwischen dem größtmöglichen Abstand der Füße und der sichersten Balance bei optimaler Schussposition zu finden. Die Stiefel sollen sauber bleiben, aber das Gleichgewicht muss trotzdem unbedingt gewahrt bleiben.

Endlich gibt es einen erleichternden Schlag, und auf den ersten Blick aus der hockenden Position sieht alles gut aus. Größere Kollateralschäden kann ich keine ausmachen. Blöderweise habe ich die Servietten noch im Waschbecken liegen. Verdammt!

Langsam, ganz langsam erhebe ich mich aus der Hocke, watschle zum Waschbecken, hole die Servietten und versuche mir dann im Stehen den Hintern abzuwischen. Jetzt offenbart sich auch das gesamte Schadensbild. Da mein erster Versuch ziemlich gestreut hat, ist nur ungefähr die Hälfte der Ladung im Loch gelandet. Der Rest verteilt sich auf dem Boden und dem Übergang zur Wand. Ich hätte nicht gedacht, dass dieser Raum noch weiter abgewertet werden kann. Um das Problem muss ich mich später kümmern. Erst mal den Körper auf Vordermann bringen. Der Karton enthält noch genau eine Serviette, als ich mit dem Ergebnis zufrieden bin.

Gerade habe ich es fertiggebracht, mich wieder anzuziehen, als es an der Tür klopft. Ich zucke zusammen.

»Steven, wir haben einen Einsatz!«, meldet sich Khaled.

»Gleich, gib mir bitte noch zwei Minuten!«, antworte ich. Herrje, ist das alles peinlich! Ich kann das Schlachtfeld so nicht hinterlassen, der arme Tahmid hat das nicht verdient.

Aus der Wand hinter dem Loch kommt ein Wasserschlauch. Ich fische ein paar Einmalhandschuhe aus meiner Hosentasche, packe damit den Schlauch und flute großzügig den Bereich um das Loch. Ich hab das einmal so ähnlich im Elefantengehege eines Zoos gesehen. Nach getaner Arbeit sieht es zumindest nicht schlimmer aus als vor meinem Besuch. Ich wasche mir noch die Hände und gehe zum Camry. Den Rest der Nacht kann ich den Vorgang bei vier weiteren Durchläufen optimieren, und auf dem Heimweg ergreift mich ein Wechselbad der Gefühle zwischen Stolz und Scham.

الحرية في مواد مركبة

Freiheit im Compound

Die Tagdienste während des Fastenmonats Ramadan sind tatsächlich ruhiger, einzig die diabetischen Notfälle nehmen zu. Khaled und ich sind eines Morgens auf dem Weg zu einem Code 17, das Kürzel für eine bewusstlose Person. Wir erreichen das typisch ummauerte Haus in Sweidy und werden von einem älteren Mann in ein Schlafzimmer geführt. Sein erwachsener Sohn liegt dort bewusstlos im Bett.

Eine kurze Kontrolle der Blutwerte zeigt, dass er Diabetiker und stark unterzuckert ist. Ich lege ihm einen intravenösen Zugang und spritze so lange Dextrose, bis er wieder zu sich kommt. Aber mir ist klar, dass der Traubenzucker nicht lange vorhalten wird. Um nicht erneut in den Unterzucker zu geraten, muss der Mann jetzt etwas Nachhaltiges zu sich nehmen. Als er die Augen öffnet, versuchen wir deshalb, ihn zu überreden, ein Glas Saft zu trinken und ein Stück Brot zu essen. Aufgrund des Fastenmonats und der aktuellen Tageszeit gestaltet sich diese Forderung aber als außerordentlich schwierig. Der Mann will als gläubiger Muslim tagsüber auf keinen Fall das Fasten brechen. Erst Khaleds Einwand, dass kranke Menschen nicht fasten müssen und er ja jetzt definitiv krank sei, lässt ihn einlenken. Wir bleiben noch einen Moment, lassen uns für die Akten eine Transportverweigerung unterschreiben, da wir hier ja nur behandelt, aber nicht transportiert haben, und fahren zurück zu Station 9.

Gegen Mittag haben wir unseren nächsten Einsatz. Wieder ein Code 17 an der gleichen Adresse wie heute Morgen. Unser Patient von vorhin ist erneut im Unterzucker. Ich lege ihm abermals einen Zugang, spritze Dextrose, und er kommt relativ schnell zu sich. Das Brot isst er jetzt ohne Diskussion. Weil das seine zweite Unterzuckerung an einem Tag ist, will ich ihn unbedingt in eine Klinik bringen lassen, aber er verweigert abermals den Transport. Da man gegen den Willen eines Menschen schlecht etwas machen kann, ziehen wir ab.

Am späten Nachmittag bekommen wir erneut einen Code 17 und fahren zum dritten Mal zu der Adresse – unser Dauerpatient ist wieder im Unterzucker. Mittlerweile wird es für mich schwierig, eine vernünftige Vene für die Infusion zu finden, immerhin habe ich ihn heute schon zweimal gestochen. Endlich finde ich eine und spritze ihn zu Bewusstsein. Ich erkläre ihm, dass wir ihn jetzt auf jeden Fall mitnehmen werden, da hier irgendetwas nicht stimmt. Er eröffnet uns schließlich, dass er zwar fastet, aber trotzdem seine Medikamente nimmt, so wie es ihm sein Arzt gesagt habe. Mir kommt ein Verdacht. Ich will wissen, welche »Medikamente« genau das sind und ob er vielleicht das Insulin meint, das er als Diabetiker regelmäßig spritzen muss. Prompt bestätigt er, dass er natürlich wie eh und je morgens, mittags und abends Insulin nimmt.

Ich erkläre ihm nachdrücklich, dass das das Schlechteste ist, was er machen kann, und dass das der Grund für seine wiederkehrende Unterzuckerung ist. Entweder, er spritzt sich tagsüber sein Insulin und isst danach etwas, oder er lässt im Ramadan das Insulin tagsüber weg und spritzt es sich nur nachts zu den Mahlzeiten. Das Insulin lässt den Blutzuckerspiegel im Blut sinken. Wenn der Körper keinen Nachschub an Zucker oder Kohlenhydraten bekommt, fällt der Blutzuckerspiegel weiter ab, und der Patient wird relativ schnell bewusstlos, da das Gehirn einen bestimmten Blutzuckerlevel benötigt, um zu funktionieren.

Meine Ermahnung und die Erklärung scheinen zu wirken. Er verweigert zwar abermals den Transport in die Klinik, aber wir werden nicht wieder zu ihm gerufen.

Meine vier freien Tage nach jedem Schichtblock sind in diesem Monat auch freie Tage vom Ramadan. Im Compound gilt die Fastenzeit nicht, innerhalb der Mauern dürfen wir selbst auf der Straße essen, trinken und rauchen. Im Compound müssen sich Frauen – in der Regel sind es die Ehefrauen meiner Kollegen – auch nicht verschleiern, was ihnen das Leben ungemein erleichtert. Wir haben einen liberalen Compound, es gibt aber auch Wohnanlagen, in denen es Frauen, auch muslimischen, sogar offiziell verboten ist, die traditionelle Abaya zu tragen.

In meinen vier freien Tagen steht wie immer viel auf dem Programm, eine Mischung aus Haushalt und Freizeit. Ich muss meine Dienstkleidung waschen lassen, und die indischen Kollegen wollen, dass ich ihnen das Schwimmen beibringe. Zwei nicht zu unterschätzende Aufgaben. Wenn ich meine Wäsche nicht am ersten freien Tag abgebe, ist sie erfahrungsgemäß am ersten Arbeitstag nicht fertig. Ich gehe also mit einem Korb voll Kleidung zu der kleinen Wäscherei und muss zu meinem Erstaunen feststellen, dass es neue Regeln gibt. Auf einem Zettel steht geschrieben, dass pro Einwohner nur vier Kleidungsstücke pro Tag gewaschen werden, Socken werden dabei einzeln gerechnet. Ich rechne kurz durch und merke schnell, dass ich viel mehr habe. Des Weiteren hat die Wäscherei während des Ramadan gekürzte Öffnungszeiten. Das Waschen wird für mich also heute zu einem Problem.

Auf dem Rückweg zu meinem Haus klingle ich bei Jason, einem amerikanischen Paramedic, der ebenfalls beim Roten Halbmond arbeitet und drei Häuser neben mir wohnt. Jason ist Anfang dreißig wie ich, und wir verbringen viel Zeit zusammen.

»Hey Jason, alles fit?«, begrüße ich ihn.

»Geht so, willst du zur Wäscherei?«

»Da komme ich gerade her.«

»Dann hast du doch sicher auch den kleinen Zettel gelesen, oder?«

»Hab ich. Das wird so aber nicht funktionieren.«

»Seh ich genauso. Ich hab mir grade überlegt, dass ich mir eine günstige Waschmaschine kaufe, damit ich unabhängig bin.«

Ich stelle den Wäschekorb auf den Boden und sage: »Gute Idee. Aber die kosten bestimmt ein Vermögen!«

»Ach was. Mit hundertfünfzig Dollar bist du dabei. Das ist dann keine Hightech-Waschmaschine, aber sie läuft, wann immer du willst. Weißt du, wie oft ich jetzt schon fremde Unterwäsche in meinem Korb gefunden habe? Und jedes Mal, wenn der Typ Weichspüler benutzen soll, muss ich ihn vorher bestechen. Ich hab da keine Lust mehr drauf.«

»Das hört sich gut an. Apropos Unterwäsche – du hast nicht zufällig ein paar blauweiß karierte Boxershorts bekommen? Ich vermisse da noch drei Stück.«

»Tut mir leid, mit blauweiß kariert kann ich nicht dienen. Ich hätte aber noch ein paar Slips in Rot, die ihr Zuhause suchen«, antwortet er grinsend.

»Wer von uns trägt denn bitte rote Unterhosen?«

»Keine Ahnung. Wenn ich es rausfinde, lass ich es dich wissen. Ist das heute dein erster freier Tag?«

»Ja. Und eigentlich müsste ich ins Bett, ich bin ziemlich groggy. Aber die Inder haben gefragt, ob ich ihnen das Schwimmen beibringen kann.«

»Wow, wie geil ist das denn!« Jason lacht herzhaft auf.

»Das wird sicher spaßig. Sollen wir übermorgen nicht vielleicht mal wieder einen internationalen Kochabend machen, wie vorletzte Woche? Ich würde etwas typisch Deutsches kochen, zum Beispiel Rinderrouladen mit Knödeln.«

»Au ja, gute Idee! Dann backe ich meine Spezialität, einen amerikanischen Caramel-Toffee-Chocolate-Banana-Pie.«

»Super, das klingt nach Kalorienbombe. Aber erst brauch ich die Waschmaschine. Wo krieg ich die wohl her?«

»Ich würde sagen, bei Carrefour, dort hab ich neulich welche gesehen. Wenn du willst, komm ich mit, ich muss erst um halb neun auf die Wache fahren, hab es ja nicht ganz so weit wie du.«

»Gebongt! Ich mach mich fertig für den Schwimmunterricht, denke mal, dass wir in einer Stunde am Pool sind. Wenn du willst, komm doch dazu!«, sage ich und hebe den Wäschekorb auf.

»Ich werde da sein«, verspricht Jason.

Wieder zu Hause checke ich zuerst meine E-Mails und ziehe dann meine Badehose an. Mit Flip-Flops und Handtuch unterm Arm marschiere ich zu meinen künftigen Schwimmschülern fünf Häuser weiter. Auch die drei jungen Inder arbeiten als Sanitäter für den Roten Halbmond, zusammen bewohnen sie eine Villa im Compound. Nach mittlerweile zwei Monaten auf der Wohnanlage kann ich sagen, dass die Inder ein supernettes Völkchen sind. Immer fröhlich, immer gastfreundlich, immer ein lustiger Akzent auf den Lippen, und – immer ein hausgemachtes Curry auf dem Herd. Dieses Gericht ist echt lecker und voller unbekannter Aromen, eine Geschmacksexplosion im Mund. Leider explodieren die Geschmacksnerven bei mir tatsächlich, denn die drei essen gerne extrem scharf.

Ich klingle, aber niemand öffnet. Da die Tür wie immer unverschlossen ist, trete ich ein und rufe: »Hey Jungs, irgendwer zu Hause? Der Schwimmunterricht kann losgehen!«

Der Duft von frischem Curry steigt mir in die Nase, was am Morgen dann doch ein wenig befremdlich ist. Plötzlich steht Ajeet mit Badehose, Badekappe, Schwimmbrille, Schwimmärmchen und einem Schwimmreifen grinsend vor mir. Ich habe Mühe, bei diesem Anblick einen Lachanfall zu unterdrücken. »Du bist ja bestens vorbereitet!«

Ajeet schaut an sich runter und wieder zu mir hoch. »Warum lachst du? So lernt man doch schwimmen, oder?«

»Schon gut, lass es einfach mal an. Jason kommt auch zum Pool. Mal schauen, was der dazu sagt. Wo sind denn Govinda und Michael?«

»Die haben Angst. Ich denke nicht, dass sie mitkommen.«

»Also erhältst du heute Einzelunterricht. Dann mal los.«

Ajeet und ich laufen in unserer Schwimmmontur die fünfzig Meter zum Pool, dabei habe ich solche Mühe, mein Lachen zu unterdrücken, dass mir bald Tränen in den Augen stehen. Jason ist schon da und prustet los, als er uns sieht. Jetzt kann auch ich mich nicht mehr halten, und schließlich heult Ajeet selbst vor Lachen. Es dauert ein paar Minuten, bis wir uns wieder gefangen haben und mit dem Unterricht beginnen können.

Der Pool hat eine flache und eine tiefe Seite. Wir erklären Ajeet grob, wie man schwimmt, und fangen dann im flachen Teil mit den Übungen an. Es kostet ihn ordentlich Überwindung, sich auf meine ausgestreckten Arme zu legen und die Schwimmbewegungen zu vollführen. Da stehe ich nun in einem Pool in Saudi-Arabien und trage einen erwachsenen Inder auf meinen Armen. Eigentlich ist dieses Bild an Absurdität kaum zu überbieten.

Nach relativ kurzer Zeit hat Ajeet den Dreh raus, und ich ziehe langsam meine Arme unter ihm weg. Er schwimmt jetzt ganz von alleine.

»Steven, ich kann …«, ruft er, geht aber im selben Moment unter.

Jason springt vom Beckenrand rein und zieht den japsenden Kerl aus dem Wasser.

»Alles gut, Ajeet?« Er nickt.

»Das sah schon super aus«, muntere ich ihn auf, »aber konzentrier dich das nächste Mal auf die Schwimmbewegungen. Jetzt müssen wir üben, üben und nochmals üben.«

»Ich bin ganz alleine geschwommen!«, jubelt Ajeet.

»Und fast ertrunken«, wirft Jason ein.

»Aber nur fast. Nur nicht entmutigen lassen. Das hat sehr gut geklappt.«

Wir üben geschlagene zwei Stunden, und Ajeet wird immer selbstbewusster. Zum Abschluss spielen wir noch ein wenig Wasserball im flachen Becken, der Spaß soll schließlich nicht zu kurz kommen. Ich weihe Ajeet in unsere Kochpläne ein und bitte ihn, in den nächsten Tagen nicht ohne uns in den Pool zu gehen, da er ein wenig routinierter werden muss. Ajeet erzählt uns, dass er außerdem gerne den Führerschein machen möchte, und wir entschließen uns kurzerhand, ihm im Compound auch Fahrstunden zu geben. Da die Wohnanlage aus vier breiten, parallel laufenden Straßen besteht, die untereinander durch Querstraßen verbunden sind, können wir ihm hier gefahrlos die Grundlagen beibringen. Das bereitet natürlich nicht auf das Verkehrschaos außerhalb der Mauern vor, sollte ihm aber zumindest ein wenig mehr Sicherheit verschaffen.

Gegen Abend treffe ich mich mit Jason am Einkaufszentrum, da er direkt im Anschluss zu seiner Nachtschicht aufbrechen will. Wir finden eine einfache Waschmaschine und vereinbaren mit dem Verkäufer, dass zwei davon am Abend in den Compound geliefert werden. Anschließend erledige ich meine Einkäufe für den Kochabend und fahre zurück zur Wohnanlage. Dem Wachmann erzähle ich noch von der Waschmaschinenlieferung, und schon zwei Stunden später entlädt ein Pick-up unsere neuesten Errungenschaften. Tag eins meines freien Blocks war also bereits ein voller Erfolg.

Am nächsten Tag übe ich wieder mit Ajeet im Pool und drehe ein paar Runden mit ihm durch den Compound. Anfahren, Bremsen, Wenden und Rückwärts-Einparken beherrscht er fast so schnell wie das Schwimmen. Am späten Nachmittag installiere ich mit Jason die Waschmaschinen, und er weist mich im Gegenzug in deren Benutzung ein. Den Rest des Abends verbringe ich damit, im kühlen Wohnzimmer Filme anzuschauen, während die Waschmaschine nebenan ihre Arbeit aufnimmt und meine Klamotten wäscht.

Die Maschine ist ein typisch amerikanisches Modell, das von oben befüllt wird. Sie hat keinen Temperaturwähler, sondern zwei Wasseranschlüsse, einen für heißes und einen für kaltes Wasser. Das bedeutet, dass ich alles nur bei zirka vierzig Grad waschen kann. Um die Wäsche hygienisch sauber zu bekommen, nutze ich flüssige Bleiche auf Chlorbasis, welche auch den letzten Keim abtöten sollte. Das Trocknen der Kleidung ist unkompliziert und geht flott: Ich spanne ein paar Wäscheleinen quer durch den Waschraum und hänge die nassen Sachen drauf. Mehr braucht es in der Wüstenluft nicht.

Am nächsten Morgen beginne ich mit den Vorbereitungen für den kommenden Kochabend. Es soll Rinderrouladen geben. Bei den Zutaten bedarf es ein wenig Improvisation. Das Rouladenfleisch muss ich aus einem großen Stück Rindfleisch zurechtschneiden, den Schweinespeck für die Füllung ersetze ich durch Truthahnspeck, der am ehesten das Original ersetzen kann. Als Beilage gibt es Kartoffelknödel. Das Ergebnis kommt sicherlich nicht an die Rouladen meiner Mutter ran, aber es ist brauchbar. Für einen Amerikaner und ein paar Inder sollte die Illusion reichen.

Am Abend kommen Ajeet, Govinda und Michael mit unzähligen kulinarischen Kostbarkeiten, und unser Multikulti-Mahl kann beginnen. Wie immer sind die indischen Sachen sehr lecker, aber auch sehr scharf. Toby, ein weiterer amerikanischer Nachbar, den ich ebenfalls eingeladen habe, bringt nur sich selbst und einen Selbstgebrannten mit, den man aber mit ein wenig Cola genießen kann. Toby ist über vierzig und arbeitet schon über ein Jahr in Riad als Paramedic. Auch Klaus kommt aus seinem Compound rüber und hat ein Fläschchen Wodka im Gepäck, welches Tobys Gebräu um Längen schlägt. Alkohol ist anscheinend doch verfügbar, aber extrem teuer. Klaus hat Verbindungen zu amerikanischen Soldaten, die auf einer US-Militärbasis offiziell Alkohol im PX-Store kaufen können und sich über den inoffiziellen Handel ein wenig dazuverdienen. Jason bringt noch ein paar Cupcakes und seinen Caramel-Toffee-Chocolate-Banana-Pie, den ich nur als aromatisiertes Zuckerkonzentrat beschreiben kann. Ein kleines Stück davon deckt den Kalorienbedarf einer ganzen Woche.

Wir sitzen stundenlang in der heißen Nachtluft auf meiner Dachterrasse, essen ein Crossover-Mahl aus drei Kontinenten, hören Klassiker der Rockmusik und erzählen uns Geschichten aus der Heimat und Absurditäten aus dem saudischen Alltag.

Am nächsten Morgen will ich eine weitere Ladung Wäsche waschen, als ich merke, dass es kein Wasser gibt. Alle Leitungen sind tot. Da ich vier Toiletten mit vollem Spülkasten habe, kommt noch keine Panik auf. Ein Besuch bei Mr. Fahad, dem ägyptischen Compound-Manager, bringt diesen aber in arge Erklärungsnot. Der Grund ist so simpel wie blöde: Man hat schlicht vergessen, den Wasserturm der Wohnanlage auffüllen zu lassen. Da es in Riad fast keine Wasserleitungen gibt, verfügt jedes Haus über Wassertanks auf dem Dach, die durch Tanklaster gefüllt werden. Unsere Tanks werden von einem zentralen Wasserturm gespeist, aber natürlich nur so lange, wie dieser Turm gefüllt ist. Mr. Fahad verspricht, umgehend Wasser zu bestellen. Das könne jedoch wegen Ramadan ein wenig dauern. Ich fülle also ein paar leere Fünf-Gallonen-Trinkwasserflaschen am Pool, damit ich wenigstens die Klospülung bei Bedarf nachfüllen kann. Da ich heute noch mal mit Ajeet zum Schwimmen gehe, sehe ich über die nicht arbeitende Dusche großzügig hinweg. Mr. Fahads kurze Dürreperiode hält schließlich eine Woche an, bei fünfzig Grad Celsius. Da ich den Manager nicht zu einer schnelleren Lösung antreiben kann, muss ich mich mit der Situation arrangieren.

Den restlichen Ramadan-Monat genieße ich die freien Momente im Compound besonders intensiv, da die Einschränkungen im Alltagsleben während der Fastenzeit noch viel stärker sind als im normalen Tagesablauf in Saudi-Arabien. Das schweißt die Bewohner des Compounds zusammen, langsam werden wir zu einer kleinen multikulturellen Gemeinschaft aus Indern, Engländern, Amerikanern, Deutschen und Südafrikanern, die sich gegenseitig helfen, die harte Fastenzeit zu überstehen.

ليالي جميلة

Traumanächte

Es ist Mitternacht, irgendwann im September. Ich liege mit Kopfhörern im Aufenthaltsraum und schaue die Fernsehserie *Rescue Me* auf meinem Notebook. Die hygienische Situation auf Station 9 ist unverändert schlecht, aber da der Mensch ein Gewohnheitstier ist, habe ich mich inzwischen damit arrangiert. *Rescue me* ist am ehesten mit *Sex in the City* vergleichbar, nur dass die Serie auf einer Feuerwache spielt. Da werden die Alltagsprobleme von Feuerwehrleuten beschrieben, und es gibt viele nette Einsatzszenarien. Der wahre Grund, warum diese Serie mich fesselt, ist jedoch der allgegenwärtige schwarze Humor. Ich muss tatsächlich ständig lachen.

In einer Dialogszene glaube ich plötzlich, von draußen Reifenquietschen, Motorengeheul und einen dumpfen Schlag zu hören. Ich nehme die Kopfhörer ab und schaue zu Khaled rüber. Der trägt ebenfalls Kopfhörer und schaut irritiert zurück.

»Hast du das auch gehört?«, frage ich.

Er nickt. Im selben Moment begreifen wir, dass direkt vor Station 9 etwas passiert sein muss. Ich stehe auf, verlasse auf Socken den Aufenthaltsraum und ziehe meine Stiefel an. Khaled informiert den Rest der Crew, die anscheinend nichts mitbekommen hat.

Draußen vor der Rettungswache kann ich erst mal nichts erkennen, was nach einem Unfall aussieht. Ich gehe zur

Straße, von wo aus ich die Ring Road sehen kann. Auf den ersten Blick gibt es auch hier nichts Besonderes. Schließlich mache ich gute dreihundert Meter rechts von mir einen Warnblinker aus und erahne Rauch in der Dunkelheit.

»Ich glaube, dahinten auf der Ring Road ist etwas passiert«, sage ich zu Khaled, der neben mir steht.

»Lass uns mal hinfahren«, schlägt er vor.

Wir starten den Camry und fahren auf der Einbahnstraße neben der Ring Road zu dem vermuteten Unfall. Meter für Meter wird das Bild deutlicher. Da liegt ein Autowrack auf dem Dach, mutterseelenallein, mitten auf der Autobahn. Khaled beschleunigt noch mal, um dann auf der Einbahnstraße auf Höhe des Unfallautos zu stoppen. Ich steige aus, während Khaled mit der Leitstelle funkt, greife meine Notfalltasche vom Rücksitz, schalte meine Taschenlampe ein und erklimme den Hang, der nach oben zur Ring Road führt. Auf dem sandigen Seitenstreifen liegt auch schon der erste Körper. Der Kopf des Mannes ist deformiert, und das Gesicht wirkt, als ob es weggeschliffen wurde. Ich fühle nach Puls und überprüfe die Atmung – nichts. Ich schreibe ihm mit einem Marker die 1 auf den Handrücken und notiere:

1 – schwarz – Seitenstreifen neben Auto

Ich schaue mich um, sehe aber im ersten Moment keinen weiteren Patienten. Mittlerweile stehen vier unbeteiligte Autos mit Warnblinker auf der Ring Road und sichern den Unfall etwas ab. Das Unfallauto, vermutlich ein Dodge Charger, ist komplett zerstört. Der Wagen muss sich unzählige Male überschlagen haben und sieht aus wie ein zerknüllter Haufen Blech mit vier Reifen, die man oben draufgesetzt hat. Der Rauch erweist sich als Dampf, der aus dem Kühler austritt, und ich suche mit der Taschenlampe das Wageninnere ab. Durch eine kleine Öffnung in dem

Metallknäuel, wo vorher ein Fenster war, sehe ich einen weiteren männlichen Körper und arbeite mich zu ihm vor. Auch hier kann ich weder Atmung noch Puls feststellen. Ich schreibe ihm die 2 auf die Stirn. Als ich mich wieder aus dem Wrack herausgewunden habe, ergänze ich meine Notizen:

2 – schwarz – im Auto

Khaled kommt zu mir.

»Der da vorn im Sand ist tot«, berichte ich ihm. »Der hier im Auto auch.«

»Dahinten bei der Ambulanz hat Fadi noch einen gefunden.« Khaled deutet in Richtung unserer Station.

»Das sind doch gut zweihundert Meter!«, erwidere ich ungläubig.

»Willst du hinfahren?«

»Lass uns zu Fuß gehen.«

Ich nehme meine Notfalltasche, und wir laufen auf dem Seitenstreifen los. Ich leuchte dabei die Umgebung mit meiner Taschenlampe ab. Nach fünfzig Metern finden wir wieder einen Körper, der an einer Palme liegt. Seine Arme und Beine sind komplett verdreht. Er hat keine Atmung und keinen Puls und bekommt die 3:

3 – schwarz – Seitenstreifen Palme; Auto minus 50 m

Wir gehen weiter. Ich leuchte jetzt noch intensiver, kann aber nichts entdecken. Wir sind geschätzte hundert Meter seit dem letzten Toten gelaufen, als Khaled auf etwas in einem Dornbusch deutet.

»Da vorn liegt noch einer!«

»Scheiße! Tatsächlich!«, schießt es aus mir raus.

Ich habe Mühe, an den Körper heranzukommen, ohne mich an den scharfen Dornen zu verletzen. Mit meiner Notfalltasche versuche ich, mir so gut wie möglich einen Weg zu bahnen. Auch bei diesem Mann kann ich keine

Atmung feststellen. Der rechte Arm und das linke Bein fehlen. Er bekommt die 4:

4 – schwarz – Seitenstreifen Busch; Auto minus 150 m

Auf den letzten fünfzig Metern zu Fadi können wir keine Opfer mehr finden. Fadi erwartet uns schon.

»Was ist mit eurem Patienten?«, frage ich ihn.

»Der ist tot, würde ich sagen.«

»Wo ist er?«

»Da vorne bei Ahmed.«

»Habt ihr die Gegend weiter abgesucht?«

»Ein wenig. Wir konnten aber sonst nichts finden.«

»Dann tut mir einen Gefallen und sucht noch mal. Ich will hier keinen übersehen.«

»Klar. Wie viele haben wir bis jetzt?«, fragt Fadi.

»Mit eurem sind es fünf Tote.«

Ich gehe zu dem letzten Körper. Der Mann kniet im Sand. Eine Metallstange von einem Haufen Bauschrott hat sich durch seinen Kopf gebohrt und hält ihn in dieser Position. Auch bei ihm weder Puls noch Atmung. Ich male dem Toten die 5 auf den Handrücken und notiere auf meinem Block:

5 – schwarz – Seitenstreifen Schrotthaufen; Auto minus 200 m

Ich schaue zurück zum Unfallauto, kann es nicht fassen und muss mich noch mal auf meinem Notizzettel vergewissern.

»Da liegen fünf Tote auf zweihundert Metern verteilt. Wie schafft man so was?«, frage ich mich laut.

»Drifting«, antwortet Khaled neben mir. »Die sind bestimmt gedriftet und haben sich überschlagen.«

»Der hat sich überschlagen und ist zweihundert Meter weit geflogen? Wie schnell war der denn? Das ist doch verrückt!« Ich schüttle wieder und wieder den Kopf. »Wir sollten noch mal die ganze Strecke absuchen. Die andere Sei-

Abkühlung: Ohne kalte Getränke halte ich keinen Dienst durch

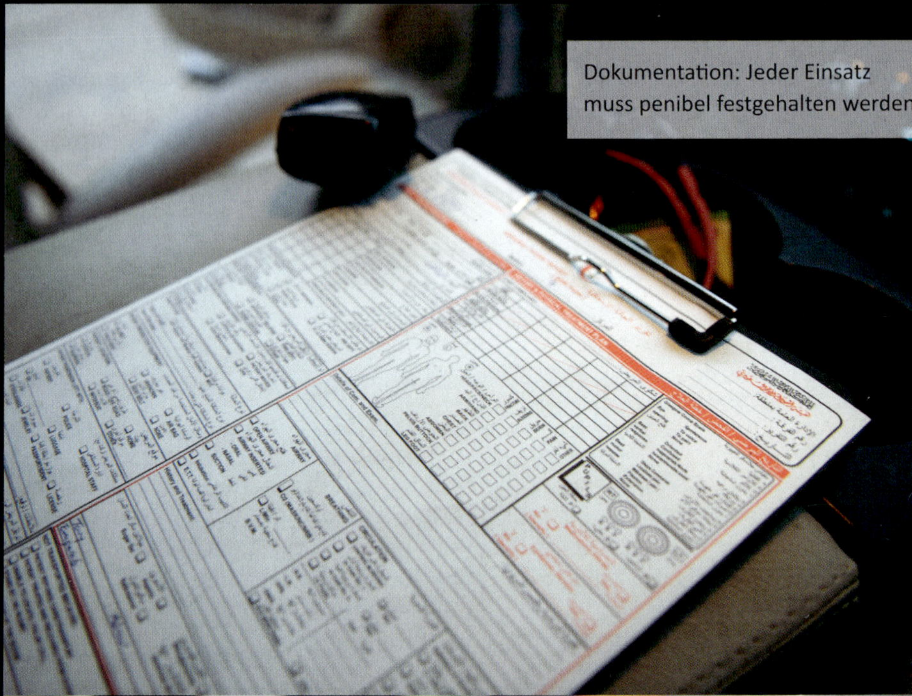

Dokumentation: Jeder Einsatz muss penibel festgehalten werden

Hitze: Bei bis zu 50 Grad im Schatten is die Weste manchmal einfach zu viel

Zuschauer: Wenn sich in Riad ein Unfall ereignet, bildet sich schnell eine große Menschenmenge

Das moderne Riad:
der Kingdom Tower ...

und die King Fahd Road

Station 9: Warten auf den nächsten Einsatz

Fastenzeit: beim Ramadan wird erst ab 22 Uhr gegessen, dann aber richtig viel

Zwischendurch: Meine Arbeit in Riad ist stressiger als in Deutschland, aber Pausen mit den Kollegen müssen sein

te der Ring Road und den Seitenstreifen dort müssen wir ebenfalls checken. Außerdem müssen wir die Unfallstelle besser absichern, ich will nicht, dass noch so ein Bescheuerter hier reinschießt. Und dann sollten wir die Toten abdecken. Kommt der Supervisor, und hast du die Polizei informiert?«, frage ich Khaled. Der Supervisor wird häufig bei größeren Unfällen hinzugezogen, damit sich der Paramedic nur um die medizinischen Belange kümmern und nicht noch nebenbei organisatorische Dinge erledigen muss.

»Der ist auf dem Weg, und die Leitstelle hat die Polizei informiert. Um die Absicherung wird sich Fadi gleich kümmern. Mich wundert es sowieso, dass noch nicht so viele Gaffer da sind. Eventuell gibt es anderswo in der Stadt ein spektakuläreres Rennen.«

Auf dem Weg zurück zum Camry finden wir keinen Toten mehr, die fünf Leichen sind aber auch mehr als genug. Wir decken jeden Körper ab und markieren die Fundstellen mit Stöcken, die wir in den Sand am Straßenrand stecken. Nachdem wir den letzten Toten mit einem weißen Laken bedeckt haben, steigen wir ins Auto und fahren bis zur Überleitung über die Ring Road, um dann die Gegenspur abzusuchen. Khaled fährt im Schritttempo am Seitenstreifen entlang, aber ich kann keinen weiteren Körper entdecken. Bei der nächsten Abfahrt drehen wir und nähern uns jetzt von hinten auf der Ring Road der Unfallstelle. Es hat sich schon ein kleiner Stau gebildet. Fadi hat die Ambulanzen so umgestellt, dass die komplette Fahrtrichtung zum Unfall hin blockiert ist. Der Supervisor und zwei Streifenwagen sind mittlerweile auch eingetroffen.

Ich gehe zum Supervisor und erstatte ihm über die bisherigen Ergebnisse und Maßnahmen Bericht. Er entscheidet, dass wir die Gegend noch mal großzügig absuchen sollen. Am Ende bleibt es glücklicherweise bei den fünf Toten.

Um vier Uhr morgens schließlich haben wir sie in schwarze Leichensäcke gelegt und dürfen den Einsatz beenden.

Ich erkläre Khaled, dass ich die hundert Meter zur Station laufen werde, und er nickt nur verständnisvoll. Manchmal braucht man in solchen Situationen einfach Ruhe. Als der Muezzin zum Morgengebet ruft, bemerke ich, dass die Sonne langsam aufgeht. Ich stapfe durch den Sand des Seitenstreifens, höre die ersten Vögel zwitschern und genieße eine Zigarette. Man könnte meinen, es sei ein friedlicher Morgen.

In der darauffolgenden Nacht ist der Unfall immer noch *das* Gesprächsthema in der Wache. Die Jungs zeigen mir, zum Teil mit Stolz, private Videos von Driftrennen und den dazugehörigen Unfällen. Man sieht Autos, die mit hoher Geschwindigkeit angeschossen kommen und dann unvermittelt ausbrechen und mit dem Heck hin und her schleudern. Ziel ist es, dass das Auto eine möglichst weite Strecke schleudert. Je höher die Anfangsgeschwindigkeit, desto weiter kann man driften, und umso mutiger ist der Fahrer. Die hohe Kunst des Driftens wird im fließenden Verkehr der belebten Ring Road ausgeführt, ohne Rücksicht auf die anderen Verkehrsteilnehmer. Die jungen Saudis feiern die besten Drifter wie Popstars und verehren die Toten wie Kriegshelden. Ich kann mir diesen Wahnsinn nur durch den Mangel an anderen Freizeitaktivitäten erklären.

Während vor meinem inneren Auge immer noch die Bilder der gestrigen Nacht vorbeiziehen, plärrt das Funkgerät im Aufenthaltsraum *»Markess Tissa, Markess Tissa«*. Der nächste Einsatz für Station 9. Ich ziehe meine Stiefel an und gehe noch schnell zur Toilette. Khaled wartet mit laufendem Motor im Camry.

»Was haben wir?«, frage ich.

»Code 4, Unfall. Einsatznummer 276.«

»Weit weg?«

»Vielleicht zehn Minuten.«

»Hast du weitere Infos?«

»Noch nicht.«

Ich fange an, mein Protokoll zu schreiben, während Khaled uns durch den dichten Wochenendverkehr manövriert. Wie immer spiele ich an der Sirene rum und kommentiere aus Langeweile und Spaß das Verhalten der anderen Autofahrer über den Lautsprecher, wenn sie mal wieder keinen Platz machen oder sich ein Rennen mit uns liefern wollen.

»Bist du auch schon mal gedriftet?«, frage ich Khaled.

»Nein.«

»Warum? Das scheinen doch alle hier zu machen.«

»Ich halte nichts davon. Es ist unnötig und gefährlich.«

»Den anderen auf der Station scheint es zu gefallen.«

»Die haben ja auch ihren großen Bruder dadurch nicht verloren.«

»Das äh … wusste ich nicht. Das tut mir leid.«

»Dafür kannst du nichts. Das war seine Entscheidung.«

»Wenn du nicht darüber reden möchtest, können wir auch das Thema wechseln.«

»Nein, das ist schon okay. Es ist ja schon lange her.«

»Wie lange denn?«

»Das war vor fast zehn Jahren, ich war zwölf. Mein Bruder hat mit dem Driften angefangen und sich schnell einen Namen gemacht. Damals fand ich das toll. Er war mein Held. Er hat Medizin studiert, hatte ein großes Auto und viele Freunde. Unsere Eltern waren gegen das Driften, aber er hat weitergemacht. Bis eines Nachts die Polizei vorbeikam und uns über seinen Tod informierte. Da brach für mich eine Welt zusammen.«

»So was ist schlimm. Das versteht man als Kind wahrscheinlich auch nicht.«

»Es ist nicht nur schlimm, sondern völlig unnötig. Er hätte so viele Möglichkeiten gehabt. Er hätte Arzt werden und etwas Tolles bewirken können, aber er hat sich für den schnellen Spaß entschieden und den Preis dafür gezahlt. Durch YouTube ist das mit dem Driften in den letzten Jahren schlimmer geworden. Immer mehr Jugendliche wollen in den Videos ihr Können zeigen … Wir sind gleich da. Zieh dir schon mal Handschuhe an.«

An der Einsatzstelle sehen wir einen PKW, der mit der Beifahrerseite unter dem Auflieger eines LKWs klemmt. Eine Ambulanz, ein Streifenwagen und die obligatorischen Gaffer sind auch schon da. Ich hole meine Notfalltasche vom Rücksitz und gehe Richtung Einsatzstelle, als mir ein mir unbekannter Sanitäter von einer anderen Wache entgegenkommt.

»Ihr könnt wieder fahren. Nichts für euch«, sagt er auf Englisch und scheucht mich mit den Armen weg.

»Hallo, erst mal. Das muss immer noch ich entscheiden, ob das etwas für uns ist.«

»Es gibt nur eine Patientin, und die ist tot.«

»*Ich* stelle fest, ob jemand tot ist. Das darfst du als Sanitäter gar nicht.«

»Die ist aber definitiv tot.«

»Ich schau mir das trotzdem an.«

»Dann schau dir erst mal das hier an«, sagt er und hält mir eine Plastiktüte hin. Ich nehme sie und wundere mich, wie schwer sie ist. Beim Blick hinein muss ich schlucken. Ich halte da ein menschliches Gehirn in der Hand!

»Alter, spinnst du? Sag das doch vorher! Wie kommt das Gehirn in die Tüte?«

»Hätten wir es neben dem Auto liegen lassen sollen?«

»Nein, aber warum trägst du das mit dir rum?«

»Ich hatte die Tüte gerade in der Hand, als ich dich gesehen habe.«

»Wie passiert denn so was?«

»Schau es dir an. Ist aber kein schöner Anblick.«

»Viel schlimmer kann es ja nicht werden. Nimm die Tüte noch mal an dich, aber zeig das bitte nicht überall rum.«

Er nickt und nimmt die Tüte.

Ich gehe zu dem Unfallauto und muss mich hinknien, um zur Beifahrertür vorzukommen. Die hintere linke Ecke des Aufliegers hat sich auf der Beifahrerseite, kurz unterhalb des Daches, durch das Auto gearbeitet. Offenbar ist das Auto ungebremst aufgefahren. Die scharfe Kante des Aufliegers hat die junge Frau auf Höhe der Stirn getroffen und den Schädel wie eine Nuss geknackt. Dabei hat es anscheinend den Gesichtsschleier ab- und das komplette Gehirn rausgerissen und aus dem Auto geschleudert. Das restliche Gesicht wirkt dagegen nahezu unversehrt. Die Frau ist definitiv tot, da hatte der Sanitäter recht. Ich krieche wieder unter dem Auflieger hervor und gehe zu dem Sanitäter.

»Wo ist denn der Fahrer des Autos?«

»Der war nicht verletzt. Die Polizei hat ihn hier weggebracht. Der war durchgedreht.«

»Das kann ich verstehen.«

»Ist die Frau tot?«

»Ja, sicher doch …«

»Wir warten noch auf die Feuerwehr. Wenn wir jetzt fahren, haben die Gaffer freie Bahn und machen Fotos.«

»Dann bleiben wir auch noch einen Moment. Wenn du etwas trinken möchtest – in meinem Wagen sind ein paar kalte Getränke. Ich schreibe schon mal das Protokoll.«

»Vielen Dank, gerne! Sollen wir das Auto mit irgendwas

zuhängen? Das werden immer mehr Gaffer!«, fragt mich der Sanitäter.

»Gute Idee. Nehmt doch die Gold-Silber-Rettungsdecken und klebt sie mit Tape am Auto fest. Das ist ein super Sichtschutz.«

»Machen wir.«

Die Feuerwehr trifft nach zwanzig Minuten ein und braucht dann noch ungefähr zwei Stunden, um die Leiche zu bergen. Da der erste Feuerwehrmann beim Anblick der Toten kollabiert ist, haben wir uns entschieden, doch etwas länger zu bleiben. Wir legen die Frau in einen Leichensack und wollen fahren, als mir die kleine Plastiktüte neben dem Rettungswagen auffällt. Ich hole sie, gehe wieder zum Leichensack und will ihn öffnen, als mich ein bärtiger Polizist stoppt. Er nimmt mir zornig die Tüte ab, schaut rein und klappt ebenfalls zusammen. Die Sanitäter vom Rettungswagen kümmern sich sofort um ihn, während ich die Tüte mit ihrem Inhalt in den Leichensack lege und diesen schließe.

»Da glaubt man, dass man schon alles gesehen hat, und dann kommt so ein Einsatz«, philosophiere ich auf dem Rückweg zur Station laut vor mich hin.

»Krasse Sache«, antwortet Khaled.

»Du sagst es. Eine isolierte Entfernung des Gehirns und zwei kollabierte Einsatzkräfte.«

»So was gibt es nur hier«, witzelt Khaled.

»Die berühmten Traumanächte von Riad«, feixe ich zurück.

Später werde ich nachdenklich. Ich wusste, dass Riad anders werden würde als die Schweiz. Aber wie anders, das war mir nicht klar. Ich frage mich, was noch alles passieren wird und ob ich es weiterhin schaffe, diese Erlebnisse nicht zu nah an mich herankommen zu lassen.

حالات طوارئ محجبة

Verschleierte Notfälle

Khaled, die anderen und ich frühstücken auf Station 9. Es gibt Fladenbrotrollen, gefüllt mit Rührei, Falafel oder Leber, die wir uns beim Imbiss um die Ecke geholt haben. Um richtig satt zu werden, muss ich schon zwei bis drei dieser Teilchen verspeisen, wobei die Leberfüllung mittlerweile zu meinem Favoriten avanciert ist. Gerade, als ich mein drittes Röllchen auspacke, schreit das Funkgerät.

»Markess Tissa, Markess Tissa, Medic Saba!« Der Paramedic 7 von Station 9 hat einen Einsatz.

Ich schiebe mir den Rest des Frühstücks lustlos in den Mund, ziehe meine Stiefel an und gehe zum Camry.

»Code 17, bewusstlose Person in einer Mädchenschule, Einsatznummer 495«, informiert mich Khaled.

»Gibt es für uns irgendwas zu beachten, wenn wir in eine Mädchenschule gehen?«

»Wir werden sehen.«

Wir kämpfen uns durch den dichten Verkehr und ärgern uns mit einem Autofahrer rum, der sich ein Rennen mit uns liefern will. Er überholt uns rechts, setzt sich vor uns, um sich dann wieder hinter uns fallen zu lassen und uns auf ein Neues zu überholen. Khaled bleibt ruhig. Er kaut entspannt auf seinem Miswak, einem Stöckchen des Zahnbürstenbaums, wie ich mittlerweile herausgefunden habe. Das macht hier jeder zweite Araber, mehr aus Langeweile denn aus dentalhygienischen Gründen.

Nach ungefähr fünfzehn Minuten Fahrt erreichen wir die Schule. Ich hole meine Ausrüstung aus dem Kofferraum und gehe mit Khaled zum Eingang. Ein älterer Wachmann öffnet die Tür und fängt an, mit Khaled zu diskutieren.

»Was ist los?«, frage ich.

»Er will uns nicht reinlassen.«

»Aber das ist Unsinn, die Schule hat uns ja selbst gerufen!«

»Er sagt, dass sie auch den Vater des Mädchens angerufen haben. Wir müssten hier draußen auf ihn warten.«

»Das ist jetzt nicht dein Ernst.«

»Doch. Wir können nichts machen!«

Ich stelle meine Ausrüstung auf dem Boden ab, setze mich auf eine Treppenstufe und rauche eine Zigarette. Nach weiteren zwanzig Minuten schießt ein teuer aussehender Geländewagen um die Ecke und hält vor dem Eingang. Ein Mann im Anzug steigt aus, unterhält sich kurz mit Khaled und geht dann wütend zu dem alten Wachmann. Er schreit auf ihn ein, gibt ihm eine schallende Ohrfeige und verschwindet schließlich in der Schule. Wenige Augenblicke später kommt er wieder raus, auf dem Arm seine bewusstlose Tochter. Die Abaya ist nur nachlässig über sie geworfen. Wir legen das Mädchen auf die Trage, laden sie in den Rettungswagen, und ich beginne mit meinen Untersuchungen.

Der Vater erzählt mir währenddessen in perfektem Englisch, dass sie Diabetikerin ist. Also schon wieder eine Unterzuckerung! Bei den ersten Fällen war ich noch verwundert, inzwischen habe ich mich daran gewöhnt. Diabetes ist eine verbreitete Erkrankung in Saudi-Arabien, sie kommt viel öfter vor als in Europa, denn sie wird aufgrund der vielen Eheschließungen zwischen nahen Verwandten gerne weitervererbt.

Mein Blutzuckermessgerät zeigt erwartungsgemäß nur »LOW« an. Ich lege dem Mädchen einen Zugang, schließe eine Infusion an und spritze ihr Glukose. Als die zweite Spritze zur Hälfte injiziert ist, öffnet das Mädchen die Augen und schaut mich verwundert an. Ich führe ein paar Tests mit ihr durch, um zu überprüfen, ob sie voll bei Bewusstsein ist. Sie kann meine Fragen zu ihrem Namen, dem Ort und dem Wochentag beantworten und ist in der Lage, die Finger, die ich hochhalte, korrekt zu zählen. Das sieht so weit also alles gut aus.

Khaled bringt eine Dose Cola aus dem Camry, und wir geben dem Mädchen einen Schluck zu trinken.

»Danke. Sie haben meiner Tochter das Leben gerettet!«, erklärt der Vater.

»Das ist doch nicht der Rede wert«, winke ich ab.

»Woher kommen Sie?«

»Aus Deutschland.«

»Ich möchte mich für das Verhalten dieses dummen Wachmanns entschuldigen. Es ist beschämend für mich, welches Bild Sie von unserem Land und unserer Kultur haben müssen.«

»Dafür können Sie doch nichts, und Idioten gibt es auf der ganzen Welt!«

»Nur um die Ehre von Frauen zu schützen, lässt man sie hier sterben. Mir ist es lieber, dass Sie meine Tochter sehen und sie danach gesund weiterlebt, anstatt vermeintlich ehrenvoll und unbefleckt zu sterben. Mit religiösem Halbwissen untermauern diese Extremisten ihre abstruse Weltanschauung.«

»Ich bin ganz Ihrer Meinung, aber viele Leute in Saudi-Arabien sehen das anscheinend anders.«

»Ein Grund mehr für mich und meine Familie, diesem Land den Rücken zu kehren. Wir werden bald in die USA auswandern. Da kann meine Tochter gesund und frei aufwachsen. Muss sie jetzt mit ins Krankenhaus?«

»Ich denke, wenn sie die Colaflasche austrinkt und ihr Blutzucker stabil bleibt, können wir darauf verzichten. Bitte schauen Sie, dass sie zu Hause etwas isst, und kontrollieren Sie regelmäßig die Blutzuckerwerte. Khaled, haben wir noch ein Croissant im Camry?«

Khaled saust los und kommt kurz danach mit einem Erdbeercroissant wieder.

»Das isst du jetzt, und dann fährst du mit deinem Vater nach Hause, okay?«

Das dunkelhaarige Mädchen nickt und lächelt schüchtern.

»Danke für alles! Möge Gott Sie schützen«, verabschiedet sich der Vater.

»Auch Ihnen alles Gute.«

Der Vater hilft seiner Tochter auf und bringt sie zu seinem Geländewagen. Den Wachmann, der jetzt schimpft wie ein Rohrspatz, beachtet er nicht weiter. Endlich einmal ein aufgeschlossener Saudi, denke ich, als das Auto sich in Bewegung setzt.

In einem späteren Tagdienst werden wir morgens ebenfalls zu einem Code 17 gerufen. Wir halten vor einem ummauerten Einfamilienhaus mit Eisentor, als ein älterer Mann die Haustür öffnet. Mit Notfalltasche, Überwachungsmonitor und Sauerstoff bewaffnet, gehen wir zu dem Tor. Khaled redet eine Zeit lang durch das Gitter hindurch auf Arabisch mit dem Mann, bis ich frage, was los ist.

»Seine Tochter ist Diabetikerin, und sie ist bewusstlos.«

»Dann lasst uns mal reingehen. Das bekommen wir doch rasch in den Griff.«

»Sie dürfen nicht rein«, sagt mir der Mann auf Englisch.

»Hören Sie, das geht ganz schnell. Ich lege Ihrer Tochter einen Zugang und spritze ihr ein Medikament, danach geht es ihr gleich wieder gut.«

»Nein, ich lasse nur eine Krankenschwester rein. Sie bleiben draußen.«

»Da kommt keine Krankenschwester. Hier arbeiten nur Männer im Rettungsdienst. Aber wir können das mindestens genauso gut wie eine Krankenschwester.«

»Ich lasse keine fremden Männer zu meiner Tochter!«

»Guter Mann, ich tue Ihrer Tochter doch nichts. Ich bin nur hier, um zu helfen!«

»Nein, nur eine Krankenschwester darf rein.«

»Khaled, erklär ihm doch noch mal auf Arabisch, dass keine Krankenschwester kommen wird.«

»Ich habe Sie sehr wohl verstanden. Und ich lasse Sie nicht rein.«

»Wenn Ihre Tochter wirklich im Unterzucker ist, kann sie daran sterben. Wir helfen ihr ganz schnell und sind gleich wieder weg.«

»Nein.«

»Dann eben nicht«, sage ich resigniert und fange an, mein Protokoll auszufüllen. »Bitte unterschreiben Sie diese Behandlungsverweigerung. Ich habe Sie darüber aufgeklärt, dass Ihre Tochter im schlimmsten Fall versterben kann.«

Der Mann nickt und unterschreibt. Kopfschüttelnd drehe ich mich um und gehe zum Camry. Drei Stunden später stehe ich mit Fadi und Khaled vor der Notaufnahme des Prince Salman Hospital und rauche entspannt eine Zigarette. Diese kleinen Pausen zwischen den Einsätzen genieße ich besonders. Fadi raucht ebenfalls und ärgert den ruhigen Khaled, indem er ihn mit Wasser nassspritzt, als ein großer Geländewagen mit quietschenden Reifen in der Einfahrt zum Stehen kommt. Der Mann vom Vormittag steigt aus, hastet zum Rücksitz seines Wagens und trägt den zierlichen Körper eines verschleierten Mädchens in die Notaufnahme. Fünfzehn Minuten später kommt er schluchzend wieder raus.

Khaled spricht ihn vorsichtig auf Arabisch an, und der Mann erzählt ihm unter Tränen, dass seine Tochter gestorben sei. Er sagt ihm aber auch, dass es Allahs Wille war, dass das Mädchen jetzt tot ist. Ich bin fassungslos und kann es nicht nachvollziehen, muss jedoch zum wiederholten Mal akzeptieren, dass in einem Land wie Saudi-Arabien die Uhren anders ticken als in Europa.

Am späten Nachmittag döse ich im Aufenthaltsraum vor mich hin, als das Funkgerät die Ruhe unterbricht.

»Markess Tissa, Markess Tissa, Medic Saba!«

Ich raffe mich mühsam vom Boden auf, strecke meine eingerosteten Knochen und gehe noch schnell pinkeln. Khaled wartet schon im Camry auf mich.

»Was haben wir denn?«

»Code 5, angefahrener Fußgänger in Sweidy. Die Einsatznummer lautet 672.«

»Und wie immer gibt es keine weiteren Infos, richtig?«

»Korrekt.«

Wir fahren ungefähr zehn Minuten, bis wir die Unfallstelle sehen. Sie befindet sich in unmittelbarer Nähe einer kleinen Einkaufsmeile. Eine verschleierte Frau liegt zwanzig Meter vor einem Geländewagen und rührt sich nicht. Neben ihr kniet ein weinender Saudi, und um sie herum hat sich bereits eine Blutlache gebildet.

»Das sieht übel aus«, sage ich zu Khaled, als ich mit meiner Notfalltasche lossprinte.

Als ich mich neben die Frau knie, scheucht mich der Mann weg.

»Hey, *shwei shwei*«, versuche ich ihn mit den wenigen Worten Arabisch, die ich spreche, zu beruhigen. Das »langsam, langsam« beruhigt ihn jedoch nicht im Geringsten, im Gegenteil: Er wird immer aggressiver. Die Frau röchelt, und ich kann sehen, dass ihre Beine unnatürlich verdreht sind. Der Rest ist unter der Vollverschleierung verborgen.

»Khaled, sag ihm, dass wir helfen wollen. Dafür muss er mich aber an die Frau lassen!«

Khaled redet auf Arabisch mit dem Mann und sagt mir schließlich, dass er keine Hilfe braucht.

»Khaled, die Frau ist schwer verletzt! Wenn er uns nicht helfen lässt, stirbt sie. Sag ihm das!«

»Das hab ich ihm schon gesagt. Er will nicht.«

»Ich guck doch hier nicht zu, wie die Frau stirbt«, sage ich laut und entschieden und öffne meine Notfalltasche, die ich neben ihr auf dem heißen Asphalt abgestellt habe. Der Mann schreit mich an, steht auf, packt seine Frau an den gebrochenen Beinen und zieht sie von der Straße auf den Bürgersteig. Die Frau stöhnt leise auf.

»Khaled, mach jetzt verdammt noch mal irgendwas. Der bringt seine Frau noch um!«

»Steven, er will keine Hilfe für sie!«

Ich bin fassungslos. Ein Streifenwagen trifft ein, und ich rede auf gut Glück auf Englisch auf den Polizisten ein. Das ist die einzige Sprache neben Deutsch, die ich wirklich beherrsche.

»Verhaften Sie den Mann! Der hindert uns daran, der Frau zu helfen. Wenn wir nichts machen, stirbt sie!«

»Ganz ruhig, ich spreche mit ihm«, antwortet der Polizist in astreinem Englisch.

Der Beamte unterhält sich mit dem Ehemann, der den Kopf seiner Frau mittlerweile im Schoß liegen hat. Das strahlende Weiß seines traditionellen arabischen Gewands ist von ihrem Blut rot gefärbt.

»Er will keine Hilfe. Da können wir nichts machen.«

»Doch, Sie können ihn verhaften, und wir retten seine Frau.«

»Pass mal auf, Klugscheißer!« Der Polizist steht jetzt ganz nah vor mir, ich kann seinen Atem riechen, eine Mischung aus Knoblauch und Zigaretten. »Die Spielregeln sind hier nun mal ein bisschen anders als bei dir zu Hause. Es ist sein gutes Recht als Ehemann, die Behandlung zu verweigern. Und wenn du noch weiterdiskutierst, nehme ich dich mit.«

»Ihr seid doch alle verrückt!«, sage ich und hebe resignierend die Hände. Das kann einfach nicht wahr sein. Wo bin ich da nur hingeraten? »Ich bin im Auto, Khaled. Das muss ich mir nicht antun.«

»Halt endlich den Mund!«, schreit mich der Polizist an.

Ich gehe kopfschüttelnd zum Camry, schalte das Radio ein und rauche eine Zigarette. Einerseits möchte ich hier nicht tatenlos zusehen, wie ein Mensch stirbt. Andererseits ist die Kultur so, und mir sind fast im wahrsten Sinne des Wortes die Hände gebunden. Nach fünfzehn Minuten kommt Khaled.

»Steven, kannst du bitte mitkommen?«

»Was? Will er jetzt doch, dass wir seiner Frau helfen?«, frage ich trotzig.

»Nein, du sollst den Tod feststellen.«

»Das ist nicht dein Ernst! Ihr habt die ganze Zeit danebengestanden und der Frau beim Sterben zugesehen? Ich mach das nicht. Du kannst das ja machen. Du hast den Tod schließlich live verfolgt.«

»Du weißt genau, dass ich das nicht darf. Es ist deine

Aufgabe als Paramedic, den Tod festzustellen. Also bitte!«, fordert mich Khaled auf. Er klingt sehr ernst.

»Zuallererst ist es meine Aufgabe, Leben zu retten. Dafür habt ihr mich nicht gebraucht. Aber jetzt, wo alles rum ist, soll ich helfen. Vergiss es. Ich lass mich doch nicht verarschen.«

»Ich sag es dir noch mal im Guten. Geh da rüber und stell den Tod fest. Der Polizist ist ziemlich sauer auf dich. Wenn du das nicht machst, kann es gut sein, dass er dich verhaftet.«

»Oh, ihr droht mir? Klar, kein Problem. Ich tu doch alles, was mir gesagt wird!«

Widerwillig gehe ich zu der Verstorbenen.

»Sollen wir das gleich hier auf der Straße erledigen, oder dürfen wir sie wenigstens in den Rettungswagen einladen?« Mittlerweile hat sich wieder die übliche Gaffermenge eingefunden, sie filmen das Treiben. Die Polizei unternimmt nichts dagegen.

»Wir laden sie in den Rettungswagen ein, und du untersuchst sie dort.« Obwohl ich ein Mann bin, wird es mir jetzt gestattet, die tote Frau unverschleiert zu sehen. Letztendlich müssen sie es mir aber auch erlauben, da ich der Einzige bin, der ihren Tod feststellen kann, und ohne meine Bescheinigung können sie die Tote nicht wegbringen und beerdigen.

Ich tue wie geheißen. Die Frau hat schwere Kopfverletzungen, der Brustkorb ist instabil, Becken und Beine gebrochen. Da sie keinen Herzschlag und keine Atmung mehr hat, erkläre ich sie für tot, fülle mein Protokoll aus und gehe wieder wortlos zum Camry.

Auf dem Rückweg hält Khaled auf einem Parkplatz bei einem Wadi, einem der tiefen Wüstentäler, die am Weg zur Station liegen.

»Das geht nicht, Steven. Du kannst dich so nicht verhalten.«

»Ach nein? Ich hab wenigstens noch einen Restfunken Ehre in mir und schaue unseren Patienten nicht tatenlos beim Sterben zu!«

»Du weißt, wie die Regeln in diesem Land sind, und es zwingt dich niemand, hierzubleiben. Ich gebe dir ja recht, dass solche Situationen unnötig und schlimm sind, und auch ich hätte der Frau lieber geholfen. Aber hier entscheidet immer noch der Ehemann. Da können ich und du nichts dran ändern. Wir können versuchen, ihn zu überzeugen, aber wenn er Nein sagt, bleibt es bei diesem Nein. Wenn du das nicht akzeptieren kannst, landest du früher oder später im Gefängnis.«

»Ich werde das nie akzeptieren, aber ich halte künftig einfach meinen Mund. Es geht ja nicht um meine Frau. Sollen sie von mir aus doch alle sterben.«

»Ich denke, es bringt jetzt nichts, weiter darüber zu diskutieren. Ich hoffe, dass wir trotzdem Freunde bleiben«, sagt Khaled nur.

Er startet den Motor, und wir fahren zurück zu Station 9. Den Rest des Dienstes reden wir kein Wort mehr miteinander.

ما وراء الستائر السعودية

Hinter saudischen Gardinen

Es ist ein warmer Freitagmorgen gegen Ende September, Khaled und ich sind gerade auf dem Rückweg unseres ersten Einsatzes an diesem Tag. Nach unserem Streit wegen der toten Frau haben wir uns nur kurze Zeit angeschwiegen. Bereits im nächsten Dienst waren wir wieder wie Po und Hose. Da meldet sich das Funkgerät: *»Markess Tissa, Medic Saba!«* Khaled nimmt den Einsatz entgegen.

»Code 17, bewusstlose Person, Polizeistation Sweidy, Einsatznummer 3728.«

»Haben wir noch mehr Infos?«, frage ich, während ich die spärlichen Angaben auf dem Einsatzbericht notiere.

»Nein.«

Khaled gibt Gas, und ich schalte die Sirene ein. Die Fahrt verläuft unspektakulär, da die Straßen ziemlich ausgestorben sind. Die Menschen in Riad verbringen den Freitagmorgen größtenteils zu Hause, und die Stadt erwacht erst zum Mittagsgebet.

Die Polizeistation Sweidy ist ein siebenstöckiges Gebäude. An der Einfahrt steht ein junger Polizist mit einem Kalaschnikow-Sturmgewehr und winkt uns gelangweilt durch. Khaled parkt direkt vor dem Haupteingang, und ich nehme die Notfalltasche sowie den Überwachungsmonitor aus dem Kofferraum.

»Nimmst du noch den Sauerstoff mit?«, bitte ich Khaled.

Khaled nickt mir, auf seinem Hölzchen kauend, zu. Wir

betreten die Polizeistation und gehen zu einem Empfangstresen am anderen Ende eines großen Foyers. Wenn draußen nicht »Polizei« dranstünde, könnte man meinen, man sei in einem schicken Hotel.

Khaled unterhält sich mit dem jungen diensthabenden Beamten auf Arabisch, bis der uns in ein Büro auf der anderen Seite des Foyers bittet.

»Wir müssen erst zum Major.«

»Ich würde ja erst zum Patienten gehen, aber mich fragt ja niemand«, feixe ich.

Khaled wirkt angespannt. Meine manchmal flapsige Art scheint ihm an diesem Ort besonders unangenehm zu sein.

Im Büro des Majors spricht zuerst Khaled, und ich verstehe mal wieder nur die Worte *Almani*, *Doktor* und *Steven*. Der Major ist ungefähr Mitte dreißig. Er trägt die typisch braune Polizeiuniform mit einer Krone auf den Schulterklappen, an seinem Gürtel hängt ein imposanter Revolver.

»Doktor Steven, herzlich willkommen in meinem bescheidenen Büro! Ich bin Major Al Mansur. Bitte nehmen Sie Platz«, begrüßt er mich lächelnd in gutem Englisch und deutet auf einen Stuhl.

»Vielen Dank, es freut mich, bei Ihnen sein zu dürfen«, antworte ich zögernd.

Khaled schiebt mich kaum merklich in Richtung Stuhl, ich stelle meine Ausrüstung ab und setze mich.

»Ich war schon mehrere Male in Deutschland. Mein Bruder ist im Import/Export tätig. Aus welcher Ecke von Deutschland kommen Sie denn?«

»Aus dem Rheinland«, antworte ich immer noch etwas irritiert.

»Aus dem Rheinland? Ich war mehrfach in Bonn und Köln. Eine tolle Gegend. Der Rhein, die Berge und erst der Wein!«, schwärmt der Major.

»Wenn es für Sie in Ordnung ist, würde ich jetzt gern nach dem Patienten sehen, und im Anschluss können wir uns noch ein wenig über meine Heimat unterhalten.«

Das freundliche Lächeln verschwindet schlagartig aus seinem Gesicht. »So seid ihr Deutschen! Immer erst die Arbeit. Na gut, dann kommen Sie mal mit«, sagt er und geht zur Tür.

Ich stehe auf, greife meine Ausrüstung und folge dem Major und Khaled Richtung Empfangstresen. Der Major spricht mit dem Beamten, dieser öffnet eine Durchgangsklappe, und wir treten hinter den Tresen. Jetzt erst erkenne ich eine massive Metalltür in der hinteren Wand. Der junge Polizist schließt die Tür auf und deutet uns an, hineinzugehen.

Khaled geht vor, ich folge. Der Major kommt nicht mit. Mir schlägt ein Geruch von altem Schweiß, Urin, Kot und dem traditionellen fetten Reisgericht Kabsa entgegen. Ich schalte instinktiv auf Mundatmung um, damit ich mich nicht übergeben muss. Khaled reicht mir einen Mundschutz, ich nicke dankend und lege ihn an.

Wir folgen dem jungen Polizisten eine Treppe hinunter in einen Kellergang, vorbei an einem Büroraum. Es ist stickig, warm und feucht. Auf dem Gang steht ein großer, unappetitlicher Trog mit Kabsa, wobei der Reisanteil den Fleischanteil bei Weitem überwiegt. Am Ende des Ganges erkenne ich ein versifftes Wartesofa und einen Schreibtisch, hinter dem ein junger Beamter sitzt. An der Wand hinter ihm hängen ordentlich sortiert unzählige Hand- und Fußfesseln. Nach links geht nochmals eine Stahltür mit einem schmalen vergitterten Fenster weg. Der Beamte öffnet diese Tür, befiehlt etwas auf Arabisch, und zwei junge Pakistani schleifen einen leblosen Körper in den Gang. Der Patient ist Anfang zwanzig und trägt die typische Kleidung der paschtunischen Gastarbeiter: weite Hose und überlanges Hemd. Er atmet, sieht rosig aus, und ich kann keine Verletzung sehen. Ich spreche ihn an, während ich an seiner Schulter rüttle, aber er reagiert nicht. Jetzt spule ich mein Programm für unklare Bewusstlosigkeit ab.

»Gibst du mir das Blutzuckermessgerät? Und frag mal nach irgendwelchen Vorerkrankungen«, bitte ich Khaled.

»Es sind keine Vorerkrankungen bekannt.«

Ich piekse dem Patienten mit einer kleinen Nadel in den Finger, um den Blutzucker messen zu können. Er zeigt keinerlei körperliche Reaktion auf den Stich. Khaled schließt nebenbei den Überwachungsmonitor an und startet die Blutdruckmessung. Das Blutzuckermessgerät piepst, als die Messung fertig ist, und gibt einen normalen Wert von 90 mg/dl an.

»Der Zucker ist es mal nicht«, murmle ich vor mich hin, während ich seine Augen öffne und mit meiner Taschenlampe hineinleuchte. »Die Pupillen sind auch okay. Was macht der Blutdruck und die Sättigung?«

»134 zu 86, der Puls ist bei 83 und die Sättigung bei 99 Prozent«, informiert mich Khaled.

»Also alles in Ordnung. Das gibt es doch nicht! Siehst du irgendwelche Verletzungen?«, frage ich, während ich den Schädel des jungen Gefangenen abtaste.

»Nein.«

Ich öffne das Hemd des Patienten und reibe ihm mit meinen Fingerknöcheln kräftig über das Brustbein. Bei diesem Schmerzreiz sollte man normalerweise eine körperliche Reaktion sehen. Der Patient liegt jedoch weiterhin schlaff auf dem Boden und atmet ruhig vor sich hin. Ich kneife ihm fest in die Nase. Keine Reaktion.

»Keine Ahnung, was das ist. Der muss auf jeden Fall in

die Klinik, ich kann hier echt nichts machen. Wo bleibt eigentlich die Ambulanz?«

»Die Leitstelle hat noch keine geschickt. Wir sollten erst mal gucken.«

»Die sind ja lustig! Wir bräuchten dann jetzt mal eine Ambulanz«, sage ich etwas genervt.

Da der Funk hier unten nicht geht, gebe ich Khaled mein Handy, und er telefoniert auf Arabisch mit dem Disponenten.

»Die Ambulanz ist in zehn Minuten da.«

»Gut. Dann legen wir den jungen Mann mal in die stabile Seitenlage. Haben die hier irgendwas zum Zudecken?«

»Ich frag mal nach.«

Ich knie mich neben den Patienten, greife den mir gegenüberliegenden Arm und lege diesen über seinen Brustkorb auf meine Seite. Anschließend packe ich den Mann an Hüfte und Schulter und drehe ihn zu mir. Zu guter Letzt überstrecke ich noch ein wenig den Hals. Sollte er jetzt erbrechen, hat das Erbrochene eine Chance, aus seinem Mund zu fließen, und die Gefahr des Erstickens ist gebannt.

»Hier ist eine Decke«, sagt Khaled und reicht mir ein schmutziges Laken.

»Hhhhm, lecker. Da hat man dir aber das schönste Exemplar des Hauses gegeben.«

Khaled antwortet mir nur mit einem Blick, der sagt: »Halt bitte deinen Mund!«

Ich stehe auf, strecke mich kurz und sehe jetzt fünf männliche Gesichter, die sich gegen das vergitterte Fenster in der Stahltür drücken, um alles im Gang erkennen zu können.

Ich fange an, mein Protokoll zu schreiben.

»Geht es unserem Patienten wieder besser?«, fragt der

Major, der plötzlich hinter mir steht. Sein Gesichtsausdruck wirkt angewidert.

»Er ist immer noch bewusstlos, und ich kann hier nicht erkennen, woran es liegt.«

»Und was gedenken Sie jetzt zu tun?«

»Wir würden ihn in die Klinik zu weiteren Untersuchungen fahren.«

»Ist das wirklich notwendig?«, fragt der Major mit Nachdruck.

»Da müssen Tests gemacht werden, die wir hier nicht durchführen können.«

»Sie sind der Spezialist. Können wir Ihnen noch irgendwie behilflich sein?«

»Nein danke, die Ambulanz dürfte gleich da sein. Eine Frage hätte ich aber noch. Warum ist er hier eingesperrt?«

»Vermutlich irgendein Verkehrsdelikt, nichts Schlimmes«, winkt der Major ab.

»Und wie lange ist er bereits hier?«

»Das ist schon Frage Nummer zwei. Ich schätze mal, drei Wochen.«

Drei Stunden in diesem Loch wären für mich schon die absolute Höchststrafe. Draußen höre ich die Sirene des Krankenwagens.

»Ah, da sind Ihre Kollegen! Ich lasse Sie dann mal in Ruhe arbeiten«, sagt der Major und geht wieder nach oben.

Ich kenne die drei Kollegen der Ambulanz nicht. Khaled redet kurz mit ihnen auf Arabisch, und wir heben den Gefangenen zu fünft in der stabilen Seitenlage auf die Trage.

»Es war nett, Sie kennenzulernen«, ruft mir der Major hinterher, als wir schon auf dem Weg zur Ambulanz sind. Ich winke grüßend und gehe weiter neben der Trage her.

Wir fahren mit dem jungen Mann ins Prince Salman Hospital. Die Übergabe läuft problemlos, und ich rauche noch eine Zigarette vor der Notaufnahme. Auf dem Rückweg zu unserer Wache tönt es aus dem Funkgerät wieder *»Markess Tissa, Medic Saba«*, und ich greife mir leicht genervt die Einsatzkladde, um mitzuschreiben.

»Code 17, bewusstlose Person, Polizeistation Sweidy, Einsatznummer 3739.«

»Das hatten wir doch erst!«

»Ja«, antwortet Khaled kurz und knapp.

»Da bin ich ja mal gespannt.«

»Steven, bitte keine blöden Sprüche da. Das kann echt Ärger geben.«

»Ich werde mich zurückzuhalten. Der Major war mir eben auch ein bisschen unheimlich.«

»Das ist ein mächtiger und gefährlicher Mann.«

»Ich sage nichts Blödes, versprochen.«

Wir passieren nach kurzer Fahrt wieder das Tor der Polizeistation, parken vor dem Haupteingang und gehen mit unserem Equipment rein. Diesmal marschieren wir direkt zum Büro des Majors.

»Doktor Steven. So schnell sieht man sich wieder!«, begrüßt mich der Major freudestrahlend.

»Hallo, Major Al Mansur. Das geht manchmal schneller, als man denkt. Unser Patient ist unten, nehme ich an?«

»Schade, schon wieder keine Zeit für ein Gespräch! Diesmal müssen wir aber später einen Tee zusammen trinken. Kommen Sie mit«, sagt er und führt uns Richtung Tresen.

Der Geruch im Keller kommt mir jetzt nicht mehr ganz so schlimm vor, weil ich ihn schon kenne. Auch der Trog mit dem Kabsa im Gang ist weg. Der Polizist am Ende des Ganges öffnet wieder die Tür, und ein junger Mann in der Kleidung der Paschtunen wird von zwei Mitgefangenen in den Flur geschleift. Anscheinend ist er bewusstlos.

»Dann schauen wir doch mal, was ihm fehlt.«

Ich rüttle den jungen Mann an der Schulter, während Khaled die Blutdruckmanschette anlegt. Keinerlei Reaktion, keinerlei erkennbare Verletzungen, der Blutzucker ist auch in Ordnung, und er reagiert ebenfalls nicht auf Schmerzreize. Bis auf die Bewusstlosigkeit wirkt der Patient vollkommen gesund.

»Das klingt jetzt komisch, Khaled, aber wir haben hier genau die gleiche Situation wie eben. Rufst du uns eine Ambulanz?«

»Bist du dir sicher? Sollen wir den wirklich fahren?«, fragt Khaled.

»Hallo? Der ist bewusstlos und bekommt natürlich die notwendige Hilfe!«

»Also gut, ich ruf die Leitstelle an.«

Ich bringe den Patienten in die stabile Seitenlage und mache dem jungen Polizisten durch Pantomime klar, dass er mir eine Decke geben soll. Kurz darauf sind wir schon wieder auf dem Weg ins Prince Salman Hospital.

Auch diese Übergabe verläuft problemlos.

»Warum wolltest du den nicht fahren?«, frage ich Khaled bei einer weiteren Zigarette.

»Wir fahren die sonst nie.«

»Die Gefangenen fahrt ihr nie? Die brauchen aber doch auch Hilfe!«

»Das sind Kriminelle. Die sind nicht gut.«

»Das sind aber auch Menschen!«, erwidere ich lautstark. Khaled nickt nur.

Auf der Rückfahrt tönt es erneut aus dem Funkgerät: *»Markess Tissa, Medic Saba«.*

»Oh Mann, nicht schon wieder! Ich würde ganz gerne mal zwischendurch auf die Rettungswache!«, murre ich.

»Code 17, bewusstlose Person, Polizeistation Sweidy, Einsatznummer 3767.«

»Das ist jetzt nicht dein Ernst.«

»Doch.«

»Das ist doch nicht normal! Dreimal der gleiche Scheiß an der gleichen Einsatzstelle?«

Khaled zuckt nur die Schultern.

Der Major erwartet uns bereits am Eingang.

»Doktor Steven schon wieder! Sie machen mich noch arbeitslos. Wenn der Tag so weitergeht, haben wir keine Kriminellen mehr in unserer Polizeistation!«

»Ich suche mir das auch nicht aus, aber ich bin mal gespannt, was wir jetzt haben.«

»Ich auch«, hält der Major dagegen. »Ich begleite Sie runter.«

»Dann schauen wir mal.«

Im Keller wird uns wieder ein junger Mann gebracht. Auch er ist bewusstlos, alle Werte sind normal, und auch er hat keine erkennbaren Verletzungen.

»Irgendwas stimmt hier nicht. Was macht ihr normalerweise mit solchen Patienten?«, frage ich Khaled.

»Wir nehmen Alkoholtupfer.«

»Ihr nehmt Alkoholtupfer? Was wollen wir jetzt mit … Ach, mach einfach mal.«

Khaled nimmt ein paar in Alkohol getränkte Wattetupfer, die eigentlich zum Desinfizieren bei Injektionen gedacht sind, aus der Verpackung und rollt sie zu zwei Würsten. Dann steckt er dem jungen Mann einen Tupfer in jedes Nasenloch und hält ihm den Mund zu. Der Gefangene hört schlagartig auf zu atmen. Nach ungefähr einer Minute holt er tief durch die Nase Luft, reißt die Augen auf und fingert sich die Tupfer aus den Nasenlöchern.

»Krass, der hat uns nur verarscht!«, stelle ich erstaunt fest.

»Der Mann hat uns verarscht?«, fragt der Major.

»Ja klar, der war nicht bewusstlos. Er hat sich nur bewusstlos gestellt. Ziemlich gut sogar.«

Der Major schreit den jungen Polizisten auf Arabisch an, und dieser prügelt unvermittelt auf den Gefangenen ein.

»He! He!«, bekomme ich noch raus, als der Major mich mit Nachdruck am Arm fasst.

»Meine Leute kümmern sich jetzt um ihn, und wir haben etwas Zeit für einen Tee.«

Der Major führt mich in sein Büro.

»Also, Sie kommen aus dem Rheinland. Aus welcher Stadt?«, fragt er neugierig.

»Koblenz«, antworte ich verstört, während ich noch mit den Gedanken bei dem Gefangenen im Keller bin.

»Koblenz, herrliche Stadt. Sie haben doch dort dieses majestätische Pferd.«

»Das Kaiser-Wilhelm-Denkmal am Deutschen Eck«, bestätige ich nickend.

Ein junger dunkelhäutiger Bengali bringt uns Tee und Datteln.

»Riad ist sicher nicht so schön grün wie Koblenz, aber ich hoffe, es gefällt Ihnen hier. Die Wüste hat ihre ganz eigenen Reize. Was gefällt Ihnen bei uns am besten?«

»Die Gastfreundschaft«, antworte ich vorsichtig, während meine Hände zu zittern beginnen.

»Dafür sind wir auch berühmt. Wir behandeln Gäste wie unsere Brüder«, triumphiert der Major.

Es klopft an der Bürotür, und ein Polizist redet auf Arabisch mit dem Major.

»Wunderbar. Ich habe gerade gehört, dass Ihr Patient fertig ist. Sie dürfen ihn jetzt mitnehmen.«

»Äh, wir brauchen den nicht mitzunehmen. Der hatte nichts«, entgegne ich.

»Ich denke, Sie sollten ihn sich mal ansehen und dann

entscheiden. Folgen Sie bitte meinem Mitarbeiter. Es war schön, Sie kennenzulernen, und ich hoffe sehr, dass wir das bald wiederholen können. Vielleicht wollen Sie ja auch mal für länger bei uns bleiben«, bemerkt er mit einem Lächeln.

Ich werde in den Keller geführt. Khaled steht noch immer da unten. Der Gefangene liegt wieder auf dem Boden. Sein Gesicht ist blutüberströmt und geschwollen. Seine Kleidung ist jetzt rot von Blut und zerrissen. Er stöhnt vor Schmerzen.

»Scheiße!«

Khaled wirft mir erneut einen Blick zu, der mir unmissverständlich klarmacht, dass ich den Mund halten soll.

Wir versorgen die Verletzungen so gut wie möglich, und kurz darauf trifft eine Ambulanz ein.

»Ich habe schon mal das Protokoll fertig geschrieben. Du musst das nur noch unterschreiben«, sagt Khaled entschieden und hält mir die Kladde hin.

»Da steht alles auf Arabisch«, protestiere ich.

»Unterschreib es einfach.« Khaled klingt resolut, und ich verstehe, dass jetzt nicht die Zeit für Diskussionen ist. Ich nehme wortlos den Stift und unterschreibe.

Wir fahren den Gefangenen ebenfalls ins Prince Salman Hospital. Auch die Übergabe läuft komplett auf Arabisch, und ich stehe nur daneben.

Auf dem Rückweg zur Wache zünde ich mir eine Zigarette an.

»Kannst du mir sagen, was da passiert ist? Klar, die haben ihn zusammengeschlagen. Aber warum? Und was stand im Protokoll?«, frage ich.

»Die haben das alle nur gespielt, weil sie da rauswollten, und du bist darauf reingefallen. Weil sie uns und letztendlich den Major verarscht haben, wurde er bestraft. Offiziell ist er die Treppe runtergefallen.«

»Du meinst, die anderen hatten auch nichts?«

»Nein, die hatten auch nichts. Die haben das nur gespielt. Und als die gesehen haben, dass der Erste damit durchkam, haben sie weitergemacht.«

»Du wusstest das von Anfang an?«

»Ja, solche Einsätze haben wir immer wieder, und die werden nie transportiert. Wenn du einmal damit anfängst, fährst du den ganzen Tag dahin.«

»Meinst du, dass heute noch so ein Einsatz kommt?«

»Nein, ich glaube nicht. Die anderen haben gesehen, was mit dem Letzten passiert ist. Jetzt traut sich keiner mehr. Auch du solltest zukünftig die Gefangenen vor Ort mit dem Alkoholtupfer ›heilen‹, das ist für alle das Beste, denn es verliert niemand das Gesicht. Wenn du dagegen offen sagst, dass sie uns und die Wärter anlügen, verlieren die Wärter ihr Gesicht und bestrafen die Gefangenen brutal.«

Ich hole einen Alkoholtupfer aus meinem Gürtelholster, rolle ihn zu einer Wurst, stecke ihn mir ins Nasenloch und hole tief Luft. Die Wirkung ist frappierend: Ein stechender Schmerz pocht durch meine Nase, und meine Augen fangen an zu tränen. Khaled schaut mich ganz erstaunt an.

»Das weckt wohl auch Tote auf«, sage ich grinsend.

»Du bist verrückt.«

»Ein bisschen verrückt ist doch normal.«

Khaled muss lachen, und wir fahren ohne Folgeeinsatz zurück zu unserer Station.

صديقي سيد

Mein Freund Sid

Khaled, Fadi, Ahmed und ich sind mit einem Patienten gerade auf dem Weg zur Notaufnahme. Dem jungen pakistanischen Bauarbeiter ist während der Arbeit ein schwerer Vorschlaghammer auf den Fuß gefallen. So etwas ist besonders schmerzhaft, wenn man nur Sandalen trägt. Außer einer Fraktur am Fuß hat er aber zum Glück nichts, ich habe ihm Schmerzmittel gegeben und den Fuß geschient. Ahmed fährt, und Fadi ist hinten bei mir und dem Patienten. Khaled kommt im Camry hinterher. Dieser bisherige Oktobertag war geprägt von solchen unspektakulären Einsätzen.

In der Klinik laden wir die Trage mit dem Patienten aus dem Rettungswagen und gehen in den Aufnahmeraum der Chirurgen. Eigentlich wäre das kein Einsatz für mich gewesen, wenn ich keine Schmerzmittel gegeben hätte, da ich nur für sogenannte »erweiterte medizinische Maßnahmen« zuständig bin. Der Aufnahmepfleger kennt uns bereits und ist wie immer freundlich. Während ich das Protokoll fertig schreibe, kommt der diensthabende Chirurg, ein Pakistani, und meine Jungs geben ihm anscheinend schon mal einen kurzen Report auf Arabisch.

Ich bin noch ins Protokoll vertieft, als ich mitbekomme, dass der Arzt Fadi auf Arabisch anschreit. Ich verstehe nicht, worum es geht, kann aber sehen, dass Fadi versucht, sich zu rechtfertigen.

»He, Doktor, ganz ruhig. Gibt es irgendein Problem?«, frage ich den Arzt

»Das ist nicht deine Sache!«, raunzt mich der Arzt an und schimpft unvermittelt auf Arabisch weiter.

»He Doc, ich bin der zuständige Paramedic!«, sage ich jetzt etwas energischer.

»Das geht dich nichts an. Setz dich da hin, und halt den Mund«, schreit der Arzt mich plötzlich an.

Ich stelle mich zwischen den Doktor und Fadi und merke, dass ich fast einen Kopf größer bin als der Arzt.

»Das ist *mein* Patient! Das sind *meine* Sanitäter! Also geht mich das sehr wohl was an. Und du sagst mir nicht, was ich tun oder lassen soll«, sage ich laut und deutlich.

Der Arzt schaut mir wütend in die Augen.

»Der Patient hat keine Halskrause. Das ist unakzeptabel!«, schreit er, und seine Stimmlage wird immer höher.

»Hier wird nicht geschrien!«, schreie ich zurück.

Der Arzt schimpft wieder auf Arabisch.

»Und ab jetzt reden wir Englisch. Hast du mich verstanden?«, brülle ich ihn weiter an, bevor ich in normaler Lautstärke fortfahre: »Dem Patienten ist nur ein Hammer auf den Fuß gefallen. Der braucht keine Halskrause.«

»Jeder Traumapatient bekommt bei uns eine Halskrause!«, mault der Arzt zurück.

»Sagt wer? Das gilt vielleicht in dem Land, aus dem du kommst, aber nicht hier. Wenn du meinst, dass er eine Halskrause braucht, dann kannst du ihm jetzt gerne eine anziehen.«

»Das brauche ich mir nicht …«, brüllt der Chirurg weiter.

»Was brauchst du nicht?«, unterbreche ich ihn. »Ich muss mich von dir nicht anschreien lassen. Und meine Kollegen auch nicht«, sage ich nachdrücklich. »Und nur, weil du keine Ahnung von Medizin hast, brauchst du dich hier nicht aufzuführen wie ein Idiot.«

»Ich bin ein anerkannter Arzt aus …«, stottert er.

»Von mir bist du schon mal nicht anerkannt. Es ist auch nicht anerkennend, wenn man sein Diplom in der staatlichen Lotterie gewonnen hat«, unterbreche ich ihn.

»Aus welchem Land kommst du? Dein Name?«, fragt er jetzt fordernd.

»Aus Deutschland. Und in meinem Land dürftest du mit deiner Ausbildung nicht mal den Boden im Krankenhaus wischen. Und mein Name steht hier drin, falls du überhaupt lesen kannst«, sage ich verächtlich, drücke ihm das Protokoll gegen die Brust und drehe mich zu meinen Jungs um. »Wir gehen! Packt zusammen. Ich muss hier raus. Es stinkt gerade gewaltig nach Inkompetenz.«

Der Arzt sagt kein Wort, und auch meine Jungs nicken nur mit offenen Mündern. Das war der letzte Einsatz für diesen Tag.

Während der ganzen Rückfahrt nach Hause in den Compound ärgere ich mich. Die Einsätze hier sind schon heftig genug, warum muss ich mich auch noch mit solchen Arschlöchern rumplagen!

Ich hupe zweimal ungeduldig, als ich vor dem Tor des Compounds stehe, damit der Wachmann öffnet. Das braucht heute ja ewig! Jetzt drücke ich ohne Unterlass auf die Hupe. Endlich schaut der dicke Wachmann genervt aus dem Fenster des Wachhäuschens, gibt mir Zeichen, dass ich Ruhe geben soll, und öffnet das Tor. Ich hebe entschuldigend die Hände, rufe ihm *»Massalama«* zu und fahre rein.

Als ich nach rechts in die zweite Straße abbiegen will, läuft plötzlich ein kleiner weißer Hund vor mein Auto und setzt sich mitten auf die Straße. Ich tippe kurz die Hupe an, aber er bewegt sich nicht vom Fleck. Schließlich steige ich aus, gehe zu ihm, und er springt schwanzwedelnd an mir hoch. Das ist der erste Hund, neben dem Labrador meiner Nachbarn Matt und Brenda, den ich in Saudi-Arabien sehe. Er ist noch ein Welpe, vielleicht drei oder vier Monate alt, komplett weiß, bis auf den Schmutz und Staub in seinem Fell, und hat einen hellbraunen Fleck um sein linkes Auge.

»He Kleiner, ist ja gut«, sage ich laut zu dem kleinen Kerl. »Sollen wir mal ein Stück zur Seite gehen? Du blockierst nämlich gerade die Straße.« Ich gehe zum Straßenrand und setze mich auf den Bordstein. Der Hund folgt mir zutraulich, und wir spielen eine Weile herum. Jetzt blockiert nur noch mein Auto die Straße.

»Mr. Steven! Mr. Steven! Es tut mir so leid!«, ruft Mr. Fahad, der ägyptische Compound-Manager. »Mr. Steven, fassen Sie den nicht an. Der kann beißen!«

»Alles gut, Mr. Fahad, wir spielen nur ein bisschen. Ist das Ihr Hund?«

»Eigentlich ja, ich hab ihn für meine Kinder gekauft. Aber die sind jetzt wieder in Ägypten, weil die Schule angefangen hat.«

»Der ist richtig süß!«

»Der ist nicht süß. Der macht nur Probleme und ist dreckig.«

»Ein Bad könnte er schon vertragen. Du suhlst dich gerne im Dreck, hm?«, sage ich zu dem Hund. Tatsächlich hängen noch Schlammbröckchen in seinem Fell.

»Mr. Steven, seien Sie vorsichtig. Der kann beißen!«

»Du kannst doch noch gar nicht beißen, du bist ja noch ein Baby!«, sage ich zu dem Hund, während ich ihn tätschele. Er nimmt dafür meine Hand in sein kleines Maul und drückt ganz sanft zu, während ich ihn mit der anderen Hand streichele. »Wie alt ist er?«

»Vier oder fünf Monate. Ein richtiges Monster.« Fahad holt ein Stück Kordel aus der Hosentasche und kommt näher. »Vorsicht, Mr. Steven, ich fange ihn jetzt ein. Ich möchte nicht, dass er Sie beißt.«

»Ich kann ihn auch festhalten, wenn Sie ihn anleinen wollen«, biete ich an und hebe den Hund auf meinen Schoß, wo er sich direkt hinlegt. Mr. Fahad traut sich aber nicht richtig an uns ran.

»Ich werde das Problem heute noch erledigen, Mr. Steven. Dann stört er Sie nicht mehr.«

»Der stört doch nicht, der ist ganz lieb.«

»Heute Nacht ist Schluss damit«, erklärt Fahad und fährt sich mit seinem Zeigefinger waagerecht über den Hals.

»Womit ist heute Nacht Schluss?«, frage ich verdutzt.

»Ich werde den Kerl beseitigen, dann belästigt er die Leute hier nicht mehr.«

»Wie – beseitigen? Was haben Sie vor?«

Mr. Fahad fährt sich noch mal mit dem Finger über den Hals.

»Sie wollen den Hund töten?«

Mr. Fahad nickt. »Das hat die Bestie verdient.«

Habe ich heute eigentlich nur mit Idioten zu tun? »Sie wollen den Kleinen doch nicht umbringen! Der hat doch nichts gemacht!«

»Doch, halten Sie ihn bitte kurz fest. Ich mache das Seil dran, und dann bringe ich ihn weg.«

»Einen Scheiß werd ich machen. Der Hund wird nicht umgebracht!«, raunze ich Mr. Fahad an.

»Doch, Mr. Steven, es muss sein.«

»Nur über meine Leiche!«, protestiere ich lautstark, während ich den Hund schützend umklammere.

»Mr. Steven, bitte seien Sie vernünftig. Das ist das Beste für alle.«

»Mr. Fahad, wenn Sie dem Tier etwas antun, werd ich Ihnen etwas antun. Ganz einfach.« Fahad schaut mich jetzt verdutzt an.

»He Steven, was ist denn hier los?«, fragt mich Jason, der in diesem Moment um die Ecke geschlendert kommt. »Ja, wer bist du denn? Du bist ja schnuckelig!« Damit meint er natürlich den Hund.

»Jason, stell dir vor, Mr. Fahad will den Hund umbringen!«

»Mr. Jason, es muss sein«, entschuldigt sich Fahad.

»Mr. Fahad, Sie können doch nicht Gottes Geschöpf umbringen!«, belehrt Jason den strenggläubigen Fahad mit deutlicher Ironie.

»Er ist …«, stottert Fahad, aber ich lasse ihn nicht ausreden.

»Der Hund wird nicht umgebracht. Ich nehme ihn mit zu mir. Das ist jetzt mein Hund. Punkt, fertig, aus!«

»Aber das ist …«

»Was haben Sie für den Hund bezahlt?«

»Tausend Riyal«, schießt es aus Fahad raus.

»Aha, aus dieser Richtung weht der Wind. Ich gebe Ihnen später Ihre tausend Riyal, und danach ist der Hund tabu und gehört mir, verstanden?«

»Sind Sie sicher, Mr. Steven?«

»Ich war mir noch nie so sicher!« Ich nehme den Hund auf den Arm, setze mich mit ihm ins Auto und fahre die letzten Meter zu meinem Haus.

»Hattest du denn schon mal einen Hund?«, fragt mich Jason, der uns zu Fuß gefolgt ist, vor meinem Haus.

»Nein. Ich hatte als Kind mal ein Meerschweinchen. Sah ähnlich aus, nur etwas kleiner.«

»Dann weißt du auch nichts über Hunde?«

»Doch! Sie haben vier Beine, einen Kopf und wedeln gerne mit dem Schwanz.«

»Du brauchst aber eine gewisse Grundausstattung, wenn du ihn behalten willst.«

»Ein Körbchen und irgendwas Essbares für ihn werde ich schon organisieren können.«

»Und Spielzeug, Hundeshampoo, Kauknochen, Leckerlis, ein Halsband, eine Leine, ein Flohhalsband, der muss geimpft und entwurmt werden. Du siehst, da sind ein paar mehr Sachen zu beachten. Ich weiß, wovon ich rede, ich habe in den USA einen Hund, der jetzt bei meiner Mutter lebt.«

»Das krieg ich schon hin. Ich hatte heute meinen zweiten Tagdienst, morgen hab ich Nachtdienst. Morgen früh kauf ich den ganzen Kram ein, damit der kleine Kerl sich wohl fühlt. Wenn du auch frei hast und dich so gut mit Hunden auskennst, kannst du mir ja helfen!«

»Kein Ding, mach ich gerne! Hast du denn schon einen Namen für ihn?«

Ich schaue den Hund an, der inzwischen neben meinen Füßen eingeschlafen ist, und muss an das Faultier aus dem Film *Ice Age* denken. »Ich nenne ihn Sid, wie das Faultier aus dem Trickfilm.«

»Sid könnte passen, das ist schön kurz. Hunde mögen keine langen Namen.«

»Muss der irgendwas fressen bis morgen früh?«

»Ich denke schon, er ist ja noch jung.«

»Ich hab aber kein Hundefutter.«

»Hast du Hackfleisch im Tiefkühlfach?« Ich nicke. »Gut. Koch es ab, aber ohne Gewürze. Und die Aluschalen für den Grill nehmen wir als Übergangsnäpfe. Er muss ja auch was trinken«, schlägt Jason vor.

»Kann der Leitungswasser trinken?«

»Ich würde ihm Mineralwasser geben, im Leitungswasser ist Chlor. Und du möchtest bestimmt nicht, dass er Durchfall bekommt.«

Ich schmeiße eine ganze Packung tiefgefrorenes Hackfleisch in einen Topf mit Wasser, koche es und serviere es Sid in der Aluschale. Er verschlingt sein Festmahl, als ob er seit Tagen nichts gefressen hätte, während Jason und ich ihm fasziniert zusehen. Danach schläft er wieder unverzüglich ein.

»Der wacht so schnell nicht wieder auf«, meint Jason. »Wann willst du morgen früh los zum Einkaufen?«

»So um zehn? Ich koche morgen früh noch mal eine Ladung Hackfleisch, und dann holen wir etwas Vernünftiges für ihn. Wo soll er eigentlich schlafen?«

»Nimm ihn mit zu dir ins Schlafzimmer. Er ist noch so klein und hat sonst vielleicht Angst. Am besten legst du ihm eine Decke auf den Boden. Wenn alles gut läuft, schläft er da, falls nicht, wünsche ich dir heute Nacht viel Spaß.«

Jason verabschiedet sich, und ich setze mich auf meine Couch, um ein bisschen zu lesen. Sid schnuppert ganz aufgeregt durch mein Wohnzimmer, springt plötzlich mit Anlauf neben mich auf die Couch, legt sich hin und schläft ein.

»Hey, hier wird nicht geschlafen! Dafür haben wir oben drei Zimmer«, sage ich zu Sid und nehme ihn auf den Arm, wo er weiterschläft. Er scheint mir jedenfalls zu vertrauen.

Ich breite eine Fleecedecke neben meinem Bett aus, nehme den immer noch schlafenden Sid und lege ihn darauf. Er wacht auf und schaut mich mit großen Augen an. »Das ist jetzt dein Platz!«, erkläre ich ihm. »Ich schlafe hier oben und du da auf der Decke. Verstehst du mich überhaupt?«

Sid legt den Kopf zur Seite und rollt sich zusammen. Ich schalte das Licht aus und lege mich ins Bett, Sid bleibt wie befohlen auf seiner Decke. Doch kurz bevor ich einschlafe, geht es los: Der Kleine wird unruhig und fängt an zu jaulen. Ich stehe auf, hole ihm noch etwas Wasser und den Rest vom Hackfleisch. Er vertilgt alles auf einen Schlag, und wir gehen zurück ins Schlafzimmer.

»Leg dich da hin. Jetzt wird geschlafen!« Ich versuche, alles an Autorität in meine Stimme zu legen, was geht. Der Hund sitzt auf seiner Decke, schaut mich an und macht keinen Muckser. Ich schalte das Licht aus, und kaum ist es dunkel, fängt er wieder an zu jaulen. Ob er vielleicht Angst vor der Dunkelheit hat? Also – Licht wieder an, Hund ruhig.

»Hör mal zu, ich kann bei Licht nicht schlafen. Ich bin ja da, kein Grund zu heulen!«

Ich schalte das Licht wieder aus, halte dem Hund meine Hand hin und merke, dass er versucht, aufs Bett zu springen. Wenn ich etwas nicht mag, dann sind das Tiere im Bett. Eigentlich.

»Na gut«, höre ich mich sagen. »Ausnahmsweise, aber nur, weil du heute dem Tod von der Schippe gesprungen bist.«

Ich hebe ihn hoch und setze ihn am Fußende ab. Wie konnte ich nur glauben, er würde dort bleiben? Natürlich wuselt er direkt zu meinem Kopfkissen, kuschelt sich neben mich und schläft im nächsten Augenblick ein. Was soll ich machen? Ich habe die Wahl zwischen einer durchwachten Nacht oder einer Hundeschnauze neben dem Kopf und entscheide mich schließlich für Letzteres. Immerhin – sowohl Sid als auch ich schlafen die ganze Nacht durch.

Am Morgen werde ich gegen acht Uhr von einer nassen Hundeschnauze geweckt. Sid leckt mir so lange übers

Gesicht, bis ich wach bin. Diese Zuneigung ist schön und kitzelt, aber bei dem Gedanken an mögliche Würmer bekomme ich Gänsehaut.

»Guten Morgen. Könnten wir uns darauf einigen, dass du mich nicht ableckst, zumindest, bis du entwurmt bist?«

Er wedelt mit dem Schwanz und will vom Bett runter, traut sich jedoch nicht zu springen.

»Aha, du musst sicher mal raus und dein Geschäft machen.«

Ich hebe ihn vom Bett, und er flitzt wie ein geölter Blitz durch mein Schlafzimmer in Richtung Tür. Als wir nach unten gehen, sprintet er direkt in mein zweites Wohnzimmer, das ich zur Raucherlounge umfunktioniert habe. Ich rufe noch: »Nein, nicht da rein!«, da ist es auch schon geschehen: Er hat sein Geschäft mitten im Raum verrichtet. Ein Riesenhaufen thront auf den Fäden des Langflorteppichs.

Da ich kein Hausmädchen oder sonstige Angestellte habe, entferne ich das Malheur so gut es geht und gebe Sid noch eine Ladung gekochtes Hackfleisch. Während ich die Küche aufräume, sehe ich aus dem Augenwinkel plötzlich, dass der Hund sich gerade eingehend mit einem meiner Einsatzstiefel beschäftigt. Er hat es geschafft, den Schnürsenkel an allen Ösen durchzubeißen. Als ich ihm sein neues Spielzeug wegnehme, schaut er mich nur verdutzt an.

»Du scheinst ja doch ein kleines Monster zu sein!«

In diesem Moment klopft es. Jason steht draußen, und ich erzähle ihm von den letzten zwölf Stunden.

»Kein Wunder«, meint Jason, der Hundekenner. »Der will beschäftigt werden. Wenn ihm langweilig ist, fängt er an, Dummheiten zu machen.«

»Nehmen wir ihn mit zum Einkaufen?«, frage ich Jason.

»Auf keinen Fall. Du darfst außerhalb des Compounds nicht mit einem Hund rumlaufen.«

»Wieso das denn? Das ist doch kein Schweinchen, sondern ein Hund!«

»Im Islam gelten Hunde als besonders dreckige Tiere. Ein gläubiger Muslim würde niemals einen Hund anfassen. Wenn es doch passieren sollte, muss er sich die Hände sieben Mal waschen.«

Das war mir bis dato überhaupt nicht klar.

»Aber Mr. Fahad hat als Muslim doch mit Sid auch einen Hund gehabt?«

»Vielleicht ist er nicht ganz so gläubig«, antwortet Jason schulterzuckend.

»Und was ist mit all den Zombie-Straßenkatzen, die hier vor sich hin vegetieren?«, will ich von Jason wissen.

»Katzen gelten als saubere Tiere.«

»Das ist mal eine Logik. Tja, Kleiner, dann musst du wohl hierbleiben!«

»Am besten, du sperrst ihn in den Waschraum. Da sind Fliesen. Leg ihm eine Decke und vielleicht dein T-Shirt rein. Wasser wäre auch noch gut.«

»Aye aye, Captain«, salutiere ich fröhlich.

»Irgendwo auf dem Weg zum Supermarkt hab ich mal ein Zoogeschäft gesehen, da sollten wir alles Nötige bekommen.«

»Hunde sind eigentlich tabu, aber man kann alles für sie kaufen«, meine ich kopfschüttelnd. »Na ja, dann mal auf zum Shopping!«

Wir finden das Geschäft auf Anhieb, und ich bin ein wenig schockiert. Man kann hier nicht nur Tierbedarf kaufen, sondern auch Hunde, Katzen, Äffchen und andere Tiere.

Wir suchen die Sachen zusammen. Jetzt haben wir ein Körbchen, Näpfe, Futter, Kauknochen, Leckerlis, ein Halsband samt Leine, diverse Spielzeuge und die komplette Hundefell-Pflegeserie. Am Ende zahle ich ein kleines Vermögen, um Sids Bedürfnisse zu befriedigen, und wir fahren zurück nach Hause. Schon draußen hören wir, dass der Kleine im Waschraum jämmerlich heult.

»He Stinker!«, rufe ich, und das Jaulen hört schlagartig auf. »Es ist alles gut! Wir waren nur kurz weg und haben Geschenke für dich geholt.«

Ich öffne die Tür, und Sid stürmt mir schwanzwedelnd entgegen. Als ich ihm ein Bällchen hinschmeiße, ist er nicht mehr zu halten. Er rennt dem Ball hinterher, schießt daran vorbei, legt eine Vollbremsung mit Wende ein und stürmt wieder auf den Ball zu, um dann mit einem Sprung wie ein Tiger auf seiner Beute zu landen. Das Halsband bekommen wir ihm noch problemlos angezogen, aber mit der Leine führt er sich auf wie ein wilder Hengst und versucht, vom Halsband und der Leine wegzukommen.

»Da muss er jetzt durch«, meint mein amerikanischer Hundeflüsterer Jason. »Anfangs solltest du ihn draußen immer nur an der Leine führen. Später kann er dann auch ohne laufen.«

»He Sid, ganz ruhig. Die Leine tut dir nichts!« Wir üben den restlichen Vormittag mit der Leine, und ich gebe ihm reichlich Leckerlis für jeden Lernfortschritt. Gegen Mittag läuft er problemlos an der Leine, und ich kann zum Gassigehen bedenkenlos mit ihm raus. Am Abend bringe ich ihn zu Jason, da ich zum Nachtdienst muss. Er hatte sich angeboten, in der Nacht auf Sid aufzupassen.

Entspannt wie selten fahre ich zum Nachtdienst, um am nächsten Morgen drei Unfalltote auf dem Zähler zu haben. Übermüdet setze ich mich ins Auto, um nach Hause zu fahren. Aber etwas fühlt sich anders an als sonst: Ich freue mich darauf, nach Hause zu kommen. Seit gestern habe ich ein richtiges Zuhause in Saudi-Arabien. Und schuld daran ist ein kleiner weißer Hund.

مغسلة الاستنجاء وأشياء أخرى سعودية عجيبة

Die Arschdusche und andere saudische Idyllen

Das Leben in Riad zeigt mir immer wieder Dinge und Verhaltensweisen, die mir teils vollkommen fremd und kurios erscheinen. So sitze ich gerade zu Hause auf der Toilette und stelle mit Schrecken fest, dass ich kein Klopapier mehr habe. Was tun in der Not? Da kommt mir der kleine Duschkopf neben der Toilette in den Sinn. Diese »Arschdusche«, wie ich sie nenne, hat mir schon bei meinen apokalyptischen Erfahrungen im Ramadan wertvolle Reinigungsdienste geleistet.

Was bei Fliesen klappt, müsste doch auch bei sensibleren Bereichen funktionieren, überlege ich. Ausprobiert habe ich das allerdings noch nie. Wenn nicht jetzt, wann dann?

Zuerst probiere ich die Technik: Durch Drücken eines Knopfes auf dem Duschkopf startet man den reinigenden Strahl. Sobald man den Knopf wieder loslässt, stoppt der Wasserfluss. Die Strahlstärke kann man über die Drucktiefe regulieren.

Ich nehme all meinen Mut zusammen, bringe das Gerät in Position und drücke den Knopf voll durch. »Verdammt, ist das kalt!«, fluche ich. Das Wasser ist mir unangenehm stark gegen den Allerwertesten geschossen, fast wie bei einem Hochdruckreiniger.

Ich halte den Wasserstrahl einen Moment in die Schüssel und versuche es noch mal mit weniger Druck. Schon besser. Das Wasser ist jetzt angenehm warm, die Stärke des

Strahls genau richtig. Ich bin erstaunt, wie gut die Prozedur funktioniert.

Doch nach getaner Arbeit erschließt sich mir das nächste Problem: Ich muss mich abtrocknen. Ein Handtuch ersetzt das Klopapier, und das Endergebnis ist astrein. Tolle Sache!

Irgendjemandem muss ich umgehend von meinem orientalischen Erfolgserlebnis berichten, und wie so häufig muss mein Nachbar und mittlerweile guter Freund Jason dafür herhalten. Sein Pech, dass er so nah bei mir wohnt. Ich laufe die paar Schritte zu ihm rüber und klingle. Er scheint gerade wieder Muffins und andere Leckereien zu backen, da er seine Backschürze trägt.

»Hey Bro, du glaubst es nicht, ich habe eben die Arschdusche ausprobiert!«

»Du hast was? Alter, du bist eklig!«

»Nein, im Gegenteil, es war super!« Ich kann meine Begeisterung kaum zügeln. »Am Anfang zwar etwas kühl, aber später angenehm warm.«

»Ich nutze das Ding höchstens zum Reinigen der Toilette.«

»Das ist eine geniale Erfindung. Was das angeht, sind uns die Araber echt einen Schritt voraus. Das solltest du auch mal ausprobieren.«

»Niemals. Ich halte mir doch keinen Brausekopf an den Hintern. Kannst du nicht einfach Toilettenpapier benutzen, wie alle zivilisierten Menschen?«

»Das war mir leider ausgegangen. Apropos – ich muss zum Einkaufen. Willst du mitfahren?« Jason und ich haben uns seit dem gemeinsamen Waschmaschinenkauf angewöhnt, regelmäßig unsere Wocheneinkäufe zusammen zu erledigen.

»Gern! Gib mir fünfzehn Minuten. Ich komm dann rüber zu dir.«

Ich gehe die vierzig Meter zu mir nach Hause und stelle Sid frisches Wasser vor die Tür. Den kleinen Racker habe ich den ganzen Tag noch nicht gesehen, er tollt wahrscheinlich mit dem Hund von Matt im Compound rum. Mittlerweile läuft er alleine draußen herum und kommt immer wieder zu mir zurück.

»Lass uns zu Carrefour fahren«, schlägt Jason vor, als er an meinem Vorgarten erscheint.

»Okay. Ich brauche nur ein paar Getränke, irgendwas für den Grill und wie gesagt Klopapier.«

»Willst du heute grillen?«

»Hatte ich mal vor. Platt geklopptes Huhn vom Grill fände ich ganz nett. Hast du Lust rüberzukommen?«

»Super Idee!«

Wir steigen in meinen kleinen Mietflitzer und fahren los. Jason schließt sein Handy an mein Radio an und startet die *Best of Abba*-Sammlung. Jason liebt Abba. Nach gut fünf Minuten Schwedenpop ertönt die Stimme eines Muezzins aus dem Lautsprecher.

»Alter, was ist das denn? Bist du jetzt konvertiert?«, frage ich irritiert.

»Fuck, fahr schneller! Das ist die Gebetszeiten-App. In zehn Minuten machen die zu.«

»Gebetszeiten-App?«

»Frag nicht. Fahr einfach. Ich erklär es gleich. Gib Gas!«

Ich ignoriere die nicht vorhandenen Verkehrsregeln und rase Richtung Supermarkt. Wir parken in der Nähe des Eingangs, und kaum, dass der Motor ausgeschaltet ist, sprintet Jason los. Ich renne hinterher und höre die Muezzins aus den umliegenden Moscheen rufen. Ich lege einen Zahn zu, und wir schaffen es gerade noch, unter dem sinkenden Rollgitter hindurchzuschlüpfen. Der philippinische Wachmann lacht und hält seinen Daumen hoch.

»Puh, das war knapp. Aber jetzt können wir in Ruhe einkaufen«, sagt Jason erfreut.

»Ich … äh … super …«, stottere ich völlig außer Atem vor mich hin.

»Alles gut mit dir?«

»Geht schon wieder. Ich dachte nur nicht, dass wir heute Sport machen.«

»Ist doch besser, als jetzt eine halbe Stunde vor dem Laden zu warten, bis die Einheimischen mit ihrem Gebet fertig sind. Man muss die Zeiten hier optimal nutzen. Die App hab ich vor Kurzem gefunden, sie warnt vor der Gebetszeit. Man kann sogar eine Vorwarnzeit einstellen. Die App heißt iPrayerTime, sie ist kostenlos.«

»Super, die werde ich mir auch besorgen!«

Bisher habe ich während der Gebetszeit immer vor dem Geschäft gewartet. Jetzt kann das alles optimiert werden.

Einkaufen in Saudi-Arabien, wenn die Einheimischen am Beten sind, ist großartig. Wir schlendern durch einen fast menschenleeren Supermarkt. Nur ganz vereinzelt tauchen hier und da Europäer oder Amerikaner in den Gängen auf, vielleicht haben sie ebenfalls iPrayerTime runtergeladen.

Zur Erklärung: Während der Gebetszeiten müssen alle Geschäfte und Restaurants in Saudi-Arabien für eine halbe Stunde schließen. Wenn man aber mal im Geschäft ist, darf man auch drinbleiben. Eigentlich *muss* man sogar drinbleiben, da die Türen abgeschlossen werden. Die Muslime gehen natürlich in den geschäftseigenen Gebetsraum, und somit hat man den Supermarkt für sich alleine. Kein Gedränge, keine quengelnden Kinder und keine diskutierenden Araber – einfach herrlich. Das einzige Manko ist, dass man während der Gebetszeit nicht bezahlen kann.

Wir suchen zuerst nach den ungekühlten Sachen. In

dem Gang mit Küchenrollen und Toilettenpapier ruft mich Jason. Er scheint vor Lachen den Tränen nahe und deutet auf irgendetwas.

»Wie geil ist das denn! Steven, komm her!«, prustet Jason los und wirft mir einen schwarzen Karton zu. »Kleenex for men!«

Irritiert schaue ich die Schachtel an. »Wo soll denn da der Unterschied zu normalen Taschentüchern sein?«

»Die sind wahrscheinlich reißfester«, lacht Jason und macht mit den Fingern Gänsefüßchen.

»Glaubst du wirklich, die sind speziell für Männer, also quasi durchschusssicher?«, blödele ich zurück. »Herrlich. Die Araber sind wohl für jeden Spaß zu haben.«

Ich greife mir eine biedere Familienpackung Klopapier, und wir schlendern weiter. Wie immer bleibt Jason bei den Spielsachen stehen. In der Mädchenabteilung greift er sich eine Barbiepuppe und packt sie in seinen Einkaufswagen.

»Seit wann spielst du denn mit Puppen?«, frage ich irritiert.

»Ich hab noch nie mit Puppen gespielt, aber das ist die Abaya-Barbie. Ich soll meiner Schwester eine mitbringen.«

»Die haben nicht wirklich eine verschleierte Barbie!«, sage ich ungläubig.

»Doch. Fang!« Jason wirft mir eine Puppe zu. Sie ist tatsächlich komplett verschleiert.

»Irgendwie müssen kleine saudische Mädchen ja spielerisch an das Thema rangeführt werden«, erklärt Jason. »Nimm doch eine mit nach Deutschland, für deine Tochter. So eine haben ihre Freundinnen mit Sicherheit nicht!«

»Nee, lass mal gut sein. Ich will sie ja nicht verschrecken.«

Aus Jasons Handy schreit wieder der Muezzin.

»Jetzt müssen wir uns beeilen, wenn wir an der Kasse nicht in der Schlange stehen wollen.«

»Die App warnt dich auch vor dem Ende der Gebetszeit? Das ist genial!«

Wir düsen los Richtung Frischfleisch. Auf dem Weg dorthin stelle ich noch zwei Kartons mit Coladosen in meinen Einkaufswagen.

»Huhn, oder nicht doch lieber Steak für den Grill?«, fragt mich Jason.

»Ich kann Rindersteak bald nicht mehr sehen. Das ist hier einfach zu günstig. Lass uns bitte zwei Hühner grillen. Ich hau den Vogel auch flach, wenn du ihn roh nicht anfassen magst.«

»Das ist lieb. Rohes Huhn ist so was von ekelhaft«, sagt Jason.

»Manchmal frage ich mich wirklich, wie du im Rettungsdienst arbeiten kannst, wo du doch so empfindlich bist!«

Jason hat tatsächlich eine ausgeprägte Hygienemanie, jede Viertelstunde wäscht er sich die Hände. Ich wundere mich oft, wie er die Zeit in diesem Land übersteht.

Jeder von uns legt ein Huhn in seinen Einkaufswagen, und wir rollen zur Kasse. Zwei Minuten später kommen die Kassierer aus dem Gebetsraum, die Wachleute öffnen die Rollgitter, und wir können zahlen. Das Eintüten erledigt der Packer. Sogar die Kartons mit den Coladosen werden in dünne Plastiktütchen gesteckt, die bei der kleinsten Belastung reißen.

Ich gebe dem bengalischen Eintüter umgerechnet sechzig Cent, und er bedankt sich mehrfach. Auf dem Weg zum Compound halte ich noch an einem EC-Drive-in-Automaten. Die stehen hier an jeder Straßenecke. Ich brauche Bargeld, da mein Tank fast leer ist. Sollte die Evolution weiter voranschreiten, wird sich der typische Saudi das Gehen wahrscheinlich vollständig wegentwickeln. Saudis fahren überall mit dem Auto hin oder lassen sich ihre Einkäufe per Lieferdienst bringen. Auch alle großen Fastfood-Ketten haben einen Lieferservice.

Mit Bargeld in der Tasche halte ich bei der nächsten Tankstelle. Ich öffne das Fenster einen Spalt breit und sage dem Tankwart zu den Klängen von *Waterloo*, dass er volltanken soll. Für die fünfunddreißig Liter Super zahle ich umgerechnet vier Euro inklusive Trinkgeld und bekomme noch einen Karton Taschentücher als Dankeschön. Die Kartons stapeln sich mittlerweile auf meinem Rücksitz. Falls der Fluch von Sweidy noch mal zuschlagen sollte, bin ich bestens gewappnet.

Als ich losfahren will, lacht Jason laut los.

»Alter, alles in Ordnung mit dir?«

Jason heult jetzt vor Lachen.

»Was ist denn so witzig?«

Er zeigt auf das Werbeschild einer anderen Supermarktkette. *Open 25 hours a day* steht da geschrieben. Ich schüttle ungläubig den Kopf. »Meinen die das ernst?«

»Ich befürchte schon«, sagt Jason und wischt sich die Tränen aus den Augen.

Wir fahren vorbei am Straßenstrich für Arbeiter. Hier stehen immer Handwerker aus Pakistan und Afghanistan und bieten ihre Dienste an. Es gibt alles: Elektriker, Maler, Spezialisten für Gas-Wasser-Scheiße und Universalhandwerker. Falls man irgendwas günstig reparieren lassen muss, hält man an, schildert sein Problem – vorausgesetzt, man kann Arabisch –, handelt den Preis aus und nimmt den Handwerker samt Werkzeug mit. Bloß nicht anhalten, wenn man keine Reparatur braucht, man kommt da ohne Arbeiter nicht wieder weg und bekommt obendrein unter Umständen ein filmreifes Spektakel geboten, wenn ein Auto von fünfzig Afghanen umlagert wird und unter den Arbeitern eine Schlägerei über den Preis entbrannt ist.

Im Compound verabschiede ich mich von Jason. Er macht bei sich zu Hause einen Salat, ich bereite den Grill vor und präpariere die Hühner à la Steven. Dafür entferne ich das Rückgrat und das Brustbein und kann sie aufklappen und flach drücken. Jetzt noch von allen Seiten würzen – et voilà.

Um sieben Uhr abends zünde ich die Kohlen an und wässere die Whisky-Holzchips. Die gleichen Chips nutzt Matt für seine Heimdestille. Er brennt Alkohol aus vergorenem Obst, der nach nichts schmeckt, und legt dann für ein paar Wochen die Whisky-Aromachips in das Destillat.

Die feuchten Holzchips lege ich jetzt auf die glühenden Kohlen, packe die Hühner auf den Grill und lasse sie bei geschlossenem Deckel durchräuchern. Der Duft ist sagenhaft. Jason bringt schließlich den Salat und die Muffins.

Wir sitzen draußen vor meiner Haustür, warten, dass unsere Grillhühner fertig werden, und Sid wuselt um uns herum. Eine Vorgarten-Idylle mitten in Riad, könnte man meinen.

Plötzlich ertönt ein markerschütternder Schrei irgendwo hinter dem Haus. Sofort flitze ich rein und hole meine Taschenlampe und den Baseballschläger. Noch ein Schrei hinter meinem Haus. Irgendwem geht es da nicht gut. Wir schleichen um das Haus herum und sehen die vier Gärtner, die gerade einem Hasen die Kehle durchschneiden. Ein zweiter liegt vor ihnen im Gras.

Sie schauen erschrocken hoch, und ich senke den Baseballschläger.

»Salam alaikum«, sage ich so freundlich wie möglich.

Kamele gehören in
Riad zum Stadtbild

Tradition: Melonen vom Straßenrand sind bei der Hitze genau das Richtige

Moderne: Der Einfluss der USA auf Saudi-Arabien ist nicht zu übersehen

Überwachung: Portraits von Mitgliedern der saudischen Königsfamilie hängen an vielen Orten

Saudis sind riesige Sport- und vor allem Fußballfans …

von Verkehrsregeln halten
dagegen nicht so viel

Ausflug in die Wüste: Um Riad herum gibt es unzählige Wadis, ausgetrocknete Flussläufe, in denen besonders viele Kamele leben

Souvenir: Meine Leidenschaft fürs Fotografieren habe ich in Saudi-Arabien entdeckt

»*Maffi muschkala*, Sir«, antwortet einer der beiden ängstlich und meint damit so viel wie: »Kein Problem, alles in Ordnung«.

»Okay. Ich dachte, hier sei was passiert.«

»*Maffi inglesi*, Sir«, erklärt er seine fehlenden Englischkenntnisse.

»*Maffi muschkala*«, erwidere ich, und er lächelt. Gleich darauf widmet er sich wieder den beiden Hasen.

»Die wollen wohl auch grillen«, witzele ich, während Jason angewidert das Gesicht verzieht.

Nach weiteren zwanzig Minuten ist unser Abendessen fertig. Jason schafft es, das komplette Huhn mit Messer und Gabel von den Knochen zu befreien. Ich esse mit den Fingern und ziehe Jasons verächtliche Blicke auf mich.

»Was denn?«

»Musst du mit den Fingern essen? Das ist eklig!«

»Das ist nicht eklig, das ist der saudische Stil!«

»Nein, das ist eklig!«, protestiert Jason.

»Wenn das eklig sein soll, was sagst du dann dazu?«, frage ich ihn, als Sid glücklich mit einem blutigen Hasenkopf um die Ecke getrappelt kommt und sich neben uns ablegt. »Den wollten die wohl nicht mitgrillen«, scherze ich, während Jason weiß wird und sein Abendessen für beendet erklärt.

Über Jasons sorgsam entbeintes Huhn ist schließlich Sid hergefallen. Kleiner, cleverer Hund. Dem Amerikaner das Essen versauen und dann in aller Ruhe die Reste genießen.

عندما يحزن الملك

Der König trauert

Am heutigen Dienstagmorgen bin ich ein wenig früher auf Station 9 angekommen, weil ich in der Nacht nicht so gut schlafen konnte und früher losgefahren bin. Bereits um acht Uhr rolle ich auf den Hof. Ich suche wie jeden Tag zu Dienstbeginn wichtige Dinge wie mein Stethoskop, meine Taschenlampe und mein Klappmesser im Kofferraum zusammen und packe sie in eine kleine Reisetasche. Tahmid winkt mir zu, als er mich sieht, und ich beschließe, noch flott eine Zigarette zu rauchen. Der Junge nimmt mittlerweile die Mahlzeiten gemeinsam mit uns ein und nicht mehr in seinem Container, nachdem ich ihn jedes Mal eingeladen habe, sich zu uns zu setzen. Ich habe das Gefühl, dass er inzwischen von den anderen mit mehr Respekt behandelt wird.

Ich muss auch noch zur Tankstelle meines Vertrauens, denn ich brauche Getränke und Snacks für den Dienst. Mazen, der Fahrer von Dr. Moath, fährt in diesem Augenblick mit seinem Auto auf den Hof und parkt neben mir. »Was will der hier?«, geht es mir durch den Kopf. Seit meinem Streit mit Dr. Moath schaut Mazen mich nur grimmig an, sobald er mich sieht.

Wie immer grüßt er mich nicht und geht direkt in die Wache. Ich folge ihm, stelle meine Tasche in den Aufenthaltsraum und hole den Schlüssel des Camry. Da die meisten Kollegen noch schlafen, gehe ich sofort wieder raus, um der Tankstelle einen kleinen Besuch abzustatten. Auf dem Hof rennt mich Fadi fast um.

»He Fadi, nicht so stürmisch!«

»Hallo Steven, salam. Weißt du es schon?«

»Was soll ich wissen?«

»Khaled ist krank. Er kommt heute nicht zum Dienst.«

»Oh! Was hat er denn?«

»Noch nie gefickt hat der gute Khaled«, schießt es aus Fadi raus, und er lacht sich kaputt. Fadi hat eine sehr eigene Art von Humor.

»Du hast auch nur das Eine im Kopf«, sage ich kopfschüttelnd. »Du solltest echt mal zum Arzt gehen. Jetzt sag schon, was hat er wirklich?«

»Irgendeine Erkältung. Er hat Fieber und liegt im Bett.«

»Schade. Da hat ihm wohl der Oktober mit seinen milden fünfunddreißig Grad den Rest gegeben. Wer fährt dann heute mit mir?«

»Das wollte ich dir eigentlich schonend beibringen. Du fährst mit Mazen.«

»Na super! Kann der Typ überhaupt Englisch? Der spricht ja nie mit mir.«

»Ich denke schon. Keine Ahnung. Ich spreche ja nur Arabisch mit ihm.«

»Das kann ja ein lustiger Dienst werden.«

»Ihr streitet euch bitte nicht.«

»Nicht, wenn er nicht anfängt. Wie sollen wir uns streiten, wenn wir eh nicht miteinander reden?«

»Bitte nicht. Versprochen?«

»Ich bin die Ruhe in Person«, zwinkere ich ihm zu.

»Scheiße. Wieso wird Khaled auch krank?«, jammert Fadi.

»Jetzt entspann dich doch. Wenn hier einer rumheulen

müsste, dann bin ich das. Ich geh erst mal zur Tankstelle. Brauchst du irgendwas?«

»Nein danke, ich komm schon klar. Und alles Gute heute mit Mazen!«

Fadi klopft mir auf die Schulter und geht in die Station, während ich meinen Weg zur Tankstelle fortsetze. Ich kaufe, wie zu jedem Dienstbeginn, diverse Softdrinks, Wasser in Flaschen, eine Stange Zigaretten und ein Sortiment an gefüllten Croissants, nehme meine Kühlbox aus dem Auto, lege die Einkäufe rein und stelle meine kleine Bordbar hinter den Fahrersitz im Camry.

Auf dem Rückweg zur Station kommt mir Mazen entgegen und sagt nur »Einsatz!«. Ich nicke, gebe ihm den Schlüssel des Camry und hole noch schnell meine Notfallmedikamente aus der Tasche. Als ich zurückkomme, hat Mazen unseren Wagen schon zur Ausfahrt des Hofes gefahren. Ich gehe trotzdem gemächlich und setze mich auf den Beifahrersitz.

»Was haben wir denn?«, frage ich betont freundlich.

»Einsatz!«, sagt er und beweist damit, dass er anscheinend doch Englisch kann.

»Das ist mir schon klar. Was für eine Art von Einsatz, würde ich gern wissen!«

»Code 47.«

»Ach so, Code 47«, sage ich voller Überzeugung. Da ich nicht auswendig weiß, was Code 47 bedeutet – es gibt immerhin vierundfünfzig verschiedene Codes –, schlage ich in meinem Notizbuch nach. *Medical Cover Service* steht da, also ein Sanitätsdienst. Das heißt, wir haben Bereitschaftsdienst auf irgendeiner Veranstaltung.

»Und wo fahren wir hin?«

»Imam-Turki-Ibn-Abdullah-Moschee.«

»Zur großen Moschee? Ist da heute nicht die Beerdigung vom Kronprinz Sultan?« Der Kronprinz war am 22. Oktober in New York gestorben.

Mazen nickt nur. Das könnte interessant werden.

Wir fahren eine ganze Zeit lang durch die Stadt, ohne ein Wort zu wechseln, bis wir an einem Fahrzeugdepot des Roten Halbmonds parken. Mazen steigt aus und sagt nur harsch: »Warte!« Ich steige ebenfalls aus und rauche eine Zigarette. In diesem Depot parken ungefähr fünfzig nagelneue Rettungswagen. Ein Traum für jeden Rettungsdienstler. Die meisten Ambulanzen sind von einer Staubschicht bedeckt, aber noch absolut frei von Beulen und gesprungenen Scheiben. Hier stehen solche Schätzchen rum, und wir dürfen uns mit den alten Kisten abmühen!

Nach ungefähr fünfzehn Minuten kommt Mazen mit einer neuen, frisch gewaschenen Ambulanz vorgefahren und hält neben dem Camry. Er fährt die Beifahrerscheibe runter und raunzt: »Hol deine Sachen!« Ich nicke und hole mein medizinisches Equipment sowie meine Kühlbox. Das Equipment verstaue ich im Patientenraum, die Kühlbox stelle ich zwischen Fahrer- und Beifahrersitz. Mazen bleibt die ganze Zeit sitzen, ohne einen Finger krumm zu machen.

Als ich fertig umgeladen und auf dem Beifahrersitz Platz genommen habe, fährt Mazen schweigend los. Unser nächster Halt ist in der Nähe des Dira-Platzes bei der großen Moschee. Wir stoppen an einem Kontrollposten der Polizei.

»Iqama!«, fordert Mazen mich auf – ich soll meinen saudischen Personalausweis rausholen. Nach kurzer Kontrolle der Papiere müssen wir aussteigen. Ein Polizist mit Hund klettert in die Ambulanz und lässt ihn überall schnüffeln. Nach zehn Minuten dürfen wir ganze fünfhundert Meter weiterfahren, um am nächsten Kontrollposten zu stoppen: »Iqama!«

»Ich würde sagen, dass du meine Iqama jetzt mal bei dir behältst«, schlage ich vor, während ich Mazen meinen Ausweis reiche. Er nimmt ihn, sagt aber nichts. Der nächste Hund schnuppert sich durch die Ambulanz. Das Spiel wiederholt sich noch ganze drei Mal, bis wir schließlich in den Hof der Moschee fahren. Wir parken neben einer weiteren Ambulanz zwischen ein paar riesigen Säulen. In dem Wagen sitzen zwei Sanitäter, die ich noch nie gesehen habe. Mazen scheint sie auch nicht zu kennen, jedenfalls würdigt er sie keines Blickes.

Er reicht mir schweigend meine Iqama, nachdem er den Motor des Rettungswagens abgestellt hat. Die Sicherheitsvorkehrungen und die Medienpräsenz sind enorm. Überall Soldaten, Panzer und Übertragungswagen. Direkt vor uns werden Absperrgitter aufgebaut und ein roter Teppich ausgerollt.

»Und jetzt warten wir hier?«

Mazen nickt.

»Wie lange bleiben wir?«

Keine Reaktion.

»Darf ich aussteigen?«

Mazen nickt.

»Darf ich auch eine Zigarette rauchen?«

Er nickt wieder.

»Rauchst du auch?«

Wieder keine Reaktion.

Der Kerl scheint nicht sehr gesprächig. Ich steige aus und gehe hinter die Ambulanz, um dort eine Zigarette zu rauchen, denn ich möchte nicht als rauchender Sanitäter ins Fernsehen kommen. Es ist jetzt zehn Uhr. Hoffentlich geht das nicht zu lange.

Nach ein paar Minuten sitze ich wieder auf dem Beifahrersitz. Obwohl wir Oktober haben, klettert das Thermometer tagsüber noch auf fast vierzig Grad. Ich öffne die Kühlbox und hole mir eine eiskalte Dose Cola. Mazen schaut kurz rüber. Er schwitzt und sagt nichts. Anscheinend müssen wir den Motor der Ambulanz ausgeschaltet lassen, jedenfalls wird es ohne Klimaanlage rasch immer wärmer.

»Bedien dich, wenn du etwas trinken möchtest«, biete ich Mazen an. Der schweigt weiterhin eisern. Verdammt stolzer Kerl, aber die Hitze wird ihn früher oder später brechen.

Nach einer weiteren Stunde und drei weiteren Zigaretten hinter dem Rettungswagen sitzt Mazen immer noch wie angewurzelt da. Ich hole mir eine Cola, und mir entfleucht ein erleichtertes »Aaaaaaaah«, als ich mir mit der kalten Dose über die Stirn fahre.

»Auch etwas zu trinken?«, frage ich ihn wieder.

»Nein!«

Zumindest antwortet er schon mal.

Mittlerweile kreisen vier Hubschrauber über der Moschee. Auf jedem der umliegenden Dächer kann ich Scharfschützen ausmachen. Überall laufen Soldaten mit Hunden herum, und zwischendurch marschieren auch immer wieder Soldaten in Zugstärke in Reih und Glied über den roten Teppich. Ich schätze mal, dass hier mehrere tausend im Einsatz sind. Am auffälligsten ist eine Gruppe von Scharfschützen, die ein wenig ungeordnet vorbeimarschiert. Ich hätte sie von der Ausrüstung her als Elitesoldaten eingeordnet. Sie sehen aber so gar nicht wie typische Araber aus: Sie sind durchtrainiert, mit Glatze, bartlos, und unter den T-Shirt-Ärmeln blitzen Tätowierungen hervor. Tattoos gelten im Islam jedoch als absolutes No-Go. Anscheinend holt sich der König nicht die Allergläubigsten zum persönlichen Schutz.

Wieder gehe ich hinter den Rettungswagen, um dem

Nikotin zu frönen. Nach zwei entspannten Zigaretten wird es erneut Zeit für ein Kaltgetränk. Diesmal wähle ich eine Zitronenlimonade. Ich halte Mazen die Flasche hin. »Jetzt vielleicht was zu trinken?«

»Ich mag keine Softdrinks!«, mault er zurück.

»Ich hätte auch Wasser.«

Mazen schaut mich auf einmal perplex an.

»Möchtest du?«

Er starrt mich weiter an. Ich öffne die Kühlbox, fische eine kalte Flasche Wasser raus und reiche sie ihm. Er nimmt sie und trinkt sie in einem Zug leer.

»Noch eine?«

Mazen nickt. Die zweite Flasche trinkt er schon langsamer.

»Danke!«

»Kein Ding. Bedien dich einfach, wenn du was trinken willst. Möchtest du vielleicht auch etwas essen? Ich hab Croissants dabei«, schlage ich ihm vor. Mittlerweile ist es Mittag, und ich habe Hunger. »Mit Erdbeerfüllung, mit Schokolade, Pfirsich, oder ohne Füllung …«

»Ich mag nichts Süßes.«

»Ich hätte eins mit Käse und Kräutern.«

Er schaut mich wieder ein wenig irritiert an. Ich reiche ihm das Croissant, er öffnet die Verpackung, beißt ab und sagt mit vollem Mund: »Danke, die sind echt lecker.«

»Ich hab noch eins in der Kühlbox. Ich bleib bei den süßen Sachen.«

»Das ess ich später. Wir stehen hier bestimmt noch eine Weile.«

Bei gefühlten sechzig Grad im Rettungswagen scheint das Eis tatsächlich gebrochen zu sein. Da zeigt sich mal wieder die zauberhafte Kraft der Grundbedürfnisse.

»Wann kommt denn der König?«

»Das Gebet ist so gegen fünfzehn Uhr. Ich denke mal, dass er kurz vorher eintrifft.«

»Hast du ihn schon mal gesehen?«

»Nur im Fernsehen.«

»Vielleicht sehen wir ja noch ein paar Berühmtheiten.«

»Wahrscheinlich. Da kommen viele hohe Gäste.«

»Ich geh eine rauchen. Rauchst du auch?«

»Nur Shisha.«

»Okay, dann bis gleich.«

Während ich halb hinter dem Wagen stehe und rauche, gibt mir ein Offizier in Gardeuniform Zeichen, dass ich zu ihm kommen soll. Er steht vor unserer Ambulanz, direkt neben dem Absperrgitter. Mittlerweile laufen immer mehr Würdenträger auf dem roten Teppich zur Moschee. Die komplette Diplomatenszene Riads scheint sich hier zu treffen. Der Soldat macht mir mit Gesten klar, dass er eine Zigarette möchte. Ich reiche ihm eine, samt Feuerzeug.

»Amriki?«

Die Frage, ob ich Amerikaner sei, kenne ich schon und antworte: *»La la la – Almani!«*

»Almani?«, fragt er erstaunt.

Ich nicke. Im nächsten Moment schlägt er seine Hacken mit einem lauten Klacken zusammen, reißt den gestreckten rechten Arm hoch und schreit akzentfrei: »Heil Hitler!«

Der komplette rote Teppich schaut zu mir, und ich suche nach einem Loch, in dem ich verschwinden könnte – aber da ist keins. Also lächle ich verlegen, sage mit einem freundlichen »Massalama« quasi »Auf Wiedersehen« und gehe wieder hinter meinen Rettungswagen.

Gegen zwei Uhr nachmittags kommt noch mal Bewegung in die Sache. Die Helikopter fliegen jetzt tiefer, und in den offenen Seitentüren kann man ebenfalls Scharfschützen erkennen. Eine Kolonne von schwer gepanzerten Fahrzeugen nähert sich einem Nebeneingang der Moschee. Die Anzahl bewaffneter Soldaten steigt erneut rapide an. Danach fährt ein schwarzer LKW vor, dessen Laderaum außen mit Antennen und Radomen übersät ist. Man könnte meinen, dass er die Beulenpest hat. Unser Funk geht plötzlich nicht mehr. Ein Blick auf mein Handy zeigt mir, dass ich keinen Empfang habe. Die scheinen hier den Funkverkehr zu stören.

Zum Abschluss fährt ein schwarzer Rettungswagen direkt neben die Moschee, und der König wird samt Rollstuhl entladen. Soweit ich weiß, hat König Abdullah ein Rückenleiden, weswegen er in Behandlung ist. Nach einer guten Stunde fahren die schwarzen Fahrzeuge samt König wieder weg, und die Veranstaltung löst sich auf.

Als wir im Begriff sind zu fahren, kommt ein Supervisor des Roten Halbmonds zu uns und gibt uns Anweisung, noch zu einem Palast zu fahren. Dort müssten wir voraussichtlich bis drei Uhr morgens eine Veranstaltung absichern. Mein Einwand, dass ich am nächsten Tag wieder Dienst hätte, wird mit einem freien Ausgleichstag entkräftet.

Auf dem Weg zu dem Palast stoppen wir kurz an einer Tankstelle, um meine Kühlbox aufzufüllen. Solch ein langer Tag verlangt nach ausreichend Proviant. Die Kontrollen an der Einfahrt zu dem Palast sind noch mal strenger als rund um die Moschee. Hier stehen Panzer, Pick-ups mit Maschinengewehren auf der Ladefläche und unzählige schwer bewaffnete Soldaten. Wir müssen alle Taschen öffnen, damit ein Schäferhund schnuppern kann. Der Unterboden des Rettungswagens wird mit Spiegeln nach versteckten Bomben abgesucht, und wir müssen uns zwei Mal einer Leibesvisitation unterziehen. Mein Rettungsmesser wird konfisziert, aber man versichert mir, dass ich es später bei der Palastwache zurückbekomme.

Nach etlichen Toren und Checkpoints fahren wir in das Innere der Palastanlage. Mazen erklärt mir, dass dies einer von vielen Palästen des Königs sei. Zuerst fallen mir die Straßen auf – sie sind aus weißem Marmor. Bei Regen muss das hier eine ganz schöne Rutschpartie geben. Gut, dass es in Saudi-Arabien so gut wie nie regnet. Auch die Gebäude sind mit weißem Marmor verkleidet und strahlen einen unermesslichen Reichtum aus. Alles wirkt sehr sauber und edel, im Gegensatz zum restlichen Riad.

Ein Mitarbeiter des königlichen Rettungsdienstes nimmt uns in Empfang, ein anderer weist uns einen Parkplatz in der Nähe des Eingangs zu, befiehlt uns, unser notfallmedizinisches Equipment mitzunehmen, und führt uns durch den Haupteingang ins Innere des Gebäudes.

Mir stockt der Atem beim Anblick von so viel Pracht und Prunk. Das Palastinnere hat die Ausmaße eines großen Einkaufszentrums, überall Marmor, jede Menge Gold und diverse Brunnen.

Leider kommen wir nicht wesentlich weiter. Direkt hinter dem Eingang werden wir durch eine Seitentür in einen schlichten Aufenthaltsraum geführt. Hier haben wir zu warten. Meine Frage nach Zigarettenpausen wird mit einer Telefonnummer beantwortet, die ich wählen müsse, dann käme jemand, um mich abzuholen.

In dem Raum stehen zwei Sofas, ein Fernseher und ein Kühlschrank. Der ist leer, aber in weiser Voraussicht habe ich auf dem Parkplatz ein paar Getränke in den Notfalltaschen verstaut. Meine Uhr zeigt kurz nach fünf an, und ich ahne: Dies werden die längsten neun Stunden meines Lebens werden. Da dürfen wir in das dekadenteste Gebäude, das ich je gesehen habe, und sitzen dann in diesem fensterlosen Raum fest.

Mazen und ich zappen gelangweilt durch die unterschiedlichen Fernsehprogramme, und ich döse immer wieder ein. Um zwei Uhr morgens kommt ein Sicherheitsmann und entlässt uns in den Feierabend. Bei der Palastwache bekomme ich nach kurzer Diskussion und mit der Unterstützung von Mazen mein Rettungsmesser ausgehändigt, und wir fahren zum Depot, um die Ambulanz gegen den Camry zu tauschen. Dem nagelneuen Rettungswagen weine ich innerlich noch ein paar Tränen nach, als wir zur Wache zurückkehren.

»Komm gut nach Hause«, wünsche ich Mazen auf unserem Hof.

»*Massalama*, Steven. War ein cooler Dienst. Wir können gerne öfter zusammen fahren«, ruft er mir noch hinterher, als ich in mein Auto steige.

»Doch ein ganz netter Kerl«, geht es mir durch den Kopf. Der Kühlbox sei Dank.

عيد ميلاد المسيح في السعودية

Weihnachten in Saudi-Arabien

Es ist ein Dienstag Mitte Dezember, die Tagestemperaturen haben sich inzwischen bei angenehmen 25 Grad eingependelt. Khaled ist wieder genesen, und wir sind gerade auf dem Weg zu einem Code 24. Auf dem Gemüsegroßmarkt wurde eine Blutung gemeldet.

Khaled warnt mich noch, dass die Bauern auf dem Großmarkt nicht lange fackeln und sehr aufbrausend sind, wenn ihnen etwas nicht passt. Das seien überwiegend Beduinen aus dem Umland von Riad. Der Rettungswagen soll von einer anderen Station zur Einsatzstelle kommen.

Als wir den Markt erreichen, können wir bereits von Weitem eine große, wild gestikulierende Menge erkennen, aber von einer Ambulanz, geschweige denn der Polizei, ist nichts zu sehen. Wir halten auf Höhe des vermuteten Geschehens, als ein junger Beduine schon meine Tür aufreißt.

»Shwei shwei!«, versuche ich ihn mit erhobenen Händen zu beruhigen. Ich gehe vorsichtig zum Heck des Camry und hole meine Notfalltasche. Khaled kommt zur mir, und gemeinsam bahnen wir uns einen Weg zu dem Patienten.

An eine Mauer gelehnt sitzt ein junger Saudi, der eine spritzende Blutung am linken Oberarm hat. Ich knie mich neben ihn und drücke oberhalb der Blutung die Arterie ab, um den Blutfluss erst einmal zu stoppen. Der nächste Schritt wäre ein Druckverband, doch die Stimmung unter den Beduinen wird immer aggressiver.

»Steven, mach hin. Die wollen, dass wir den jetzt einladen!«

»Wir können den nicht einladen. Erklär ihnen, dass ich ihm gerade helfe. Das geht aber nur, wenn sie uns in Ruhe arbeiten lassen.«

Ich hole mit meiner freien Hand eine Kompresse aus meiner Notfalltasche und lege sie auf die Wunde. Dann greife ich nach einer Mullbinde, um die Kompresse ein wenig zu fixieren. Eine weitere Hand wäre jetzt schön, doch Khaled muss mir währenddessen den Rücken freihalten und auf die Menge einreden.

»Steven, der wurde mit einem Messer verletzt. Die lassen sich nicht beruhigen. Die glauben, dass du ihn sterben lässt!«

»Ich tue mein Bestes, dass er das überlebt«, sage ich, als eine Flasche haarscharf an meinem Kopf vorbeifliegt und an der Mauer hinter mir zerspringt.

Ich versuche, mir meinen Schrecken nicht anmerken zu lassen, greife in die Seitentasche meiner Hose und hole ein Combat Tourniquet heraus. Dieses System ist für Soldaten entwickelt worden und dient dazu, eine stark blutende Wunde schnell abzubinden und ein Verbluten zu verhindern. Ich lege dem jungen Saudi das Tourniquet am Oberarm an und ziehe es stramm. Verbluten wird er jetzt mal nicht mehr.

»Khaled, wir hauen einstweilen ab, bis die Polizei hier ist. Das wird mir zu gefährlich.« Ich will nicht von einem wütenden Mob gelyncht werden.

Khaled nickt. Ich lasse meine Notfalltasche dort, wo sie ist, stehe auf, und Khaled erklärt der Meute, dass wir etwas aus dem Camry holen müssen. Ich kann gar nicht sagen wie, aber ich sitze rasend schnell auf dem Beifahrersitz und verriegele von innen die Tür, während Khaled schon losfährt. Den Patienten lassen wir zurück. Er ist erst mal versorgt, und jetzt hat unsere eigene Sicherheit höchste Priorität.

Wir fahren zum Haupteingang des Marktgeländes und warten außerhalb auf Verstärkung. Kurz darauf treffen mehrere Streifenwagen und der Rettungswagen ein, verscheuchen den wütenden Mob, der uns inzwischen bedrohlich nahe gekommen ist, und eskortieren uns zurück zum Einsatzort.

Unser Patient sitzt immer noch an die Mauer gelehnt. Die Abbindung hat gehalten, und die Wunde blutet nicht mehr. Wir untersuchen ihn, soweit möglich, und legen ihm zwei Infusionen an, um dann schnellstmöglich mit ihm in eine Klinik zu fahren.

Am Abend hole ich Sid bei Jason ab. Wenn ich arbeite und Jason frei hat, passt er häufig auf den kleinen Kerl auf. Wenn wir beide Dienst haben, stelle ich Sid Futter und reichlich Wasser vor die Tür, und der Kleine stromert im Compound herum.

Ich erzähle Jason von dem Einsatz auf dem Marktplatz, und er ist geschockt. Dass eine aufgebrachte Menge medizinisches Personal angreift, hört er zum ersten Mal.

»Der Süden Riads ist eben ein gefährliches Pflaster. Na ja, wie dem auch sei – ich hab mir was überlegt, um hier im Compound etwas Weihnachtsstimmung aufkommen zu lassen. Was sagst du zu einer spontanen Weihnachtsfeier? So, wie ich es gehört habe, bleiben nur wenige von uns über Weihnachten in Saudi-Arabien. Da sollten wir mit möglichst vielen vorher ein bisschen feiern.«

»Gute Idee! Ich fliege nächste Woche auch nach Hause und komme Anfang Januar zurück.«

»Bist du sicher, dass du zurückkommst?«, fragt Jason und

schaut mich scharf an. »Ich hab das Gefühl, dass dir der Job hier manchmal mächtig unter die Haut geht!«

»Keine Sorge, Jason, ich komm zurück. Was soll ich denn ohne Job in Deutschland? Außerdem stimmt das Geld.«

»Okay, gut, dann lass uns eine Vorweihnachtsfeier machen. Was brauchen wir dafür?«

»Definitiv einen Weihnachtsbaum. Und natürlich Plätzchen.«

»Ich möchte Eierpunsch«, wirft Jason ein.

»Mit ein wenig von deinem Selbstgebranntem dürfte das kein Problem sein.«

»Außerdem brauchen wir Geschenke, und ich lade Weihnachtsmusik runter.«

Wir schreiben eine kleine Einkaufsliste und verabreden uns ein paar Tage später zum Weihnachtseinkauf. Bei den Pflanzenhändlern am Rand einer Ausfallstraße schauen wir uns nach Weihnachtsbäumen um und können natürlich erst mal keine finden. Beim dritten Händler entdecken wir immerhin ein Bäumchen, das grün ist, nadelartige Blätter besitzt und die Form eines Zuckerhuts hat. Die Pflanze ist zwar nur fünfzig Zentimeter hoch, aber die Bedeutung sollte den Partygästen klar sein.

Alles geschieht sehr diskret, denn das, was wir hier gerade vorbereiten, ist höchst illegal. Man darf in Saudi-Arabien keine Weihnachtsfeiern veranstalten. Im Internet finden sich Berichte von christlichen Filipinos, die für so was im Gefängnis gelandet sind. Die Ausübung anderer Religionen ist in Saudi-Arabien eben nicht erwünscht. Wir wollen uns ein bisschen heimische Tradition trotzdem nicht nehmen lassen.

In der Abteilung für Kindergeburtstagszubehör bei Carrefour finden wir improvisierten Weihnachtsschmuck aus bunten Aluminiumanhängern und Geburtstagshütchen als

Spitze für den Baum. In einem Elektronikgeschäft fragen wir ganz unauffällig nach Partylichtern und bekommen eine farbige Lichterkette. In einem anderen Supermarkt treiben wir sogar Weihnachtssüßigkeiten auf – Schokolade in Form von Glocken, Sternen und Weihnachtsbäumen. Die Sachen sind wohl durch die Einfuhrkontrollen gerutscht.

Die Weihnachtsgeschenke kaufen wir getrennt voneinander, da es eine Überraschung werden soll. Jason bereitet die Einladungen vor.

Drei Tage vor Heiligabend kommen die Bewohner des Compounds, die noch nicht in die Weihnachtsferien nach Hause geflogen sind, zusammen, und wir feiern mit fünfzehn Leuten ein recht besinnliches Weihnachtsfest, bei dem der Spaß aber nicht zu kurz kommt. Es gibt weihnachtliches Gebäck aus Jasons Manufaktur, und als Hauptgang ordern wir beim Lieferservice unseres Vertrauens diverse Pizzen. Jasons selbst gemachter Eierpunsch fließt reichlich, es werden Weihnachtslieder gesungen und unzählige Fotos geschossen. Zum Schluss gibt es noch eine Bescherung, und ich erhalte zu meiner großen Freude eine Reise-Arschdusche, die man an jeden Wasserhahn anschließen kann.

Am nächsten Tag bringt mich Jason zum Flughafen. Er wird hier in Saudi-Arabien bleiben, da er seinen kompletten Jahresurlaub im Sommer nehmen will.

Ich bin aufgeregt wie ein kleines Kind. Nach sechs Monaten werde ich endlich wieder nach Deutschland reisen und meine Familie und meine Freunde wiedersehen! Es ist zwar toll, dass man über das Internet und Skype unkompliziert weltweit Kontakt halten kann, doch auf Dauer ist das kein Ersatz. Ich skype mehrmals in der Woche mit meinen Eltern und regelmäßig mit meiner Tochter in Koblenz, aber irgendwann ist jedes Gespräch mal zu Ende, und dann sitze ich wieder allein in meiner Villa. Zum Glück habe ich Sid, der mich in dieser Zeit aus meiner Einsamkeit reißt, indem er in solchen Momenten ein gesteigertes Kuschelbedürfnis an den Tag legt. Anscheinend hat er einen siebten Sinn.

Der Nachtflug mit einer deutschen Airline ist fast ausgebucht, die Maschine ist voller Amerikaner und Europäer. Als der Bordservice beginnt, ordert annähernd jeder Erwachsene Alkohol. Die Stimmung ist ausgelassen, und auch die Stewardessen scheinen eine Menge Spaß zu haben.

Kurz nach sechs Uhr morgens lande ich in Frankfurt und fahre mit dem Zug weiter nach Koblenz. Mein erster Stopp am Flughafen führt mich zu einem Fastfood-Restaurant, wo ich mir einen meiner sehnlichsten Wünsche erfülle: Ich ordere einen Frühstücksburger mit Bacon. Wie ich mich darauf gefreut habe! Der erste Bissen ist der beste. Dieser Geschmack von richtigem Speck ist einfach unbeschreiblich.

Ich bestelle einen weiteren Burger und nehme mir vor, ihn erst am Bahnhof zu essen, halte es aber nicht durch und vertilge ihn noch an Ort und Stelle. Dieser Morgen ist der Beginn einer regelrechten Schweinefleischdiät. Jedes Gericht, das ich in den nächsten zehn Tagen essen werde, enthält Schweinefleisch, so sehr haben sich meine Geschmacksnerven nach diesem Aroma gesehnt.

Nach gut zwei Stunden komme ich endlich auf dem Hauptbahnhof im verregneten und kalten Koblenz an, und das Wiedersehen ist bewegend. Meine Mutter und ich schluchzen um die Wette. Die ganze Stadt ist weihnachtlich dekoriert, einzig der graue, wolkenverhangene Himmel wirkt trist.

Zu Hause angekommen, bekomme ich erst mal Rührei mit Speck serviert. Von nun an schicke ich Jason täglich ein Bild von meiner Diätkost, und jedes Mal kommt postwendend ein motziges Smiley zurück.

In den folgenden Tagen muss ich meinen Eltern und Freunden jede Kleinigkeit aus Saudi-Arabien erzählen. Bei den ganz schlimmen Geschichten halte ich mich ein wenig zurück, schließlich sollen sie weiterhin gut schlafen können. Und natürlich verbringe ich viel Zeit mit meiner Tochter, die sich freut, ihren Papa mal nicht via Skype, sondern in der Realität zu sehen. Wir gehen zum Ponyreiten in den Wildpark, spielen mit Puppen, ich lese ihr Märchen vor und genieße jede Sekunde mit der Kleinen.

Die Zeit in Deutschland vergeht leider viel zu schnell, schon nach gut zehn Tagen Heimaturlaub muss ich zurück. Beim Gedanken daran verspüre ich jedes Mal einen starken inneren Widerwillen. Mein Bauch sagt mir, dass ich in Deutschland bleiben möchte, mein Kontoauszug sagt natürlich etwas anderes.

So sitze ich am 2. Januar wieder im Flugzeug nach Riad. Auf dem Flug genieße ich noch eine Dose Bier, während der nächsten sechs Monate wird es das nicht mehr geben.

Den ganzen Flug über kann ich mich nicht wirklich entspannen, und Zweifel an meiner Rückkehr nach Saudi-Arabien gewinnen allmählich die Überhand. Mir wird immer klarer: Ich will nicht ohne meine Familie sein, und ich will nicht mehr diese schlimmen Einsätze miterleben müssen.

Eine Stunde vor der Landung lasse ich mir ein weiteres Bier und einen Whisky geben und beruhige mich damit ein wenig. Jason holt mich vom Flughafen ab und schaut mich wegen meiner täglichen Schweinefleischbilder immer noch grimmig an, drückt mich dann aber herzlich.

Und ich freue mich, meinen kleinen Sid wiederzusehen, der während meines Heimaturlaubs von Jason hingebungsvoll umsorgt wurde und deutlich an Gewicht zugelegt hat.

Mir bleiben ein paar freie Tage bis zum Dienstbeginn. Lassen wir es ruhig angehen in Riad.

Illegale Babys

Heute ist Freitag, ich habe meinen ersten Tagdienst nach meinem Weihnachtsurlaub. Obwohl ich mit einem schlechten Gefühl nach Riad zurückgekehrt bin, freue ich mich, Khaled und die anderen Jungs wiederzusehen.

»He Steven, wie war es in Deutschland? Hast du ein Bier getrunken?«, will Fadi wissen.

»Nur eins? Fadi, ich war in *Deutschland!* Das ist die Quelle guter Biere. Und davon hab ich unzählige getrunken«, flunkere ich.

»Ehrlich? Oh Mann, ich würde so gerne mal nach Deutschland! Ihr habt tolles Bier, schöne Frauen, Fußball und die Autobahn.«

»Bis auf den Fußball hab ich alles erlebt«, erkläre ich augenzwinkernd.

»Hör bitte auf. Erzähl mir so was nicht. Ich werd noch wahnsinnig in diesem Land!«, jammert er dramatisch. Ich muss lachen.

»Markess Tissa, Markess Tissa, Medic Saba!«, krächzt es in diesem Moment aus dem Funkgerät.

»Kaum bin ich in Sweidy, geht es schon wieder los!«, motze ich. »Können die mich nicht einmal verschonen?«

»Du bist eben ein gefragter Medic.«

»Wo ist eigentlich Khaled?«

»Der ist noch auf dem Klo.«

»Ich geh ihn mal rufen«, sage ich, marschiere mit einem,

wie ich finde, diabolischen Grinsen in Richtung Klotür, hämmere wie wild dagegen und rufe: »*Yalla yalla! Medic Saba! Yalla!*«

»Steven, welche Freude, dich zu hören! Freundlich wie immer. Ich brauche noch zwei Minuten«, antwortet Khaled aus der Toilette.

»Lass dir Zeit. Ich geh schon mal zum Auto. Bis gleich!«

Draußen wartet, wie ich bereits bei meiner Ankunft bemerkt habe, ein nettes Weihnachtsgeschenk vom Roten Halbmond: Während meines Urlaubs wurde Station 9 mit zwei neuen Einsatzfahrzeugen für die Paramedics ausgestattet. Statt der viel zu kleinen Toyota Camrys verfügen wir nun über große Geländewagen vom Typ Chevrolet Tahoe. Sie sind weiß mit roter Beschriftung, genau wie die Camrys, aber der Tahoe ist deutlich höher und wirkt durch den riesigen Rammschutz vor dem Kühler ein wenig furchteinflößend. Die komplette Ausrüstung ist hinten in Schränken verstaut. Alles ist viel aufgeräumter, die Arbeit wird uns mit Sicherheit leichter von der Hand gehen.

Ich stelle meine Kühlbox hinter den Fahrersitz und verschaffe mir gerade einen kurzen Überblick, als Khaled erscheint. »Na, gefällt dir dein neues Auto?«, fragt er mich grinsend.

Ich umarme ihn. »Hey Khaled, lange nicht gesehen. Wie geht es dir? Das Auto ist super!«

»Mir geht's gut. Haben wir einen Einsatz?«

»Ja, du musst ihn noch annehmen.«

Wir setzen uns in den Tahoe, und die Platzverhältnisse sind gigantisch, verglichen mit dem Camry.

»Code 41, ausgesetztes Baby, Einsatznummer 103.«

»Scheiße. Können wir nicht mit irgendwas Harmlosen anfangen?«

»Tut mir leid. Ich such mir das auch nicht aus.«

»Dann *yalla yalla*. Zeig mir mal, was der Wagen so kann!«

Mir fällt direkt auf, dass wir durch die erhöhte Sitzposition einen wesentlich besseren Überblick haben. Die anderen Autofahrer scheinen auch eher auf die Seite zu fahren, wenn Khaled mit diesem weißen Monster von hinten angeschossen kommt. Das macht die Arbeit schon mal erträglicher.

Nach ungefähr fünfzehn Minuten Fahrt halten wir vor einer Moschee. Eine aufgebrachte Menge winkt uns herbei.

»Das sieht nicht gut aus«, stelle ich fest. »Bleib schön an meiner Seite, okay?«

Khaled nickt nur.

Wir steigen aus, ich hole mein Equipment aus dem Kofferraum, und wir gehen zusammen in Richtung der Menge. Die Männer machen uns Platz und geben den Blick frei auf eine Reisetasche. Ich knie mich daneben, mit dem unguten Gefühl, darin wie bei vielen dieser Einsätze ein totes Baby zu finden.

Angespannt öffne ich den Reißverschluss, und – ein kleines Baby lacht mich an!

»Es lebt! Khaled, das Baby lebt!«, rufe ich voller Freude, woraufhin die Menge in *»Allah akbar!«*-Rufe ausbricht.

Das Baby ist in Handtücher eingewickelt und hat noch die typische Käseschmiere im Gesicht, was darauf hindeutet, dass es erst vor Kurzem zur Welt gekommen ist.

»Wo ist die Ambulanz?«, frage ich Khaled, während ich das winzige Wesen vorsichtig aus der Tasche hebe.

»Die müssten gleich da sein, sie kommen von einer anderen Station.«

»Dann mache ich solange die ersten Untersuchungen im Auto.«

Wir gehen zum Tahoe, und ich lege das Baby auf den Rücksitz. Vorsichtig wickle ich es aus den Handtüchern und kann keine Verletzungen sehen.

»Khaled, es ist ein gesunder Junge!«

»Mashallah!«, ruft Khaled, um seine Freude auszudrücken.

»He, kleiner Mann, du bist ja kerngesund! Jetzt bringen wir dich gleich erst mal in ein Krankenhaus, damit du etwas zu essen bekommst.«

Der Kleine sieht irgendwie asiatisch aus, mit seinen kohlschwarzen Haaren und den leichten Schlitzaugen. Bei all der Freude muss ich an die Tragik denken, die mit Sicherheit hinter dieser Geschichte steckt. Irgendeine Frau aus Indonesien oder von den Philippinen – zwei Länder, aus denen häufig Gastarbeiter nach Saudi-Arabien kommen – musste vor Kurzem ihr Baby in eine ungewisse Zukunft hergegeben haben, nicht wissend, ob es überleben würde.

Als die Ambulanz eintrifft, steige ich mit dem Jungen auf dem Arm hinten ein, und wir fahren zum Shimeisi Hospital. Es gibt drei staatliche Krankenhäuser, die wir anfahren können, und von diesen drei ist das Shimeisi mit Abstand das beste.

Ich gehe mit dem Baby zum Kreißsaal und berichte der diensthabenden philippinischen Hebamme sowie der arabischen Ärztin, die wie üblich weite weiße Kleidung und ein weißes Kopftuch trägt, über den Einsatz.

Die Ärztin untersucht den Jungen nochmals und stuft ihn ebenfalls als kerngesund ein.

»Ich dachte zuerst, dass wir ein totes Baby finden würden. Gott sei Dank kam es dann anders.«

»Es ist wirklich gut, dass es so ausging. Ich kann mir vorstellen, dass ihr oft zu spät kommt«, sagt die philippinische Hebamme.

»Leider zu oft. Das war mein erstes gefundenes Baby, das lebt. Kommt das denn häufig vor, dass ihr gefundene Babys bekommt?«

»Im Ordner hier sind die Fälle der letzten sechs Monate. Jedes Blatt steht für ein ausgesetztes Baby.« Die Hebamme zeigt mir einen vollen Leitz-Ordner.

»Das ist traurig. Warum werden die Kinder eigentlich ausgesetzt?«

»Sie haben sicher gemerkt, dass der Junge asiatische Gesichtszüge hat. Wahrscheinlich ist ein Hausmädchen ungewollt schwanger geworden. Das Baby wird dann heimlich zu Hause entbunden und ausgesetzt. Wenn die Mutter das Kind hier entbinden sollte, würde sie im Anschluss verhaftet und eingesperrt. Wir müssen solche Geburten der Polizei melden.«

»Das ist krank. Wenn man bedenkt, wie viele Kinder dabei sterben.«

»Sie und ich wissen das, aber wir können es nicht ändern. So ist die Kultur hier.«

»Ich hoffe, dass der kleine Mann trotzdem eine glückliche Zukunft hat.«

»Wir tun unser Bestes. Wenn er gesund ist, kommt er in ein staatliches Kinderheim. Das Königreich kümmert sich wenigstens um diese Babys und ermöglicht ihnen eine Schulausbildung bis hin zum Studium. Ich muss jetzt noch mal nach dem Findelkind schauen. Machen Sie es gut!«

»Danke, Sie auch.«

Khaled und ich fahren zurück zu Station 9. Ich weiß nicht, ob ich mich über diesen Einsatz freuen soll. Einerseits bin ich froh, dass der kleine Mann lebt und eine Chance auf ein gesundes Leben hat. Andererseits muss es für die Mutter eine entsetzliche Erfahrung sein, wenn sie ihr Baby verliert.

Der Fehler steckt im System: Saudische Männer können hier quasi straffrei ihre asiatischen oder afrikanischen Hausangestellten vergewaltigen und schwängern. Mit dem daraus resultierenden Problem lässt man die Mütter alleine. An ihnen wird ein Verbrechen verübt, und dann müssen sie zwischen Pest und Cholera wählen – Gefängnis ohne Baby oder vermeintliche Freiheit ohne Baby beziehungsweise mit einem toten Baby. Das ist sicher nicht im Sinne Mohammeds.

Die Würde des Menschen ist antastbar

Ich lümmele im Aufenthaltsraum auf Station 9 und schaue hundemüde auf die Uhr. Es ist sieben Uhr morgens, in zwei Stunden werde ich diesen Nachtdienst auch überstanden haben. Bis jetzt hatte ich vier Todesfeststellungen bei drei Verkehrsunfällen. Es wird für mich langsam aber sicher zur traurigen Routine. Die Unfälle sind jedes Mal so heftig, dass ich oft nur noch den Tod dokumentieren kann. DOA – *Dead on arrival* – Tot bei Ankunft. Ich mutiere allmählich vom Sanitäter zum Sekretär des Sensenmanns. So habe ich mir meinen Job eigentlich nie vorgestellt. Ich helfe gerne anderen Menschen, aber hier kann ich meist nichts mehr tun, und das frustriert mich zunehmend.

In diesem Augenblick ruft das Funkgerät wieder die unheilbringenden Worte: *»Markess Tissa, Markess Tissa, Medic Saba!«* Dann wollen wir mal.

»Code 17, bewusstlose Person im Industriegebiet«, informiert mich Khaled, der bereits im Tahoe sitzt, als ich einsteige.

»Hast du eine Einsatznummer?«

»497.«

Die Straßen sind um diese Zeit so gut wie leer, und wir kommen gut durch. Das Industriegebiet ist eine staubige Gegend. Hier werden unter anderem Zierelemente für Häuser und Paläste, wie zum Beispiel Säulen aus Zement, produziert.

Am vereinbarten Treffpunkt müssen wir ein wenig warten, bis ein Pick-up hupend angefahren kommt. Wir folgen ihm auf ein Firmengelände und sehen ungefähr dreißig Gastarbeiter in zerlumpten Kleidern vor einer Halle stehen. Alle sind schmutzig und ausgemergelt. Vom Aussehen her würde ich auf Inder oder Pakistanis tippen. Sie diskutieren lautstark mit einem Vorarbeiter, der daraufhin mit einem Rohrstock auf den Wortführer einschlägt. Die Menge beruhigt sich gezwungenermaßen wieder.

»Die armen Schweine. Da hat es wohl einen von ihnen dahingerafft, und als Dank bekommen sie noch Prügel.«

»Sieht so aus«, bestätigt Khaled.

Wir steigen aus und gehen zu dem Fahrer des Pick-ups. Er erklärt Khaled, dass einer der Arbeiter heute Morgen nicht aufgestanden ist.

Ein Arbeiter führt uns in die staubige Werkshalle, in der die Ziersäulen gefertigt werden. Ich reiche Khaled eine Staubschutzmaske und setze mir ebenfalls eine auf. Es ist heiß, dunkel, und es stinkt penetrant nach Fäkalien. In der hinteren Ecke der Halle steht eine Art Baracke, vor der Müll und faulige Lebensmittel herumliegen. Neben der Tür sehe ich ein rostiges Ölfass mit Wasser, an welches eine Suppenkelle gebunden ist. Der Gestank wird immer heftiger.

Als wir die Baracke betreten, schalte ich meine Taschenlampe ein. Die Unterkunft besteht aus einem großen Raum voller Stockbetten, jeweils drei Betten übereinander. Ich schätze, dass die komplette Belegschaft hier haust. In einem der unteren Betten in einer Ecke der Baracke liegt unser Patient unter einer Decke, und ich sehe auf den ersten Blick, dass er tot ist. Ich fühle nach einem Puls und schüttle den Kopf. Dann entferne ich die Decke.

Der Mann ist bis auf die Knochen abgemagert. Jede

einzelne Rippe und die Hüftknochen zeichnen sich unter der Haut ab. Bilder von Konzentrationslagern schießen mir durch den Kopf. Wegen der grauen Haare schätze ich ihn auf vierzig bis fünfzig Jahre. Ich kann kein Zeichen von Gewaltanwendung feststellen. Da die Leichenstarre schon voll ausgeprägt ist, weiß ich, dass er bereits mehrere Stunden tot sein muss. Draußen schreibe ich meinen Bericht: DOA.

»Haben wir irgendwelche persönlichen Angaben zu dem Toten?«, frage ich Khaled.

»Ich organisier dir die Infos.«

Kurz darauf kommt er mit einer akkuraten Personalakte zurück, in der ich unter anderem den Pass des Verstorbenen finde. Er ist ein Inder aus Mumbai, Jahrgang 1985. Der Tote ist also erst Mitte zwanzig, sieht aber aus wie ein alter Mann.

Ich übergebe einem mittlerweile eingetroffenen Polizisten das Protokoll. Als wir wegfahren, können wir sehen, dass der Wortführer der protestierenden Arbeiter festgenommen wird.

Das war mein letzter Nachtdienst für diesen Block, und ich habe vier Tage frei. Diese Zeit werde ich zur Erholung dringend brauchen, denn ich ahne noch nicht, dass ich in den kommenden zwölf Diensten jeden Morgen zu einer Todesfeststellung in privaten saudischen Arbeitslagern fahren werde.

Solche »Arbeitslager« auf Baustellen und in privaten Firmen existieren überall im Land, und alle wissen das. Die Zustände sind mehr oder weniger vergleichbar schlimm, aber niemand fühlt sich bemüßigt, etwas daran zu ändern. Es gibt genügend Arbeiter aus Schwellenländern und der Dritten Welt, die bereit sind, hier für einen Hungerlohn zu schuften, unter zumeist menschenunwürdigen Bedingungen.

In einem späteren Tagdienst werden wir gegen Mittag zu einem Einsatz gerufen, in eine Gegend, die insgesamt recht wohlhabend wirkt – moderne Häuser, saubere Straßen, Palmen, Autos der gehobenen Mittelklasse. Code 8 – jemand ist abgestürzt.

Die Einsatzstelle ist ein relativ neues Mehrfamilienhaus. Aus einem Fenster im fünften Stock hängen mehrere zusammengeknotete Bettlaken und flattern im Wind. Unterhalb dieses improvisierten Seiles befindet sich ein Vordach, und da ich niemanden auf der Straße sehen kann, vermute ich unseren Patienten dort oben.

Der Besitzer eines Ladens für Werkzeuge und Baumaterialien zwei Häuser weiter leiht uns eine klapprige Holzleiter. Meines Übergewichts bewusst, erklimme ich vorsichtig die Leiter, die mit jedem Schritt beängstigend knarzt. Ich nehme nur ein Seil und einen Karabinerhaken mit. Khaled wartet unten, um nach und nach das medizinische Equipment am Seil festzumachen, damit ich es nach oben ziehen kann.

Als ich über den Rand des Vordachs schaue, sehe ich dort eine junge Frau liegen, offensichtlich eine Filipina. Sie stöhnt vor Schmerzen, scheint aber ansprechbar.

»Sprichst du Englisch?«, frage ich sie.

»Ja«, antwortet sie schluchzend.

»Verrätst du mir deinen Namen?«

»Mary.«

»Ich heiße Steven.«

»Alles tut weh. Bitte hilf mir! Ich will noch nicht sterben!«

»Alles wird gut, ich lass dich nicht sterben. Du musst mir aber sagen, wo es genau weh tut. Ich taste nebenbei deinen Körper ab. Ist das okay, Mary?«

Sie nickt und schluchzt.

»Du darfst jetzt den Kopf nicht mehr bewegen. Bleib einfach ganz ruhig liegen.«

Ich führe einen Bodycheck durch und untersuche dabei den Körper der Frau vom Kopf bis zu den Zehenspitzen, um jede Verletzung zu erfassen. Ich kann erkennen, dass sie beide Unterschenkel gebrochen hat und dass auch die Hüfte etwas abbekommen hat. Des Weiteren muss ich aufgrund des Sturzes von einer Stauchung der Wirbelsäule ausgehen. Sie hat glücklicherweise keine Gefühlsstörungen in den Armen und Beinen, was die Chance erhöht, dass sie keine Querschnittslähmung davonträgt.

»Ich bin gleich wieder da, Mary. Ich muss meinem Kollegen etwas sagen.«

»Lass mich bitte nicht allein!«

»Ich gehe nur zwei Meter da rüber.« Vorsichtig bewege ich mich über das Vordach und rufe zu Khaled hinunter: »Wir brauchen hier die Feuerwehr mit einer Leiter! Mach mir schon mal eine Infusion fertig, und leg sie zusammen mit meinen Medikamenten in die Notfalltasche. Ich ziehe sie dann mit dem Seil hoch. Außerdem brauche ich eine Halskrause, die Beinschienen, den Monitor und Sauerstoff. Wann kommt die Ambulanz?«

»Die Feuerwehr und die Ambulanz sind auf dem Weg«, kommt es von unten. »Soll ich auch hochkommen?«

»Bleib mal, wo du bist, falls ich noch mehr Material brauche.«

»Ich mach dir die Sachen gleich am Seil fest.«

»Super, danke.«

Ich ziehe nach und nach mein Material nach oben.

»Mary, ich muss dir diese Halskrause anziehen. Bleib ganz ruhig liegen.« Sie rührt sich nicht. »Jetzt schließe ich ein paar Kabel an dich an, um ein paar Untersuchungen zu machen.«

Der Blutdruck ist gut, die Sauerstoffsättigung ist auch im Normbereich, nur der Puls ist wahrscheinlich schmerzbedingt etwas erhöht.

»Es tut so weh«, wimmert Mary.

»Wie stark sind die Schmerzen auf einer Skala von null bis zehn, wenn null keine Schmerzen sind und zehn ist das Schlimmste, was du dir vorstellen kannst?«

»Zehn!«

»Du bekommst gleich etwas dagegen. Ich muss zuerst diese Infusion anschließen. Das piekst jetzt mal kurz.« Ich schaffe es, ihr einen großvolumigen Zugang in die Vene zu legen, und lasse die Infusion mit Kochsalzlösung langsam laufen. Damit ich währenddessen die Hände frei habe, hänge ich den Beutel mit der Infusionslösung an einen Nagel in der Hauswand. Ich ziehe Mary noch eine Sauerstoffmaske auf, da die Schmerzmittel die Atmung verschlechtern können.

»Mary, ich spritze dir jetzt ein starkes Medikament. Du wirst kurz einschlafen, aber ich passe auf dich auf. Die Schmerzen sind gleich viel weniger, versprochen! Denk einfach an etwas Wunderschönes.«

»Mein kleiner Sohn Jonah ist in Manila.«

»Dann denk ganz fest daran, wie du wieder mit Jonah spielst.«

Ich spritze ihr das Schmerzmittel Ketamin. Da Ketamin, ähnlich wie die Droge LSD, starke Halluzinationen verursachen kann, spritze ich noch das Beruhigungsmittel Dormicum hinterher. Mary wird jetzt für ein paar Minuten tief schlafen und hoffentlich von Jonah träumen. Das gibt mir die Möglichkeit, ihre Beine zu schienen. Sie stöhnt kurz auf, aber da das Dormicum eine Gedächtnislücke bewirkt, wird sie sich später nicht mehr an den Schmerz erinnern.

In diesem Moment lehnt jemand eine Aluleiter an das Vordach, und ein Feuerwehrmann klettert auf das Dach, gefolgt von Fadi.

»He Steven, alles gut?«, fragt mich Fadi.

»So weit ja. Die Frau ist von da oben abgestürzt. Es ist gut möglich, dass sie was an der Wirbelsäule hat. Wir müssen sie auf ein Rückenbrett legen und uns dann überlegen, wie wir sie hier runterbringen.«

»Wenn sie so blöd war, aus dem Fenster zu springen, kann sie auch die Leiter runtergehen. Ich trag die nicht runter!«, wirft der Feuerwehrmann auf Englisch ein.

»Bitte was? Pass auf, ich hab weder Lust noch Zeit, mit dir zu diskutieren. Die Frau darf nicht aufstehen, und sie wird definitiv nicht die Leiter runtersteigen! Habt ihr einen Schleifkorb in eurem Feuerwehrfahrzeug?«

»Ja, aber …«

»Kein Aber! Den bringt ihr jetzt hoch. Habt ihr eine Drehleiter dabei, oder können wir die noch bekommen?«

»Unsere Drehleiter ist kaputt.«

»Scheiße!« Irgendwie müssen wir die Frau waagerecht runterbekommen, ohne sie zu stark zu kippen. »Habt ihr noch eine Aluleiter im Auto?«

Der Feuerwehrmann nickt. Aus meiner aktiven Zeit beim Technischen Hilfswerk kenne ich noch eine improvisierte Rettungsmethode, den »Leiterhebel«. Mein THW-Zugführer Jojo hatte ihn uns immer wieder üben lassen. Damals verfluchte ich ihm die Knochen, heute bin ich ihm dankbar für das erworbene Wissen. Bei dieser Methode wird der Patient in eine wannenförmige Trage, den Schleifkorb, gelegt. Dann stellt man eine Leiter senkrecht an die Hauswand. Das untere Ende der Leiter fungiert mit der Hauswand als Scharnier, der Schleifkorb wird an das obere Ende der Leiter gebunden. Jetzt kann man den

Schleifkorb samt Patient mithilfe dieses Klappscharniers langsam und sicher ablassen.

Ich erkläre dem Feuerwehrmann, was ich vorhabe, und er hört interessiert zu. Eine kurze Auflistung des benötigten Materials vervollständigt den Plan. Das wird ja noch richtig spannend.

Wir legen die schlafende Mary auf das Rückenbrett und fixieren sie darauf mit Gurten, um die Wirbelsäule ruhigzustellen. Dann lagern wir sie samt Rückenbrett in den Schleifkorb um und gurten sie nochmals an. Schließlich kommt der Leiterhebel ins Spiel, und Mary schwebt langsam zu Boden. Unten befreien wir sie wieder aus dem Schleifkorb und legen sie auf unsere Trage.

»Sir, es war mir eine Ehre, mit Ihnen arbeiten zu dürfen!«, bedankt sich der Feuerwehrmann ehrfürchtig. »Ich habe so etwas noch nie gesehen.«.

»Ich habe zu danken. Das lief richtig gut! Ohne euch hätten wir das nicht geschafft. Jetzt muss ich aber los«, sage ich und klopfe ihm zum Abschied auf die Schulter.

Ich steige in die Ambulanz und weise Ahmed an, ins Shimeisi Hospital zu fahren. Während der Fahrt kommt Mary langsam wieder zu sich.

»Wo bin ich?«, fragt sie leicht benommen.

»Hallo Mary, du bist jetzt im Rettungswagen! Wir bringen dich ins Krankenhaus. Was machen die Schmerzen?«, frage ich und streiche ihr über den Kopf.

»Es tut immer noch weh.«

»Wie stark sind denn die Schmerzen auf der Skala von null bis zehn?«

»Vier.«

»Das klingt doch viel besser. Kannst du dich daran erinnern, was passiert ist?«

»Ich war in der Wohnung eingesperrt und wollte weglaufen. Mein Chef hat mich immer wieder …« Sie fängt an zu schluchzen.

»Ist schon gut. Dir geschieht jetzt nichts mehr.«

»Ich wollte doch nur als Hausmädchen arbeiten und Geld für Jonah verdienen. Er hat mich immer wieder vergewaltigt. Ich will zurück nach Hause!«

»Alles wird gut, Mary. Die Krankenschwestern im Krankenhaus stammen fast alle aus deiner Heimat, und die sind echt nett. Ich denke, dass du mit deren Hilfe wieder zu deinem Sohn kommen wirst.«

Mary weint den Rest der Fahrt. In der Notaufnahme gebe ich dem zuständigen Unfallchirurgen einen Bericht über den Unfallhergang, die Verletzungen und die Behandlung. Von den Vergewaltigungen sage ich ihm nichts. Anschließend gehe ich zu einer philippinischen Krankenschwester, die bei vorherigen Einsätzen immer wieder ein wenig mit mir geflirtet hat. Ich erzähle ihr von Mary, und was ihr widerfahren ist. Sie verspricht mir, ein Auge auf sie zu werfen und ihr so gut wie möglich zu helfen.

Mehr kann ich nicht tun. Wenn wir jetzt die Polizei einschalten, wird Mary wegen unehelichem Geschlechtsverkehr verhaftet, verurteilt und eingesperrt. Wenn man bedenkt, dass es in nahezu jedem saudischen Haushalt mindestens ein Hausmädchen aus Übersee gibt, vornehmlich aus Bangladesch und Indonesien, kann man nur erahnen, welches Unrecht in diesem Land tagtäglich geschieht.

»Beeindruckende Nummer, das mit der Leiter!«, sagt Fadi, der rauchend vor der Notaufnahme auf mich wartet.

»Ich hab so was auch noch nie gesehen. Woher kannst du das?«, fragt Khaled, der im Tahoe hinter dem Rettungswagen hergefahren ist.

»Ich war in Deutschland im Katastrophenschutz aktiv. Dort habe ich solche Sachen gelernt.«

»Sehr cool. Selbst die Feuerwehrleute kannten das nicht. Die waren richtig verblüfft«, wirft Ahmed ein.

»Man braucht nicht unbedingt Hightech-Equipment für teures Geld, um professionell zu arbeiten. Die beste Ausrüstung sitzt immer noch hier oben!« Dabei tippe ich mir grinsend an die Schläfe.

Auf dem Rückweg zu Station 9 meldet sich schon wieder das Funkgerät.

»Markess Tissa, Medic Saba!«

»Code 17, bewusstlose Person, Einsatznummer 563«, erklärt Khaled.

»Mehr ist noch nicht bekannt?«

»Nein!«

Wir fahren zu einem Einfamilienhaus und werden am Hoftor von einem Saudi in Empfang genommen, der mir vom ersten Moment an unsympathisch ist. Er wirkt ungepflegt, hat eine Kippe im Mundwinkel und trägt eine Baseballmütze zu der verdreckten Dischdascha, dem traditionellen arabischen, normalerweise blütenweißen Gewand. Mein Bauchgefühl sagt mir, dass er betrunken ist.

Er führt uns ins Wohnzimmer. Auf einer Matratze auf dem Boden liegt eine junge Frau mit sehr dunkler Haut. Sie ist unverschleiert, ihre Augen sind offen, und sie atmet ruhig. Ich knie mich neben sie.

»Salam alaikum. Keff hallek?«, begrüße ich die Frau und frage sie mit den paar Brocken Arabisch, die ich inzwischen gelernt habe, wie es ihr geht.

Keine Reaktion.

»Was ist denn mit seiner Frau passiert? Hat sie irgendwelche Vorerkrankungen?«, frage ich in die Runde.

Khaled redet eine Zeit lang mit dem Mann auf Arabisch.

»Er hat keine Ehefrau mehr. Sie ist das Hausmädchen

aus Äthiopien. Er lebt hier mit seinen drei erwachsenen Söhnen. Sie spricht kein Arabisch, versteht aber wohl Englisch. Er sagt, dass er nichts von Vorerkrankungen wisse. Sie sei einfach verrückt geworden, und wir sollten ihr etwas spritzen, damit sie sich wieder normal verhält«, erklärt mir Khaled.

»Na wie schön, dass der feine Herr weiß, wie wir unseren Job zu machen haben«, sage ich süffisant auf Englisch.

»Hallo, mein Name ist Steven. Verstehst du mich?«, frage ich die junge Frau.

Sie schaut mich nur an. Mir schwant Böses.

»Hast du Schmerzen?«

Keine Reaktion.

Mittlerweile ist die Ambulanz eingetroffen, und einer der beiden Sanitäter ist Michael, ein indischer Nachbar aus meinem Compound.

Ich stehe auf, und berate mich leise mit Michael und Khaled. »Passt auf, Jungs. Irgendwas ist hier nicht sauber. Ich hab gerade ein ganz schlechtes Bauchgefühl, und mein großer Bauch täuscht mich selten. Kannst du mit dem Typen mal ins Nebenzimmer gehen und ihn noch ein bisschen befragen? Vielleicht redet sie mit uns, wenn er nicht danebensteht. Ich glaube nämlich nicht, dass er kein Englisch versteht«, schlage ich vor.

»Wird gemacht«, antwortet Khaled.

Als Khaled und der Hausherr im Nebenzimmer verschwunden sind, wende ich mich wieder der Frau zu. »Pass auf, wir können dir helfen, aber du musst uns auch helfen. Hast du das verstanden?«

Sie schaut mich mit großen Augen an und nickt.

»Gut so. Hast du Schmerzen?«

Sie nickt.

»Hat dir der Typ etwas angetan?«

Sie nickt wieder.

»Was ist mit den Söhnen, die auch?«

Sie nickt nur.

»Möchtest du hier weg?«

Heftiges Nicken.

»Dann bringen wir dich in ein Krankenhaus. Meine Kollegen holen gleich eine Trage, und wir transportieren dich hier raus.«

Sie schüttelt den Kopf.

»Du möchtest nicht ins Krankenhaus?«

Sie nickt.

»Du möchtest nicht getragen werden? Kannst du laufen?«

Sie nickt wieder.

»Okay. Willst du mir deine Hand geben? Dann gehen wir beide zusammen zum Rettungswagen. Dir wird nichts mehr passieren, versprochen!«

Sie schaut mich eine Weile aus großen dunklen Augen an und reicht mir die Hand. Ich helfe ihr aufzustehen und merke, dass sie massive Schmerzen hat. »Wir können dich auch tragen. Du musst nicht laufen.«

Sie schüttelt den Kopf. Vornübergebeugt wie eine alte Frau geht sie an meiner Hand, langsam, Schritt für Schritt, zum Rettungswagen. Der Mann bekommt mit, dass wir nach draußen gehen, und fängt auf Arabisch an zu schimpfen. Die Frau wird unruhig.

»Keine Angst, wir gehen jetzt einfach weiter. Du machst das super!«, sage ich in ruhigem Ton. Khaled redet währenddessen auf den Mann ein, der hinter uns herkommt, und Michael hält mir den Rücken frei.

Als wir in den Wagen einsteigen wollen, fängt die Frau an zu schluchzen und uriniert sich voll. »Das ist nicht schlimm. Wir gehen jetzt einfach in den Rettungswagen. Alles wird gut.«

Der Mann will ebenfalls einsteigen und schimpft in einer Tour.

»Was möchtest du denn? Du darfst hier nicht mitfahren!«

»Ich Mann, ich mitfahren!«, sagt er auf Englisch.

»Pass mal auf, du fährst in meinem Rettungswagen *nicht* mit. Hast du mich verstanden?«

Er will sich an mir vorbeidrängen, als Khaled und der zweite Sanitäter, ein Saudi, ihn von hinten an den Schultern packen und auf ihn einreden.

Wir legen die Frau auf die Trage und decken sie zu. Sie hält die ganze Fahrt über krampfhaft meine Hand fest. Ich verzichte auf weitere Untersuchungen. In der Notaufnahme erklären wir offiziell, dass sie unklar bewusstlos war und über Schmerzen klagt. Den indischen Arzt bitte ich noch zu einem Vieraugengespräch.

»Ich denke, dass sie mehrfach vergewaltigt worden ist, habe davon aber nichts in den Bericht geschrieben.«

»Das ist gut so. Die Polizei liest nämlich mit, und du weißt ja, was dann mit ihr passiert.«

»Ja, das weiß ich, leider. Der Hausherr war ein ganz unangenehmer Bursche, sicherlich wird er gleich hier aufschlagen.«

»Den bekommen wir auch noch eine Zeit lang beschäftigt. Ich kann allerdings nicht versprechen, dass wir viel machen können. Ich kenne eine Krankenschwester, die ihr vielleicht ein wenig ins Gewissen reden kann, aber letztendlich muss sie selbst die Initiative ergreifen und weglaufen.«

»Das ist schon eine ganze Menge für dieses Land. Vielen Dank, Doktor.«

»Das mach ich doch gerne.«

Vor der Notaufnahme rauche ich erst mal eine Zigarette und bedanke mich bei Khaled, Michael und seinem Kollegen für ihre Hilfe. Der schmierige Typ kommt vom Parkplatz auf uns zu und bedeckt uns mit arabischen Flüchen. Ich zeige ihm nur meinen ausgestreckten Mittelfinger, worauf er schreiend in der Notaufnahme verschwindet. Als wir im Tahoe sitzen, um loszufahren, sehen wir, wie der Sicherheitsdienst den immer noch schreienden Mann gewaltsam aus der Notaufnahme bugsiert.

»Hoffentlich nutzt du die Chance«, geht es mir durch den Kopf. Da die Botschaften vieler Länder sich nicht um ihre Bürger kümmern, bleibt der jungen Frau wahrscheinlich nur die Möglichkeit, illegal und ohne Papiere, weil die ja noch bei ihrem alten Arbeitgeber sind, in Saudi-Arabien zu bleiben und mit etwas Glück einen netteren Arbeitgeber zu finden, wenn sie nicht zurück zu ihrem Peiniger will.

اليمامة المنفوحة - عنف في الغيتو

Al Yamamah und Manfuha – Gewalt im Ghetto

Khaled und ich haben gerade die Bestellung für die Station beim Schawarma-Imbiss unseres Vertrauens aufgegeben, als das Funkgerät nach uns ruft. Na super. Mal wieder kalte Küche. Khaled geht schon zum Auto, während ich auf unser Essen warte. Ich nehme die Plastiktüte mit den zwanzig gefüllten Fladenrollen entgegen und zahle. Dem Imbissbesitzer rufe ich noch ein *»Massalama«* zu, und er winkt mir freundlich nach.

»Was haben wir denn?«

»Code 24 in Al Yamamah. Die Polizei ist bereits vor Ort.«

»Blutung? Ist da mehr bekannt?«

»Nur, dass die Polizei schon da ist.«

»Das klingt doch ganz nach einem Code 40. Einmal einen Tag ohne Todesfeststellung wäre ein Traum.«

»Willkommen im wilden Süden Riads«, sagt Khaled und gibt Gas.

Wir fahren ungefähr eine Viertelstunde, bis wir an einem der üblichen ummauerten, sandfarbenen Einfamilienhäuser ankommen. Mehrere Polizeiautos und Polizisten stehen auf der Straße. Wir werden erwartet.

»Das sieht nach großem Kino aus, Khaled«, sage ich beim Aussteigen.

Khaled nickt nur. Ein Captain der Polizei kommt mir entgegen und textet mich auf Arabisch zu.

»Maffi arabije! Almani, inglesi!«, erwidere ich mit einer entschuldigenden Geste und deute damit an, dass ich kein Arabisch verstehe, sondern Deutscher bin und Englisch spreche. Der Captain geht weiter zu Khaled und redet mit ihm. Ich suche in der Zwischenzeit die Ausrüstung zusammen – Notfalltasche, Überwachungsmonitor und eine Sauerstoffflasche.

»Wir sollen schauen, ob der im Haus noch lebt«, erklärt mir Khaled.

»Was ist denn passiert?«

»Sie sagen nur, dass er blutet.«

»Wo müssen wir hin?«

»In den Hof, um das Haus rum in einen kleinen Anbau. Der Captain führt uns hin.«

»Ist die Situation sicher?«

»Er sagt Ja.«

Der Captain schaut mich grimmig an, und wir gehen durch ein großes Tor in den Hof. Für die Wohngegend sieht das alles ganz nett und aufgeräumt aus, dabei ist Al Yamamah eigentlich ein übles Viertel mit viel Armut und Gewalt. Zumindest die Armut scheint hier nicht das Problem zu sein. Das Anwesen wirkt sauber und die Autos sehen neu aus.

Im Hof laufen noch mehr Polizisten rum, und aus dem Haus dringt das Schreien und Weinen von Frauen. Wir gehen um das Haus herum und kommen wie beschrieben zu einem kleinen Anbau. Der Captain bleibt vor der Tür stehen und bedeutet mir, dass ich reingehen solle.

In dem Raum ist es dunkel, und ich schalte meine Taschenlampe ein. Im nächsten Moment stockt mir der Atem. Ich sehe einen Körper auf dem Boden neben einem Sofa liegen. Überall ist Blut, sehr viel Blut. Der Boden und die Wände sind voll von Blut.

Irgendetwas passt nicht ins Bild. Dieser Körper hat keinen Kopf! Als ich mich suchend umblicke, entdecke ich den Kopf in einer Ecke des Raumes. Es ist ein junger Mann, schätzungsweise Anfang zwanzig. Neben dem Kopf erkenne ich ein verrostetes Küchenmesser in einer Blutlache. Die Augen des Toten sind offen und schauen auf seinen Körper, der gut zweieinhalb Meter weiter weg liegt. Es riecht nach frischem Blut in diesem Schlachthaus. Erinnerungen an den Geruch in einer Metzgerei kommen in mir hoch. Zum Glück wird mir in solchen Situationen meist nicht mehr übel, man gewöhnt sich an vieles in meinem Beruf.

Ich habe gesehen, was ich sehen musste, und gehe wieder vor die Tür.

»Khaled, der Mann dadrin ist tot!«

»Du untersuchen!«, raunzt mich der Captain in schlechtem Englisch an.

»Der ist tot. Da brauch ich nichts zu untersuchen«, antworte ich kühl.

»Du untersuchen! Herz!«

»Khaled, was will der von mir?«

Khaled redet auf Arabisch mit dem aufgebrachten Captain.

»Du sollst ein EKG schreiben und schauen, ob er wirklich tot ist.«

»Khaled, der hat keinen Kopf mehr! Da brauch ich kein EKG zu schreiben. Mehr tot geht nicht, das kennt ihr doch von der Todesstrafe. Kopf ab heißt tot!«, sage ich kopfschüttelnd.

»Du untersuchen!«, schreit der Captain.

»Steven, schreib ein EKG, und er ist ruhig.«

»Khaled, das ist lächerlich! Wie soll der denn ohne Kopf noch ein schlagendes Herz haben? Packen wir den Kopf mit Sekundenkleber dran, und der Junge dadrin ist wieder lebendig?«

»Mach es einfach. Bitte!«

»Natürlich, wir machen doch alles möglich«, frotzele ich.

Ich gehe also zurück in den Raum, klebe die Elektroden auf den Brustkorb des kopflosen Toten und schreibe ein EKG. Anschließend höre ich die Lungen ab, während ich direkt in die Luftröhre schaue. Ich horche noch nach den Herztönen, gehe dann in die Ecke des Raumes zu dem Kopf, drehe ihn ein wenig und leuchte in die Pupillen.

»Captain, dieser Patient ist tot«, erkläre ich mit gespielter Ernsthaftigkeit.

Der Captain nickt nur, während ich den Kopf schüttle.

»Ich brauche jetzt eine Zigarette und schreibe den Bericht am Tahoe«, sage ich zu Khaled.

Aus der Kühlbox auf dem Rücksitz nehme ich mir eine Dose Cola und schreibe schließlich auf der Motorhaube den Einsatzbericht. Die Haube ist schön hoch und hat sich als ideales Stehpult erwiesen.

Asystolie nach Dekapitation. Keine natürliche Todesursache. Gewaltverbrechen.

Die persönlichen Daten des Toten soll Khaled ausfüllen. Ich nehme gerade einen kräftigen Zug von meiner Zigarette, als Khaled mit dem Captain erscheint.

»Hier ist der Bericht. Trägst du bitte noch den Namen und alles andere ein?«, sage ich zu meinem Kollegen.

»Ja klar, mache ich.«

Der Captain lässt sich den Bericht von Khaled geben, fragt etwas auf Arabisch, diskutiert mit Khaled und fängt dann an, sich aufzuregen.

»Was hat er denn jetzt schon wieder?«

»Du sollst schreiben, dass es ein Selbstmord war!«

Ich muss lachen und verschlucke mich fast an meiner Cola.

»Bitte was? Das ist nicht dein Ernst!«

»Du schreiben Suizid!«, schreit der Captain in schlechtem Englisch.

»Captain«, sage ich ruhig, »man kann sich nicht selbst den Kopf abschneiden und ihn dann in die Ecke des Raumes legen. Das ist unmöglich!«

»Schreib Suizid!«, schreit er wieder.

»Khaled, verarscht der mich jetzt? Ich schreib nicht Selbstmord in das Protokoll. Das wird immer besser hier. Jeden Tag was Neues.«

»Ich hab ihm auch gesagt, dass das kein Selbstmord sein kann, aber er will, dass du es so ins Protokoll schreibst.«

»Das mach ich aber nicht!«

Ich schaue den Captain genauso böse an wie er mich. Dann kneift er die Augen zusammen und sagt ganz langsam etwas auf Arabisch.

»Steven, bitte schreib da was von Selbstmord. Der meint es ernst.«

»Und wenn nicht?«, frage ich.

»Dann du Gefängnis«, erwidert der Captain lächelnd, während er ein Paar Handschellen neben das Klemmbrett legt.

»Ganz ruhig. Ich schreib dir alles rein, was du willst«, sage ich beschwichtigend und nehme einen neuen Vordruck zur Hand.

Patient männlich, bewusstlos, keine Atmung, Asystolie nach Dekapitation. Keine natürliche Todesursache. SUIZID durch Selbstenthauptung mit Küchenmesser.

Ich reiche dem Captain das Protokoll. »Besser so?«

Er nimmt es wortlos, liest und steckt die Handschellen wieder ein. Einen Moment lang blickt er mich böse an, dann legt er das Blatt auf die Motorhaube und geht in das Haus zurück.

»Ich trage noch die persönlichen Daten des Toten ein, und dann können wir fahren«, sagt Khaled.

Ich setze mich in den Tahoe und rauche eine Zigarette.

»Der Captain hätte dich fast verhaftet«, sagt Khaled, als er ebenfalls in den Wagen steigt.

»Das hab ich gemerkt. Kannst du mir mal sagen, was der Scheiß soll?«

»Er will nicht wegen Mordes ermitteln.«

»Aber bitte, Khaled. Es ist so was von offensichtlich, dass der ermordet wurde. Das lässt sich die Familie doch nicht bieten.«

»Der Junge galt in der Familie als verrückt und hat vermutlich die Familienehre verletzt.«

»Moment mal. Du willst mir sagen, dass ihn die eigene Familie umgebracht hat?«

»Möglich. Sehr wahrscheinlich sogar.«

»Dann sollte die Polizei doch ein Interesse daran haben, den Mord aufzuklären!«

»Das Leid in der Familie ist jetzt schon groß. Die Ehre wurde verletzt, und um sie wieder herzustellen, musste der Sohn sterben. Da muss man nicht alles noch schlimmer machen, indem man jemanden verhaftet.«

»Das meinst du nicht wirklich, oder? Ein Mensch wurde ermordet, und weil es der eigene Sohn war, den man ermordet hat, ist die Strafe schon erfolgt? Und die Polizei spielt das Spiel mit?«, frage ich ungläubig.

»Du bist nicht in Deutschland, Steven. So laufen die Dinge bei uns.«

»Ich bin ein toleranter Mensch. Aber Ehre steht doch nicht über dem Gesetz!«

»Die Ehre ist hier eben etwas ganz Wichtiges. Das sind ungeschriebene Gesetze.«

»Ist das denn mit dem Islam vereinbar?«

»Wenn der Junge gegen Regeln des Islam verstoßen hat, dann schon. Sagen wir mal, er hätte sich mit einem Mann eingelassen.«

»Du meinst, wenn er schwul gewesen wäre.«

»Ja, aber ich nehme dieses Wort nicht in den Mund. In dem Fall wäre es die Pflicht einer gläubigen Familie gewesen, hier einzuschreiten. Und wenn er verrückt ist und sich nicht von seinem Irrweg abbringen lässt, dann wird er eben getötet.«

»Findest du das richtig?«

Khaled schaut mich lange schweigend an. »Es sind die Worte von Allah und unserem Propheten Mohammed, die das rechtfertigen«, erklärt er schließlich. »Damit ist es richtig.«

»Ich finde es trotzdem falsch.«

»Ich akzeptiere deine Meinung, aber ich und die Leute hier haben eine andere. Du musst aufpassen, Steven. Nicht jeder in Saudi-Arabien toleriert Andersdenkende.«

»Markess Tissa, Medic Saba«, krächzt es in diesem Moment aus dem Funkgerät. Ich werfe meine Zigarette aus dem Fenster und mache mich schreibbereit.

»Wir haben einen Code 32 in Manfuha. Einsatznummer 349.«

»Code 32 ist doch ein Kampf, oder?«

»Ja. Die Ambulanz kommt von unserer Station.«

»Ist die Polizei auf dem Weg?«

»Das weiß ich noch nicht. Halt dich in Manfuha aber bitte zurück. Das ist gefährlich da.«

»Ja, ja, für mich ist es, glaube ich, überall gefährlich. Unser Essen können wir jetzt wohl vergessen, das gammelt die ganze Zeit in der Hitze auf dem Rücksitz rum.«

Ich greife in die Tüte mit den Schawarma und nehme für uns zwei Fladenrollen raus. »Was drin ist, ist drin. Die essen wir unterwegs, und für die Station holen wir nachher was Neues. Lass es dir schmecken, Khaled!«

Als wir an der Einsatzstelle eintreffen, schiebe ich mir das letzte Stück Fladenrolle hastig in den Mund. Eine regelmäßige Ernährung im Dienst ist ungemein wichtig, aber auch ungemein schwierig, da nutze ich jede Möglichkeit, die sich bietet. Den Appetit verschlägt es mir schon lange nicht mehr. Wahrscheinlich habe ich das als Sanitäter im rheinischen Karneval und auf den Weinfesten an der Mosel gelernt. Auch dort konnte ich problemlos essen, während sich neben mir Patienten übergaben. Solange das Erbrochene nicht auf meinem Teller landete, war alles gut.

Die Gegend, in die wir jetzt kommen, wirkt sehr ärmlich. Die Gassen sind staubig und zugemüllt, und es stinkt nach Kloake. Bäche von Abwasser fließen durch die Gassen, und die Mehrfamilienhäuser wirken heruntergekommen. Der sandfarbene Putz blättert, und überall flattert Wäsche vor Fenstern und Balkonen. Viele Gastarbeiter, die meisten illegalen Einwanderer und auch viele Saudis wohnen in ärmlichen Verhältnissen, hauptsächlich im Süden der Stadt. Es gibt in Riad ein klares Nord-Süd-Gefälle von reich zu arm. Mein Compound liegt im reicheren Norden, deshalb bekomme ich diese Zustände nur während meiner Einsätze mit.

Die Ambulanz steht schon vor einem Haus. Khaled drückt kurz auf die Sirene, und prompt kommt ein kleiner Junge aus einem Hauseingang und winkt uns. Wir folgen ihm in den dritten Stock, Khaled trägt die Ausrüstung. Was mich immer wieder fast um den Verstand bringt und jedes Mal fluchen lässt, sind die Treppenstufen in diesen Häusern. Alle sind unterschiedlich hoch. Man muss bei jeder Stufe genau hinsehen, wenn man nicht stürzen möchte. Die Maurer, die hier zugange waren, haben offenbar nur auf gut Glück und grob nach Augenmaß gebaut, und bei den meisten waren die Augen wohl nicht mehr ganz so gut.

Aus einer Wohnung dringt Geschrei und Weinen. Ich halte in der Linken meine kleine Stabtaschenlampe, in der Rechten verberge ich mein Klappmesser. Es ist geschlossen, aber eine Bewegung mit dem Daumen lässt die Klinge in einem Sekundenbruchteil herausschnellen.

Das Messer ist bei solchen unklaren Gewalteinsätzen ohne Polizei mittlerweile mein treuer Begleiter geworden. Irgendwie muss man sich notfalls schützen können. Zum Glück musste ich bislang nur äußerst selten Gebrauch von ihm machen, schon der Anblick wirkt. Einmal stand während eines Einsatzes ein aggressiver Araber vor mir und bedrohte mich mit einem Messer. Ich erläuterte ihm lautstark auf Englisch, dass ich mich nicht wehrlos abstechen lassen würde, und ließ die Klinge meines Messers aufblitzen. Selbst wenn er mich höchstwahrscheinlich nicht verstand – mein Messer war eindeutig größer als seins und wirkte durch die Tantoklinge auch furchteinflößender, mit der Folge, dass er seines auf Khaleds Zureden hin weglegte.

Außer dem kleinen Jungen haben wir noch keinen Mann gesehen. Der Junge führt uns durch die Wohnung in ein Schlafzimmer. Vier verschleierte Frauen und die beiden Sanitäter Fadi und Ahmed kümmern sich dort um ein etwa fünfzehnjähriges Mädchen, das auf dem Bett sitzt und weint. Der Schleier liegt neben ihr, er war offenbar bei der Wundversorgung hinderlich.

»*Salam alaikum*. Was ist passiert?«, frage ich in die Runde.

»*Wa alaikum a salam*. Das Mädchen hier wurde von seinem älteren Bruder zusammengeschlagen«, erwidert Fadi.

»Ist der Bruder noch hier?«

»Nein, der ist abgehauen, als wir gekommen sind, wir haben gesehen, wie er rausgerannt ist.«

»Dann sollte einer von uns darauf achten, ob er wiederkommt, damit wir in Ruhe arbeiten können.«

Khaled nickt und geht in den Flur.

»Fadi, was habt ihr bisher festgestellt?«

»Sie hat eine gebrochene Nase, einen Schlag auf das Auge, eine Platzwunde am Hinterkopf und ein paar Prellungen abbekommen.«

»Okay. Die Vitalwerte sind stabil?«

»Ja.«

Eigentlich wäre der Einsatz damit für mich erledigt, da ich nur für kritische Fälle zuständig bin.

»Ich bleibe trotzdem hier bei euch.«

»Ehrlich?«, fragt Fadi erstaunt.

»Ja. Ich will jetzt nicht gleich zum nächsten Einsatz fahren müssen. Darf sie mit ins Krankenhaus kommen?«

»Die Mutter ist einverstanden. Da der ältere Bruder nicht da ist, musste der kleine Bruder entscheiden. Seine Mutter hat ihm gesagt, wie er zu entscheiden hat«, erklärt Fadi augenzwinkernd.

»Sehr gut. Dann würde ich sagen, dass wir sie zügig zur Ambulanz bringen, bevor der starke Bruder zurückkommt.«

Fadi erläutert den Anwesenden noch mal auf Arabisch, was jetzt passiert, und die Familie beginnt umgehend, die Tochter zu verschleiern, damit wir gesittet das Haus verlassen können. Ich gehe zu Khaled auf den Flur und erkläre ihm, dass ich den Transport begleite.

»Ist ihr Zustand denn so kritisch?«

»Nicht wirklich. Ich brauche nur mal eine kurze Auszeit nach unserem kopflosen Patienten. Ich fahre vorne in dem Rettungswagen mit«, antworte ich grinsend.

Wir bringen das Mädchen zur Ambulanz, die Mutter und der kleine Bruder kommen mit uns. Mein Klappmesser halte ich immer noch in der Hand verborgen.

Auf der Straße hat sich schon eine Traube von Schaulustigen gebildet.

»Ist der Schläger irgendwo zu sehen?«, frage ich Fadi.

Er schaut sich um und schüttelt den Kopf.

»Gut, dann ab in den Rettungswagen. Ich fahre vorne mit, ich denke nicht, dass ich hinten gebraucht werde.«

»Sehr cool. Ich fahre nämlich«, meint Fadi und hält mir die Faust hin.

Ich setze mich entspannt auf den Beifahrersitz, spiele mit meinem Handy rum und warte, dass wir losfahren. Fadi und Ahmed versorgen im Patientenraum noch die Platzwunde des Mädchens, als ich im Augenwinkel einen Jugendlichen bemerke, der neben der Beifahrertür steht und mich anstarrt.

Ich lasse die Scheibe runter und sage lächelnd: *»Salam alaikum! Käff hallek?«*, um ihn zu grüßen und zu fragen, wie es ihm geht.

»Amriki?«, fragt er mit ernster Miene.

»La la la maffi amriki. Almani!«, verneine ich die Frage, ob ich Amerikaner sei. Der Hinweis, dass ich Deutscher bin, hat mir bisher immer geholfen.

»Almani?«, fragt der Junge.

»Na an, Almani!«, beantworte ich bejahend.

Der Junge geht drei Schritte zurück, ohne den Blick von mir zu lassen. Mir schwant da etwas.

»Fadi, kommst du mal bitte?«

Der Junge greift mit der rechten Hand hinter seinen Rücken. Ich merke, wie mein Körper Adrenalin ausstößt.

»Fadi, komm bitte vor!«

Der Junge starrt mich immer noch an, die Hand hinterm Rücken.

»Ich komme gleich«, höre ich Fadi von hinten. »Nimm dir was zu trinken, wenn du Durst hast. Zwischen den Sitzen liegt eine Tüte mit Getränken.«

»Ich will nichts trinken. Wir sollten nur losfahren«, sage ich so gelassen wie möglich.

Der Junge kommt zwei Schritte auf mich zu, bringt seine Rechte zum Vorschein und hält mir eine Pistole an die rechte Schläfe. Ich spüre den kalten Stahl auf meiner Haut.

»Almani? Fuck you!«, sagt er ganz ruhig.

»Shwei, shwei!«, versuche ich ihn zu beruhigen. In solch einem Moment denkt man nicht viel.

»Wir haben Cola, Wasser und Saft in der Tüte!«, ruft Fadi aus dem Patientenraum. »Aber lass die Finger von den Schokoriegeln. Du bist dick genug!«

Ich drücke den Knopf des Fensterhebers, und die Scheibe fährt langsam hoch.

»I kill you!«, sagt der Junge, bevor sich die Scheibe schließt.

»Fadi, komm bitte sofort vor. Ich meine es ernst!«

»Steven, du nervst heute ein bisschen«, sagt Fadi, während er den Kopf durch den kleinen Durchgang zwischen Patientenraum und Fahrerraum steckt. Kaum hat er das ausgesprochen, sitzt er auch schon am Steuer, und wir schießen mit quietschenden Reifen los.

»Fuck, fuck, fuck! Alter, was war das denn!?«, schreit Fadi kreidebleich.

»He, seid ihr bescheuert? Fahrt mal langsamer!«, ruft Ahmed von hinten.

»Halt's Maul!«, ruft Fadi zurück.

Ich merke, dass meine zitternden Finger immer noch am Schalter für den Fensterheber ziehen. Ich muss mich bewusst zwingen, ihn loszulassen, und lege die Hand auf mein Bein. Sie zittert unkontrolliert weiter.

Wir fahren wortlos mit überhöhter Geschwindigkeit zur Klinik. Im Rückspiegel kann ich sehen, dass Khaled mit dem Tahoe an uns dranbleibt.

An der Klinik angekommen, höre ich, dass Khaled die Hecktür aufreißt und wissen will, was los ist.

»Keine Ahnung. Die sind einfach losgerast«, antwortet ihm Ahmed.

Ich steige aus und gehe mit weichen Knien zu Khaled.

»Was war los? Warum bist du so blass?«, fragt mich Khaled.

Ich zünde mir mit immer noch zitternden Händen eine Zigarette an. »Hast du den Typen mit der Pistole nicht gesehen?«

»Welchen Typen mit der Pistole?«

»Mir hat so ein kleiner Pisser eine Kanone an den Kopf gehalten. Der Bastard wollte mich erschießen!«

»In Manfuha?«, fragt Khaled ungläubig.

»Ja, Mann. Dieses kleine Arschloch fragt, ob ich Amerikaner sei, ich sage, dass ich Deutscher bin, und dann zieht die Ratte eine Pistole und hält sie mir an den Kopf.«

»Und was hast du dann gemacht?«

»Ich hab Fadi gerufen und hatte die Pistole so lange am Kopf, bis der seinen Arsch mal nach vorne bewegt hat.«

»Das konnte ich doch auch nicht wissen. Ich dachte, du hast Durst oder so«, motzt Fadi.

»Und dann ist er weggegangen?«

»Nein, ich hab die Fensterscheibe hochgefahren.«

Khaled muss lachen. »Warum hast du denn die Fensterscheibe hochgefahren? Die schützt doch nicht vor einer Kugel!«

Die Spannung löst sich, und ich muss auf einmal auch lachen. »Du hast gut reden, Scherzkeks. Was hätte ich sonst machen sollen?«

»Ihm vielleicht eine Cola anbieten«, prustet Fadi los.

»Jungs, ich bring das Mädchen mal rein, solange ihr noch palavert«, schaltet sich Ahmed ein.

»Apropos Cola. Ich glaube, dass ich jetzt eine brauche. Oder hat eventuell jemand einen Whisky eingesteckt?«

»Nicht hier, brauchst du den sofort?«, flüstert Fadi todernst.

»Äh, wie …? Du hast Whisky?«, frage ich erstaunt.

»Eine Kiste Chivas. Willst du eine Flasche?«

»Eine ganze Kiste? Das kostet doch ein Vermögen!«

»Ich hab einen reichen Vater«, erwidert er mit einem Augenzwinkern.

»Nee, lass gut sein. Die Cola reicht erst mal.«

»Steven, sollen wir noch mal ein paar Schawarma für die Station holen?«, fragt mich Khaled

»Ist Pizza auch in Ordnung? Ich brauch jetzt ein wenig Junkfood von zu Hause.«

»Pizza klingt genauso gut.«

»Bis später, Fadi. Ach ja, danke für deine Fahrkünste«, verabschiede ich mich und klopfe ihm auf die Schulter.

Khaled und ich fahren ohne Folgeeinsatz zu Domino's Pizza und ordern für die ganze Station. Auf der Wache ist der Einsatz in Manfuha *das* Gesprächsthema, und den Rest des Tages lachen wir noch oft über mein vermeintlich schützendes Seitenfenster.

انتهى الجنون

Auszeit vom Wahnsinn

Am Abend dieses wahrhaft denkwürdigen Tages fahre ich in den Compound und treffe meinen Nachbarn Toby, der gerade seinen Jeep mit allerhand Taschen und Kisten belädt. Ich halte an und erzähle ihm von dem jugendlichen Pistolero.

»Das wird immer krasser hier. Da hast du Glück gehabt. Matt hat mir letzte Woche erzählt, dass er einem Saudi aufs Maul gehauen hat, weil der ihn mit einer Pistole bedroht hat«, berichtet Toby.

»Nach einer Prügelei war mir echt nicht zumute. Ich hatte wirklich Angst.«

»Kann ich verstehen. Dummerweise hat jeder Saudi Waffen zu Hause.«

»Und diese Worte kommen von einem Amerikaner!«, sage ich lachend.

»Den Leuten hier würde ich freiwillig nicht mal eine Wasserpistole aushändigen. Aber lass uns ein andermal darüber reden, ich muss jetzt weiterpacken.«

»Was hast du denn vor?«

»Ich fahre in die Wüste, um die Sterne zu fotografieren.«

»Wow! Das klingt spannend! Du brauchst da nicht zufällig noch einen Begleiter? Ich muss morgen früh nicht raus, weil ich Nachtdienst habe. Ein bisschen Ablenkung würde mir ganz guttun, glaube ich.«

»Klar, ich freu mich, wenn du mitkommst! Reicht dir eine halbe Stunde, um dich umzuziehen und ein paar Sachen zu packen? Nicht viel, du brauchst nur andere Klamotten. Und nimm eine Jacke mit, in der Wüste kann es kalt werden.«

Wir fahren ungefähr hundertfünfzig Kilometer von Riad weg in Richtung Westen. Die erste Hälfte der Strecke sieht man immer noch den Lichtschein der Stadt. Toby erklärt mir, dass dieses Licht den Sternenhimmel »verschmutzt« und dass man weit wegfahren muss, um der Verschmutzung zu entkommen.

Je weiter wir uns von Riad entfernen, desto dunkler wird es in der Wüste, und desto weniger Autos kommen uns entgegen. Die Nacht ist rabenschwarz, aber der Sternenhimmel ist atemberaubend. Oben Millionen von funkelnden Lichtern und vor uns das schwarze Nichts. Ich habe noch nie einen solchen Sternenhimmel gesehen.

Toby baut in absoluter Dunkelheit seine Kameraausrüstung auf, und ich bin fasziniert von all der Technik. Er hat früher mal als Presse- und Sportfotograf gearbeitet und erklärt mir jetzt die grundlegenden Dinge der Fotografie wie Blende, Belichtungszeit, Schärfe, Stativ und Lichtstärke. Er redet sich richtig in Fahrt, und ich merke: Der Mann liebt die Fotografie, und seine Begeisterung ist ansteckend. In der Schweiz habe ich auch schon ein wenig fotografiert, wenn ich in den Bergen unterwegs war, aber mit einer vergleichsweise einfachen Kamera und bei Weitem nicht so professionell wie hier. Spontan beschließe ich in dieser Nacht, mir eine eigene Spiegelreflexkamera zuzulegen.

Gegen fünf Uhr morgens kommen wir zurück in den Compound, und Toby verspricht mir, dass wir demnächst zusammen nach einer vernünftigen Kamera für mich schauen werden. Den Rest des Tages verschlafe ich, um dann zum Nachtdienst zu fahren. Zwischen den Einsätzen recherchiere ich online nach Kameras und Zubehör, und es fällt mir schwer, mich vom Computer loszureißen. Die Aussicht auf ein richtiges Hobby in Riad reizt mich, denn bisher war meine Freizeitgestaltung relativ trist. Innerhalb des Compounds kochen oder grillen wir regelmäßig, und ich lese pfundweise Bücher, querbeet, von Nicholas Sparks bis Stephen King. Das höchste Maß an Ausgehen besteht darin, mit männlichen Freunden einkaufen oder essen zu gehen. Frauen sind nie dabei. Und Kinos, Theater oder Konzerte gibt es in Riad nicht.

An meinem zweiten freien Tag ziehe ich mit Toby durch die gängigen Elektronikgeschäfte, und wir werden nach und nach fündig. Ich erstehe eine Spiegelreflexkamera, drei Objektive, einen Blitz, einen Kamerarucksack und ein hochwertiges Stativ. In den folgenden Nächten durchstreife ich mit Toby die Innenstadt von Riad, und wir machen Langzeitbelichtungen der hell erleuchteten Stadt. Die Nachtaufnahmen der beleuchteten Gebäude sind spektakulär. Toby attestiert mir ein gutes Auge für Motive, was offenbar das Wichtigste bei der Fotografie ist.

In diesen Nächten tauche ich in eine andere Welt ein und vergesse den harten und brutalen Arbeitsalltag komplett. Die Fotografie hat etwas Ruhiges und Friedliches, die Realität ist ganz weit weg. Wir zwei Nachtfotografen sind anscheinend eine exotische Erscheinung in Riad und werden häufig von Passanten oder auch von der Polizei gefragt, was wir denn da machen. Ein Blick auf unsere Fotos ruft aber jedes Mal Bewunderung hervor, und wir dürfen in Ruhe weitermachen.

An meinem letzten freien Tag schlägt Jason vor, in die Dünen zwanzig Kilometer östlich vom Compound Quad zu fahren. Es gibt eine Stelle, an der man sich für viel Geld

Quads ausleihen kann. Toby muss arbeiten und kann nicht mit, also fahren wir zu zweit. Nach zähen Verhandlungen mieten wir zwei ausreichend motorisierte Fahrzeuge und donnern mit einem Höllenlärm die Dünen rauf und runter. Die teils hundert Meter hohen Dünen bestehen aus feinem Sand, und das Quad gleitet mit seinen dicken Reifen durch den Sand, als wäre er Wasser. Es macht unbändigen Spaß und kommt vom Freiheitsgefühl für mich ganz nah an mein geliebtes Motorradfahren heran. Da Motorradfahren in den Straßen von Riad lebensgefährlich ist, stellt das Quadfahren eine schöne Alternative dar.

Leider hat die beeindruckende Dünenlandschaft eine traurige Kehrseite: Sie ist komplett zugemüllt. Überall liegen Plastiktüten und Flaschen herum. In einzelnen Tälern zwischen den Dünen können wir Saudis sehen, die hier campen. Für viele Einheimische ist es ein Muss, in der Wüste zu zelten, so wie es ihre nomadischen Vorfahren jahrhundertelang getan haben. Da saudische Camper aber auf die üblichen Annehmlichkeiten der Zivilisation nicht verzichten möchten, sind die Zelte mit Stromaggregat, Klimaanlage und Satellitenfernsehen ausgestattet. Den anfallenden Zivilisationsmüll lassen sie am Ende liegen.

Nach drei Stunden Dünenspaß geben wir die Quads zurück, und ich muss feststellen, dass ich besser Handschuhe angezogen hätte: Meine Handinnenflächen sind voller Blasen. Die trockene und heiße Luft in Verbindung mit dem Gummi des Lenkergriffs war wohl zu viel für die Haut.

Zum Abschluss der kleinen Wüstentour gehen wir zum Abendessen zu unserem Stamm-Mexikaner *El Chico*, den wir mindestens einmal pro Woche heimsuchen. Die am Tisch zubereitete Guacamole ist ein Traum, und das restliche Essen ist ebenfalls köstlich. Das Restaurant liegt nur einen Kilometer vom Compound entfernt und erspart uns den stressigen Straßenverkehr.

Das Personal im *El Chico* besteht komplett aus Filipinos, die immer für einen Spaß zu haben sind. Der Chef höchstpersönlich empfängt uns und gestattet uns als Stammkunden, in der Family Area Platz zu nehmen, weil die Single Area voll ist. Jedes Restaurant in Riad verfügt über einen getrennten Bereich für alleinstehende Männer und für Familien. Da jeder Tisch noch mal durch Wände und Vorhänge abgetrennt ist, sehen wir hier keine Frauen, haben aber andererseits unsere Ruhe.

Während wir an der Guacamole dippen, geht eine E-Mail von der Deutschen Botschaft auf meinem Handy ein. Ich habe mich anfangs als Auslandsdeutscher dort registriert, um sicherheitsrelevante Informationen wie zum Beispiel Warnungen vor politischen Unruhen zu bekommen. Manchmal erhalte ich auch Informationen zu Veranstaltungen. Dieses Mal ist es eine Einladung zu einem Filmabend.

Da ich schon viel von den Partys in der Botschaft gehört und an besagtem Abend frei habe, ist die Anmeldung schnell raus. Gerüchten zufolge soll es bei den Partys sogar Bier geben. Jason ist sofort begeistert, und ich ergattere eine weitere Einladung für meinen amerikanischen Freund.

Da in Riad nichts ohne Formalitäten geht, müssen wir Kopien unserer Pässe und der Iqama einreichen. Uns wird mitgeteilt, dass wir keine elektronischen Geräte wie Handys oder Kameras mitbringen dürfen. Auch das Fotografieren ist strengstens verboten.

Am Tag des Filmabends sind Jason und ich aufgeregt wie zwei kleine Kinder. Wir machen uns schick und fahren in das Diplomatic Quarter. Die Sicherheitsvorkehrungen im

Diplomatenviertel sind hoch. Es gibt eine Einfahrt, die von Soldaten mit Panzern bewacht ist. Das gesamte Gelände – es umfasst rund vierzig Botschaftsanwesen – ist umzäunt.

Wir parken nahe der Deutschen Botschaft und gehen zum Eingang. Auf dem Weg dorthin müssen wir eine Unzahl von Sicherheitskontrollen absolvieren: zuerst eine durch saudische Polizisten, danach eine durch einen privaten Sicherheitsdienst und zu guter Letzt eine durch bewaffnete Botschaftsangehörige. Und dann sind wir drin.

Das Botschaftsgelände wirkt feudal. Es gibt einen schön angelegten Garten, und das dreistöckige Botschaftsgebäude strahlt mit seinen hellen Steinmauern, Arkaden und Palmen eine große Eleganz aus.

Wir betreten das Gebäude und freuen uns schon auf ein kaltes Bier. Nach einer kurzen Ansprache durch den Botschafter erfahre ich jedoch, dass der Kinderfilm *Pünktchen und Anton* gezeigt wird. Als Getränke werden Pfirsichsaft und Wasser gereicht. Meine Enttäuschung steht mir wahrscheinlich ins Gesicht geschrieben. Da will ich einem amerikanischen Freund die Kultur meiner Biernation näherbringen, und wir enden bei einem Kinderfilm mit Pfirsichsaft. Da muss ich wohl irgendetwas in der E-Mail überlesen haben.

Jason nimmt es mit Humor, und es wird alles in allem doch noch ein netter Abend. Da er mittlerweile als Leibsanitäter für Prinz Faisal, den Chef des Roten Halbmonds, arbeitet und ein Schichtmodell mit Vierundzwanzig-Stunden-Diensten hat, verbringen wir häufiger unsere freien Tage zusammen.

Meine vom Quadfahren ramponierten Hände sind inzwischen wieder verheilt, und wir nehmen uns vor, in der Wüste unter freiem Himmel zu kampieren. Khaled hatte mir empfohlen, das unbedingt mal zu machen.

Da es in der Wüste nachts empfindlich kalt wird, organisiere ich Brennholz für ein Lagerfeuer und bin geschockt über den Preis. Für dreißig Kilo gebündeltes Holz zahle ich umgerechnet fast fünfzig Euro. In Anbetracht dessen, dass es in Saudi-Arabien praktisch keine Bäume gibt und Holz deshalb etwas Kostbares ist, kann ich den hohen Preis aber nachvollziehen.

Jason hat bereits Marshmallows und Würstchen gekauft. Wir füllen meine Kühlbox mit Getränken und Eiswürfeln und machen uns am Abend auf den Weg. Sid sitzt auf dem Rücksitz. Es ist sein erster Ausflug, bis jetzt hat er den Compound noch nie verlassen.

Nach ungefähr fünfzig Kilometern finden wir einen netten, geschützten Platz neben einer kleinen Düne und schlagen unser Lager auf. Das Lagerfeuer ist schnell entfacht, und die ersten Marshmallows rösten über den Flammen. Sid stromert in der Umgebung umher und scheint seine neue Freiheit zu genießen. Jason und ich erzählen uns von unserem Leben in der Heimat und liegen später stundenlang nur schweigend auf dem Rücken im Sand, um die Abermillionen von Sternen zu beobachten und der absoluten Stille zu lauschen.

Irgendwann werde ich müde, und auch Sid hat seine Wüstenexkursionen beendet. Er kuschelt sich neben mich, und wir schlafen friedlich in meinem Schlafsack unter freiem Himmel ein.

Meine neu geweckte Fotoleidenschaft hat Folgen: Wochen später reiche ich eine meiner Nachtaufnahmen von Riad bei einem deutschen Fotowettbewerb ein und erreiche auf Anhieb Platz 70 von über zweitausend eingereichten Fotos. Dieser kleine Erfolg erfüllt mich tatsächlich ein wenig mit Stolz.

Herausforderung: Schon bald merke ich, dass Riad mich an meine Grenzen bringt

Arm und Reich, Stadt und Land: Die Kontraste sind atemberaubend und manchmal schwer auszuhalten

Notfälle: In der Nacht passieren in Riad besonders viele Unfälle

Konflikte: Nicht selten geraten San
täter und Polizisten aneinander

Saudi-Drifting: Nächtliche Autorennen fordern oft viele Menschenleben

ntlastung: In Riad habe ich wieder nit dem Rauchen angefangen

Als ich Riad nach einem Jahr verlasse, bekomme ich eine Abschiedsparty

Die Jungs von meiner Rettungswache werde ich nicht vergessen

Eine Torte mit einem Foto von mir, das ist
[t]ypisch für die saudische Gastfreundlichkeit

Licht und Schatten: Das Jahr in Riad war extrem – extrem schrecklich und extrem schön

منطقة خالية من الكحول!؟

ALKOHOLFREIE ZONE!?

Irgendwann an einem Dienstag im März, nachts im Aufenthaltsraum von Station 9. Mittlerweile bin ich seit einem Dreivierteljahr in Saudi-Arabien. Ich lümmele wie üblich, ganz arabisch, auf den Kissen und höre Musik, als durch die Kopfhörer wieder das Geräusch eines Unfalls vor der Rettungswache zu mir durchdringt. Ich wecke Khaled, ziehe meine Stiefel an und gehe raus, um nachzusehen, was passiert ist.

Dieses Mal müssen wir nicht lange suchen: Ein Auto steht quer auf der Straße, die Motorhaube steckt in einem Gebüsch. Der Fahrer, ein Saudi, scheint bewusstlos, hat aber wohl keine Verletzungen. Als ich die Tür öffne, schlägt mir der durchdringende Geruch von Alkohol entgegen. Ich rüttle den Fahrer, und er öffnet für einen Moment die Augen.

Khaled bringt mir meine Notfalltasche und den Überwachungsmonitor, doch ein kurzer Check zeigt, dass so weit alles stabil ist. Der Typ ist einfach nur besoffen. Nach jahrelangen Diensten bei Karnevalsveranstaltungen erkenne ich einen Betrunkenen, wenn ich ihn sehe. Betrunkenheitszustände wie diesen kenne ich allerdings bis jetzt nur aus dem rheinischen Karneval und von Weinfesten.

So langsam kommt der Mann wieder zu sich und wird renitent. Er startet den Motor und fährt rückwärts in unseren Hof. Dann steigt er aus, torkelt ein wenig herum und lallt etwas auf Arabisch. Wir entscheiden uns, die Polizei zu alarmieren, da der Mann immer aggressiver wird.

Nach zwanzig Minuten trifft endlich ein Streifenwagen ein. Wir haben uns zurückgehalten, und der Betrunkene scheint neben seinem Auto im Stehen eingeschlafen zu sein, zumindest schnarcht er. Der Polizist unterhält sich mit Khaled und dem Fahrer, wobei der jetzt Mühe hat, sich überhaupt auf den Beinen zu halten. Der Polizist entscheidet schließlich, dass der Mann ja niemanden angegriffen habe und weiterfahren könne. Er hilft dem sturzbesoffenen Mann noch hinters Lenkrad, startet ihm den Motor und lässt ihn davonfahren.

Offiziell gibt es in Saudi-Arabien keinen Alkohol. Da das Verbotene aber interessant ist, kann man an jeder Ecke Hochprozentiges bekommen. Jeder Saudi, dem man vertraut, ist in der Lage, Alkohol auf dem Schwarzmarkt zu organisieren. Es gibt zwei Arten davon: den Selbstgebrannten in Wasser- und Limoflaschen, unter Saudis auch *Sadiki* – mein Freund – genannt, und den kommerziellen Alkohol. *Sadiki* liegt für Ausländer preislich bei hundert bis hundertfünfzig Euro pro Liter. Der Selbstgebrannte ist allerdings immer so eine Sache. Man weiß nie wirklich, was man bekommt, und ob man nach dem Genuss des Destillats sein Augenlicht behält. Da empfiehlt es sich, die Originalschnäpse zu organisieren. Diese kosten aufgrund der garantierten Qualität aber auch mehr. Eine Flasche einfacher Whisky schlägt schnell mit zweihundertfünfzig Euro zu Buche. Noch teurer wird Bier. Mir wurde für eine Palette Dosenbier ein Kaufpreis von fünfhundert Euro genannt. Bei solchen Preisen vergeht einem rasch die Lust am berauschenden Getränk. Nicht so den Saudis, die sind zum Teil ein sehr trinkfreudiges Völkchen.

In einem anderen Nachtdienst werden wir zu einem

Code 5 gerufen, ein Unfall mit Fußgänger. An der Einsatzstelle finden wir einen jungen Bangladeschi, der von einem Auto erfasst und überrollt wurde. Dieser Mann erfüllt alle Kriterien eines klassischen Polytraumas, bei welchem mehrere Verletzungen vorliegen müssen, die einzeln oder in ihrer Kombination lebensbedrohlich sind. Der Überfahrene hat beide Beine mehrfach gebrochen, das Becken ist zertrümmert, der Brustkorb ist instabil, und er hat eine massive Kopfverletzung. Da ich keine Atmung und keinen Puls feststellen kann, erkläre ich ihn für tot.

Als wir den Mann in einen Leichensack legen wollen, tritt der saudische Fahrer des Wagens in Erscheinung. Er kann sich kaum auf den Beinen halten, hat eine üble Alkoholfahne, lallt unentwegt etwas auf Arabisch und ist dauernd mit den Schäden an seinem Auto beschäftigt. Schließlich geht er zu dem Verstorbenen und spuckt auf ihn.

Die eingetroffene Polizei interessiert das reichlich wenig. Sie nehmen meine Todesfeststellung entgegen und lassen den Unfallverursacher fahren. Ich schüttle nur resigniert den Kopf und gehe zurück zum Tahoe. Inzwischen bin ich so lang im Land, das mich kaum mehr etwas schocken kann.

Auch harte Drogen sind in Saudi-Arabien ein Problem. Diese gibt es offiziell genauso wenig wie Alkohol, und auf Einfuhr und Besitz steht die Todesstrafe. Was also tun, wenn der Patient ein Junkie ist?

Eines Morgens werden wir zu einem Code 17 gerufen, eine bewusstlose Person. Khaled steuert mit mir einen Park in der Nähe der Hauptmoschee an. »Wir müssen vorsichtig sein. Ich hab gehört, dass da Drogensüchtige rumlungern sollen«, warnt er mich.

»Drogensüchtige in Saudi-Arabien? Ich dachte, das gibt es hier nicht!«

»Drogen gibt es überall auf der Welt.«

In dem Park liegen alle zehn bis zwanzig Meter vereinzelte Männer schlafend im Gras. Ein Mann, der neben einem vermeintlich Schlafenden steht, winkt uns hektisch zu sich.

Da liegt also ein Mensch um die vierzig, verwahrlost, nicht atmend, und die Heroinspritze steckt noch in seinem Arm. Heroin kann bei einer Überdosis die Atmung zum Erliegen bringen. Für diesen Zweck befindet sich in meiner Medikamententasche das Gegengift Naloxon. Das Antidot blockiert die Rezeptoren für Opioide, an welche sich das Heroin gebunden hat, und hilft bei jeglichen Überdosen von Heroin, Morphium und anderen Opioiden. Da ich auch Morphium als Schmerzmittel im Programm habe, muss ich gleichzeitig Naloxon mit mir führen, falls ich mich bei der Dosierung des Schmerzmittels mal vertun sollte.

Die Wirkung tritt innerhalb von Sekunden ein und bringt unseren Junkie von seiner lebensgefährlichen Wolke 7 wieder schlagartig zurück auf den Boden der Tatsachen. Da der Trip somit unverzüglich beendet ist, werden viele Drogensüchtige aggressiv. Ein weiteres Problem ist die kurze Halbwertzeit von Naloxon, verglichen mit Heroin. Das Medikament verflüchtigt sich nach zwanzig bis dreißig Minuten, und das Heroin kann erneut seine volle Wirkung entfalten. Man muss den Patienten also engmaschig überwachen und immer wieder Naloxon nachspritzen, bis das Heroin abgebaut ist.

Unser Patient bleibt friedlich und fängt an zu atmen. Wir laden ihn in die kurz nach uns eingetroffene Ambulanz und fahren mit ihm ins Prince Salman Hospital. Nach zehn Minuten Wartezeit erscheint eine Krankenschwester, und ich erkläre ihr das Problem. Sie versichert mir, dass sie umgehend einen Arzt holen werde, doch nichts passiert. Nach weiteren zehn Minuten trübt unser Patient erneut ein. Ich spritze ihm wieder eine Ampulle des rettenden Medikaments, er kommt zu sich und atmet regelmäßig. Ich frage die vorbeieilende Schwester nach dem Arzt, und sie sichert mir noch mal zu, jemanden zu verständigen. Kurz darauf erscheint eine saudische Ärztin.

»Was bringen Sie uns denn?«, fragt sie mich auf Englisch.

»Atemstillstand nach Heroinüberdosis. Nach einer Gabe von Naloxon war der Patient wieder ansprechbar und hat suffizient geatmet. Da er vor zehn Minuten erneut eingetrübt ist, habe ich ihm eine zweite Dosis verabreicht.«

»Das kann aber nicht sein. Sie wissen schon, dass wir in Saudi-Arabien kein Heroin haben?«

»Wir haben ihn im Park mit einer Spritze im Arm gefunden.«

»Vielleicht ist er Diabetiker? Das ist definitiv keine Heroinüberdosis.«

»Hören Sie, bei ihm hat das Naloxon direkt angeschlagen, und wie Sie sicherlich wissen, wirkt Naloxon nur gegen Intoxikationen mit Opioiden wie zum Beispiel Heroin.«

»Vielleicht gibt es solche Sachen wie Heroin in Ihrer Heimat, aber in Saudi-Arabien gibt es das nicht. Der Mann hat keine Heroinüberdosis«, faucht sie mich an und geht wieder weg.

Da der Junkie immer noch auf unserer Trage liegt, lagern wir ihn auf eine von der Klinik um. Er trübt erneut ein, und ich verabreiche ihm meine letzte Ampulle Naloxon. Ich informiere die Aufnahmeschwester über die Maßnahmen und verabschiede mich schließlich kopfschüttelnd. Sie werden schon wissen, was sie mit dem Patienten zu tun haben.

Bei einem weiteren Einsatz an diesem Tag werden wir zu einem Bewusstlosen gerufen. Wir betreten die Wohnung, und ein junger Mann führt uns durch ein Wohnzimmer in das angrenzende Schlafzimmer. Beim Durchqueren des Raumes fallen mir direkt vier große blaue Fässer auf, an deren Deckeln Gärröhrchen aus Glas angebracht sind, die munter vor sich hinblubbern. Die Vorrichtung kommt mir bekannt vor – so etwas habe ich schon mal in dem Weinanbaugebiet rund um die Mosel gesehen. Die Familie betreibt anscheinend eine kleine *Sadiki*-Manufaktur.

Wir untersuchen den Patienten – ein älterer Mann – und stellen fest, dass er unterzuckert ist. Ich lege ihm einen Zugang und spritze ihm Dextrose. Nach der zweiten Dosis öffnet er die Augen und ist erst mal verwirrt. Zu viele fremde Menschen im Schlafzimmer. Khaled erklärt ihm, was passiert ist, und wir überreden ihn, ein Glas Apfelsaft zu trinken und etwas Fladenbrot zu essen. Wir kontrollieren seinen Blutzucker noch zwei weitere Male, er bewegt sich jetzt im Normbereich. Weil der alte Mann nicht mit ins Krankenhaus möchte, unterschreibt er eine Transportverweigerung, dann wünscht er uns noch einen schönen Tag.

Als wir das Schlafzimmer verlassen, sind die Fässer im Wohnzimmer komplett mit Decken verhangen. Meinetwegen hätten sie sich die Mühe sparen können, ich werde hier niemanden wegen ein bisschen *Sadiki* verpfeifen.

Gespräche bei Nacht

Ich liege auf den Kissen im Aufenthaltsraum von Station 9 und höre, wie die Jungs nebenan das *Ischa*-Gebet sprechen. Mittlerweile habe ich mich mit den Gegebenheiten auf der Wache arrangiert – bei meinen Einsätzen sind mir viel schlimmere Arbeitsplätze zu Gesicht gekommen.

Den Fernseher habe ich auf lautlos gestellt, um die Jungs nicht zu stören. *Ischa* ist das letzte der fünf Gebete des Tages und läutet die Nacht ein. Ich mag diese friedlichen Momente, sie haben eine gute Ausstrahlung auf mich.

Nach zehn Minuten ist der Frieden jedoch vorbei, und die Meute gesellt sich wieder zu mir.

»He Steven, darf ich mal was fragen?«, wendet sich Fadi an mich, nachdem er es sich gemütlich gemacht hat.

»Ja klar, nur zu!«, ermuntere ich ihn.

»Warum betest du nicht mit uns?«

»Weil ich kein Muslim bin.«

»Aber ihr Christen betet doch auch, oder?«

»Ja, aber ich bin nur auf dem Papier Christ. Das ist so eine traditionelle Geschichte. Ich glaube aber nicht an einen Gott.«

»Du bist Christ und glaubst nicht an Gott?«, fragt jetzt Khaled.

»Na ja, meine Eltern sind Christen, und somit wurde ich auch Christ. Offiziell bin ich katholisch, aber in mir drin glaube ich nicht, dass es einen Gott gibt.«

»Ja, aber … Du musst doch glauben, wenn du Christ bist!«

»Glauben ist meiner Meinung nach eine Sache, die sich im Kopf abspielt. Ich könnte jetzt behaupten, dass ich an Gott glaube, aber warum soll ich das tun, wenn es nicht so ist?«

»Heißt das, dass du unseren Glauben für Unsinn hältst?«

»Ach was. Wie kann ich dir vorschreiben, was du zu glauben hast oder was nicht! Wenn für dich ein Gott existiert, dann ist das dein persönliches Ding, und ich finde das in Ordnung und respektiere das.«

»Wenn du aber nicht an Gott glaubst, dann kommst du als Christ doch in die Hölle!«

»Ich glaube auch nicht an solche Sachen wie Hölle und Paradies.«

»Was passiert denn dann deiner Meinung nach, wenn man stirbt?«

»Na, dann gehen die Lichter aus. Nach dem Tod kommt nichts mehr. Das Einzige, was bleibt, sind die Erinnerungen an dich.«

»Aber das Paradies ist doch eine Belohnung für ein gutes Leben!«

»Ich versuche ja auch, ein gutes Leben zu führen. Wenn ich mal sterbe, möchte ich rückblickend wissen, dass meine Anwesenheit auf der Erde etwas Positives bewirkt hat. Ich mache das aber nicht, um irgendeine Belohnung im Jenseits zu bekommen.«

»Hast du den Koran gelesen?«, hakt Fadi nach.

»Ich hab den Koran, das Alte Testament und das Neue Testament gelesen. Also eine Übersetzung des Koran, ich kann ja kein Arabisch.«

»Ja, ist schon klar. Und was sagst du zum Koran?«, fragt mich Fadi skeptisch.

»Da stehen viele vernünftige Sachen drin, wie in der Bibel auch. Na ja, und wenn man sich an die Regeln hält, führt man wahrscheinlich auch ein gutes Leben. Solche Aussagen wie, dass man nicht töten, stehlen und betrügen soll, sind ja sehr vernünftig. Wenn sich jeder daran hält, ist die Welt ein Stückchen besser und friedlicher.«

»Also glaubst du doch an Gottes Wort?«

»Nein, ich glaube, dass die heiligen Schriften grundlegende Regelwerke sind, die ein friedliches Miteinander der Menschen ermöglichen. Ich denke auch, dass der Prophet Mohammed ein sehr fortschrittlicher und kluger Kopf war. Die Sache mit dem Schweinefleisch zum Beispiel. In der damaligen Zeit, ohne Kühlmöglichkeiten, wurden vom Schwein schnell Krankheiten auf den Menschen übertragen. Das hat Mohammed erkannt und den Menschen erklärt, dass sie es nicht mehr essen sollen. Die Waschung vor jedem Gebet ist aus hygienischer Sicht ebenfalls sehr fortschrittlich. Der Alkohol schafft im Übermaß doch auch nur Probleme, weil sich die Menschen im Suff nur Stress machen und die Kontrolle verlieren. Also hat er den Alkohol verdammt. Und dass Frauen ihre Reize verbergen sollen, macht vielleicht auch Sinn, wenn man mal überlegt, was los wäre, wenn jeder nackt rumrennen würde.«

»Also findest du es richtig, dass die Frauen hier in Saudi-Arabien verschleiert sind?«

»Ich halte es wie gesagt für vernünftig, dass nicht jeder nackt rumläuft. Im Koran steht aber nicht, dass die Frauen komplett verhüllt werden sollen. Sag mir mal, was die Reize einer Frau ausmacht.«

»Der Hintern«, sagt Fadi.

»Die Brüste«, schießt Ahmed nach.

»Das Gesicht«, meint Khaled.

»Seht ihr, reizvoll bedeutet für jeden etwas anderes. Wenn ich dir jetzt sage, dass ich Augen reizvoll finde?«

»Dafür tragen ja viele Frauen hier einen Gesichtsschleier, der die Augen verdeckt«, wirft Ahmed ein.

»Ja, oder sagen wir, ich finde zum Beispiel Füße toll.«

»Du findest Füße reizvoll?«, fragt Fadi verblüfft.

»Das ist ja nur ein Beispiel. Wie weit soll das Verhüllen denn dann gehen? Im Koran steht davon jedenfalls nichts. Das ist also Auslegungssache, und hier hat das jemand eben sehr krass ausgelegt. Prinzipiell denke ich aber, dass das eine Frau selbst entscheiden muss. Wenn sie sich komplett verhüllen *will*, soll mir das recht sein. Wenn sie sich komplett verhüllen *muss*, habe ich jedoch ein Problem damit, weil das dann nur ein Mittel zur Unterdrückung ist. Oder wolltet ihr so verhüllt rumlaufen müssen?«

Betretenes Schweigen erfüllt den Raum.

»Jetzt hab ich mal eine Frage an euch«, sage ich in die Runde. »Was passiert, wenn ihr die Regeln oder Gebote nicht befolgt beziehungsweise sündigt?«

»Das ist nicht gut, und wir müssen zusätzliche Gebete verrichten, um es wiedergutzumachen«, antwortet Khaled.

»Ich mach jedes Jahr die *umra*. Danach sind alle Sünden vergeben«, schießt es aus Fadi raus.

»Das heißt, weil du jedes Jahr nach Mekka fährst, vergibt dir Gott deine Sünden, richtig?«

Fadi nickt.

»Und danach kannst du auf ein Neues sündigen und machst dann wieder eine Pilgerfahrt, richtig?«

»Richtig.«

»Ich stell jetzt mal eine provokante Frage. Glaubst du, dass Gott blöd ist?«

Solch eine Frage kann ich nur stellen, weil ich den Anwesenden vertraue und sie mich mögen. Sie würden mich niemals wegen Gotteslästerung verpfeifen, da sie wissen, dass ich ihren Glauben respektiere. Mit einem mir unbekannten Saudi würde ich solche Diskussionen dagegen auf keinen Fall führen.

»Äh nein, wieso?«

»Na, der sieht doch, dass du sündigst! Das passiert jetzt einmal, du machst die *umra*, und alles ist wieder gut. Jetzt sündigst du wieder und machst erneut die *umra*, und alles ist wieder gut. Letztendlich sündigst du dein ganzes Leben lang und machst das durch ein paar Tage Pilgerfahrt wieder gut. Gott ist doch nicht doof, der merkt doch, wenn du das System umgehst und ihn verarschst! Jetzt bist du aber mit deiner Pilgerei sündentechnisch ein besserer Mensch oder zumindest genauso gut wie jemand, der nie nach Mekka gepilgert ist, aber immer ein anständiges Leben geführt hat. Da stimmt doch irgendwas nicht!«

Und wieder herrscht Stille im Raum.

»Ich stell euch noch eine Frage. Ihr sagt immer, dass Gott groß und allmächtig ist, richtig? Und Mohammed ist der letzte Prophet, auch richtig?«

Alle nicken.

»Gott ist auch allwissend, richtig?«

»Ja, Allah weiß alles«, sagt Fadi.

»Okay, sagen wir mal, Gott merkt, dass die Dinge hier auf der Erde nicht ganz so rundlaufen, und er würde spontan entscheiden, dass er noch mal einen Propheten schickt.«

»Das geht aber nicht, weil Mohammed der letzte Prophet ist.«

»Aber Allah ist doch allmächtig! Das heißt, er kann alles machen. Also könnte er auch noch mal einen Propheten schicken, wenn er wüsste, dass es damit auf der Erde besser läuft!«

»Nein! Mohammed ist der letzte Prophet!«, protestiert Khaled lautstark.

Mit der Frage scheine ich eine Grenze überschritten zu haben.

»Jungs, ich brauch mal eine kurze Pause«, unterbreche ich mich selbst. »Ich geh rüber zur Tankstelle, soll ich irgendwas mitbringen?«

»Ein Heineken wäre toll, mit Granatapfelgeschmack«, sagt Fadi. Es klingt grausig, aber Bier mit Granatapfelgeschmack schmeckt tatsächlich ganz lecker, auch für mich als Freund von »echtem« Bier.

»Zu deinem Glück gibt es hier nur alkoholfreies Bier, sonst könntest du dich schon wieder auf den Weg Richtung Mekka machen«, frotzele ich Fadi an.

Als ich zurückkomme, läuft im Fernsehen ein Bericht über den Gazastreifen.

»Was sagst du zu der Situation in Palästina, Steven?«, will Fadi wissen.

»Schlimm. Da sterben unschuldige Menschen.«

»Du bist also gegen Israel?«, hakt Khaled nach.

»Nein, ich bin gegen Krieg. He, da kommen Kinder, Frauen und Alte um!«

»Aber Israel ist für dich auch der Schuldige?«

»Ich finde es genauso schlimm, wenn in Tel Aviv ein Bus in die Luft gesprengt wird und Zivilisten sterben. Ich denke, dass es über kurz oder lang eine Zweistaatenlösung geben muss, damit auch die Palästinenser friedlich und würdevoll in ihrem eigenen Land leben können.«

»Aber Steven, die Juden sind das Böse!«, sagt Ahmed.

»Blödsinn, Ahmed. Die meisten Juden wollen doch auch nur ein Leben in Frieden, genau wie Christen, Muslime, Buddhisten, Hindus und was weiß ich. Als ich in Deutschland erzählt habe, dass ich nach Saudi-Arabien gehe, haben viele Freunde gesagt, dass es hier nur Terroristen gibt. Also – ich hab hier noch keinen Terroristen getroffen. Neunundneunzig Prozent aller Menschen streben ein glückliches Leben, Gesundheit, genug zu essen, eine Familie und so weiter an. Das restliche eine Prozent besteht aus psychopathischen Arschlöchern, die Macht wollen. Das ist aber weltweit und religionsübergreifend so. Solche Arschlöcher gibt es in Deutschland, in Saudi-Arabien, in Israel, in Palästina. Leider schafft es dieses eine Prozent häufig in Machtpositionen und nutzt den Rest der Bevölkerung für seine Ziele aus. Wenn hier jetzt ein Sanitäter aus Israel sitzen würde, würdet ihr euch wunderbar mit dem verstehen. He, ihr versteht euch ja auch mit einem Ungläubigen aus Deutschland!«

»Als Deutscher müsstest du doch eigentlich gegen Israel sein. Deine Großväter haben schließlich gegen Israel gekämpft!«, sagt Fadi.

»Meine Großväter haben doch nicht gegen Israel gekämpft! Als der Staat Israel gegründet wurde, war der Zweite Weltkrieg schon längst vorbei.«

»Natürlich hat Hitler gegen Israel gekämpft. Das hat letztens noch ein Imam in der Moschee erzählt«, wirft Ahmed ein.

»Hitler hat gegen jeden gekämpft, der gegen ihn war. Der hat versucht, die Juden zu vernichten, und er hat Millionen von ihnen umgebracht. Darf ich euch mal was zeigen?«

Ich suche in YouTube nach einer Dokumentation über Konzentrationslager im Dritten Reich. Der Schwarz-Weiß-Film läuft, und die Jungs verstummen. Nach ein paar Minuten des Grauens stoppe ich den Film.

»Das hat Hitler gemacht?«, fragt Fadi bestürzt.

Ich nicke.

»Das waren ja Frauen und Kinder, die da getötet wurden!«

Ich nicke wieder.

»Er hat nicht gegen israelische Soldaten gekämpft?«

»Nein, er hat Millionen von unschuldigen Menschen in Konzentrationslagern versklavt, zu medizinischen Experimenten benutzt und schließlich vergast. Durch ihn sind insgesamt fast siebzig Millionen Menschen gestorben.«

»Das hat uns hier niemand erzählt«, murmelt Fadi betroffen.

»Dafür bin ich ja da«, sage ich und klopfe ihm aufmunternd auf die Schulter. »Jungs, gleich geht die Sonne wieder auf. Ich denke, wir machen jetzt mal ein Päuschen.«

Es überrascht mich, wie lebendig diese Diskussion war. Und ich ärgere mich ein wenig darüber, dass ich den Rat aus meinem Vorbereitungslehrgang, religiöse und politische Themen nicht zu erwähnen, viel zu lange befolgt habe. In den nächsten Wochen werde ich noch viele weitere Nächte erleben, in denen meine Kollegen und ich auf so erstaunlich offene Weise über Gott und die Welt reden.

نار الصحراء

Wüstenfeuer

Jason, Toby und ich waren draußen in der felsigen Wüste, um wilde Affen zu fotografieren. Sid musste zu Hause bleiben, da sich an dieser Stelle auch gerne Saudis tummeln, die ja bekanntlich keine hohe Meinung von Hunden haben. Außerdem wollte ich keinen Eklat mit den Affen provozieren.

Affen haben wir zwar leider nicht gefunden, dafür ist es uns aber gelungen, Kamele, Ziegen und wilde Hunde abzulichten. Die Landschaft hier ist trotz ihrer Kargheit atemberaubend schön. Raus aus der hektischen Stadt und eintauchen in die Stille der Wüste, das tut der Seele gut. Unter Tobys Anleitung konnte ich mal wieder jede Menge toller Fotos von den tiefen Schluchten schießen. Alles in allem hatten wir einen supernetten Roadtrip mit vielen Geländepassagen, die Tobys Jeep ohne Probleme gemeistert hat.

Jetzt sitze ich in meinem kleinen gemieteten Hyundai und fahre zu Station 9. Nach vier freien Tagen habe ich heute meinen ersten Tagdienst. Während ich westwärts um die Stadt herumfahre, fällt mir am Horizont eine pechschwarze Rauchwolke auf. Je näher ich der Rettungswache komme, desto größer wird die Wolke. Irgendwo im Wadi muss es einen Großbrand geben.

Ich beschleunige den Hyundai, um etwas schneller auf der Station zu sein. Ein Tahoe fehlt. Somit hat Dr. Moath noch einen Einsatz. Gut so, der kann ruhig mal länger arbeiten. Khaled kommt schon aus der Wache gelaufen, als ich aussteige.

»Hi Steven, hast du die Rauchwolke gesehen?«

»Die ist ja nicht zu übersehen. Was brennt da?«

»Ich weiß es nicht. Ich würde die Leitstelle mal anfunken und sagen, dass wir einsatzbereit sind.«

Die Leitstelle erteilt uns den Auftrag, und nur wenige Minuten später treffen wir am Rand eines Tales ein, wo die Feuerwehr gerade dabei ist, ihre Arbeit aufzunehmen. Doch der beißende Rauch ist fast unerträglich, und man kann nicht das Geringste erkennen. Wir wechseln den Standort um ein paar hundert Meter. Der Anblick von dort ist entsetzlich: In dem tiefen Canyon liegen über eine riesige Fläche verteilt Tausende Altreifen, die offenbar von umliegenden Betrieben dorthin entsorgt wurden. Die Saudis scheren sich leider einen Dreck um die Umwelt. In dem Meer von Reifen züngeln gelbliche Flammen und speien den fettigen schwarzen Rauch aus. Die wunderschöne Landschaft verbrennt gerade zu Tode.

Die Feuerwehrleute schaffen es nicht, mit Fahrzeugen in das tiefe Tal vorzudringen, und versuchen, das Feuer von oben zu löschen. Das Wasser verdampft jedoch größtenteils, bevor es die Flammen erreicht. Deshalb werden mühsam Feuerwehrmänner abgeseilt und Wasserleitungen errichtet, um näher an den Brandherd zu kommen.

Viel können wir hier nicht tun. Unsere Aufgabe ist es, die Feuerwehrleute abzusichern. Das bedeutet, dass wir die meiste Zeit warten und ab und zu Feuerwehrmänner mit Atemproblemen behandeln. Wir geben ihnen Sauerstoff, den sie inhalieren, lassen sie ausruhen und literweise Wasser trinken.

Nach vierzehn Stunden werden wir abgezogen, und

unser Einsatz ist beendet. Auf Station 9 muss ich meine Nase putzen und erschauere, als ich eine schwarze Masse in mein Taschentuch schnäuze.

Als ich am nächsten Morgen wieder westwärts fahre, qualmt es noch immer aus dem Wadi. Khaled sitzt schon im laufenden Tahoe, als ich um halb neun auf den Hof rolle. Ich winke dem ägyptischen Doktor zu, der jetzt seinen Nachtdienst beenden kann.

»Was haben wir?«, frage ich Khaled.

»Code 2, Feuer.«

»Bitte keinen zweiten Tag am Wadi. Ich hab von gestern noch Ruß in der Lunge.«

»Diesmal ist es ein Gebäudebrand in Manfuha.«

»Das ist natürlich was anderes. Irgendwelche Meldungen zu Verletzten?«

»Nein.«

Wir kämpfen uns mühsam durch den morgendlichen Verkehr und sehen schließlich eine Rauchwolke über Manfuha. Khaled hält auf die Wolke zu. Als wir die Einsatzstelle erreichen, stehen schon diverse Löschfahrzeuge vor dem baufälligen Mehrfamilienhaus. Ein Feuerwehrmann kommt winkend auf uns zu. Khaled öffnet sein Fenster und hält neben ihm. Der Mann redet hektisch auf Arabisch auf ihn ein, Khaled tritt unvermittelt das Gaspedal durch, und wir rasen von der Brandstelle weg.

»Was ist los? Wohin fahren wir?«, frage ich verwirrt.

»Der Feuerwehrkrankenwagen hat ein Kind im Auto. Die brauchen unsere Hilfe.«

»Wo sind die hin?«

»Ich weiß es nicht. Grob diese Richtung, die sollen an irgendeiner Kreuzung auf uns warten.«

Ich ziehe meine Einmalhandschuhe an und bereite mich innerlich auf das Schlimmste vor. Die Krankenwagen der Feuerwehr dienen eigentlich nur der Absicherung der eigenen Leute. Das Equipment ist rudimentär, und die Ausbildung der Feuerwehrsanitäter ist es ebenfalls.

Khaled jagt den Tahoe durch die engen Gassen. Wir kommen an die erste Kreuzung, und er hält kurz an – kein Krankenwagen weit und breit. Weiter zur nächsten Kreuzung. Auch hier kein Krankenwagen in Sicht. Wir halten an der dritten Kreuzung. Khaled schießt wieder los. Dann sehe ich ihn. »Da vorne, bei der Praxis!«

Khaled wendet den Tahoe, und wir halten mit quietschenden Reifen auf dem Parkplatz einer Arztpraxis, direkt neben dem Krankenwagen. Ich renne zu unserem Kofferraum, als zwei Feuerwehrleute aus dem Gebäude kommen. Khaled ruft ihnen auf Arabisch etwas zu, und ich verstehe nur, dass sie *»Maffi muschkala«* antworten. Die Jungs sehen recht entspannt aus.

»Alles gut, Steven. Das Mädchen ist in der Praxis, und es geht ihm gut.«

Mein Puls beruhigt sich schlagartig, und ich stelle meine Notfalltasche wieder in den Tahoe. »Puh, super. Ich geh trotzdem mal kurz rein. Ich muss ja irgendwas ins Protokoll schreiben.«

»Okay. Ich warte hier draußen«, antwortet Khaled.

Ich betrete die Arztpraxis durch eine große gläserne Schiebetür. Entlang des Ganges geradeaus kann ich diverse Behandlungsbereiche erkennen, die durch Vorhänge abgetrennt sind. Ich gehe zu einem Arzt, der im Gang steht und in seine Akten vertieft ist.

»*Salam alaikum*, sprechen Sie Englisch?«

»*Wa alaikum salam*. Sicher doch. Wie kann ich Ihnen helfen?«

»Die Feuerwehr hat gerade ein Mädchen gebracht. Ich brauche da noch Personalien.«

»Die kann ich Ihnen geben«, sagt er und beginnt, seine Akten durchzublättern.

»Wie geht es dem Mädchen?«

»Sie liegt da hinter dem letzten Vorhang. Ihr geht es blendend.«

»Ich geh mal schauen, falls es in Ordnung ist.«

»Nur zu. Ich suche dann mal weiter nach den Personalien.«

Ich gehe den Gang runter und schiebe den Vorhang zur Seite. Auf einer Behandlungsliege liegt ein zierliches vielleicht sechs Jahre altes Mädchen. Es trägt rosa Turnschuhe, eine kurze weiße Hose mit leicht verrußten Beinchen und ein verrußtes rosa T-Shirt. Die Arme und das Gesicht des Mädchens sind ebenfalls verrußt. Es hat schwarze Haare und hübsche dunkle, weit offene Augen.

Nur die Lippen sind blauviolett.

Ich stürze auf die Trage zu und schüttle das Mädchen. Keine Reaktion. Ich suche nach Zeichen von Atmung oder Puls. Nichts. Ich schließe ihren Mund und puste ganz vorsichtig zweimal in ihre Nase. Ich schmecke Ruß.

»Khaled, Reanimation!«, brülle ich in den Gang Richtung Eingangstür, während ich mit meinen Händen ihren Brustkorb vier Zentimeter tief mit einer Frequenz von hundert pro Minute fünfzehn Mal drücke. »Dreizehn, vierzehn, fünfzehn.« Zweimal pusten und weiterdrücken. »Khaled, Reanimation. HILFE! Dreizehn, vierzehn, fünfzehn.« Zweimal pusten und weiterdrücken. »HILFE!«

Khaled kommt mit meiner Notfalltasche und dem Defibrillator angerannt.

»Dreizehn, vierzehn, fünfzehn« und zweimal pusten. »Khaled, ich brauche den Beatmungsbeutel für Kinder. Mach Sauerstoff und den Defi fertig. Dreizehn, vierzehn, fünfzehn«, zweimal pusten.

Khaled legt den fertigen Beatmungsbeutel neben den Kopf des Mädchens und klebt die Defibrillationselektroden links und rechts auf den Brustkorb. »Zwölf, dreizehn, vierzehn, fünfzehn« und zwei Hübe mit dem Beatmungsbeutel und reinem Sauerstoff. Ich rufe: »Analyse läuft, alle weg vom Patienten!«, und drücke auf den Analyseknopf des Defibrillators, der mit einem lauten Alarmton quittiert. Nach geschätzten fünfzehn Sekunden ertönt ein »KEIN SCHOCK EMPFOHLEN« aus dem Defibrillator. Das EKG zeigt eine Nulllinie, da wäre ein Elektroschock sinnlos. Der Defibrillator gibt den Schock nur frei, wenn das Herz im Kammerflimmern ist und nur noch zittert.

»Reanimation fortsetzen!«

Khaled führt jetzt die Herzdruckmassage durch, und ich bereite den sogenannten Intraossärbohrer vor. Mit diesem Gerät, das wie ein kleiner Akkuschrauber aussieht, kann man eine Nadel in einen Knochen bohren, um darüber Infusionen und Medikamente zu verabreichen, wenn man keine Vene für eine Infusion findet.

»Geben Sie mir gleich die Fertigspritze mit Adrenalin aus meiner Tasche!«, befehle ich einer herbeigeeilten Krankenschwester und bohre dem Mädchen die Nadel in den Schienbeinknochen, um hierüber das Adrenalin zu spritzen. Khaled drückt und beatmet. Ich gebe dem Mädchen eine Dosis Adrenalin. »Wie viele Zyklen noch bis zur Analyse?«

»Dreizehn, vierzehn, fünfzehn. Noch zwei Mal.«

»Gut, mach weiter, ich mache die Intubation fertig. Wählen Sie 997 und verlangen Sie eine Ambulanz«, befehle ich der Schwester.

»Dreizehn, vierzehn, fünfzehn. Einmal noch«, sagt Khaled keuchend.

»Ich übernehme dann wieder.«

Khaled nickt. »Dreizehn, vierzehn, fünfzehn.«

»Analyse läuft, alle weg vom Patienten!«, rufe ich und drücke den Analyseknopf.

Khaled und ich tauschen die Plätze.

»KEIN SCHOCK EMPFOHLEN.«

Ich drücke jetzt wieder den Brustkorb. »Dreizehn, vierzehn, fünfzehn. Mach die Infusion weiter fertig und gib ihr noch eine Dosis Adrenalin.«

»Welche Tubusgröße?«

»Vierzehn, fünfzehn. Nimm den Fünfer-Tubus.«

»Adrenalin ist drin.«

»Dreizehn, vierzehn, fünfzehn.«

»Intubation ist vorbereitet.«

»Dreizehn, vierzehn, fünfzehn. Nach der Analyse drückst du wieder, und ich intubiere sie dann. Du drückst einfach immer weiter. Verstanden?«

»Verstanden!«

»Dreizehn, vierzehn, fünfzehn. Analyse läuft, alle weg vom Patienten!«

»KEIN SCHOCK EMPFOHLEN.«

»Du drückst jetzt einfach immer weiter.«

Ich öffne den Mund des Mädchens und führe einen Spatel aus Edelstahl ein. Ich muss mit dem Spatel die Zunge ein Stück zur Seite schieben und den Kehlkopf einstellen, um die Stimmbänder sehen zu können. Die ganze Mundhöhle ist schwarz verrußt. Endlich kann ich die Stimmbänder sehen und schiebe den Tubus vorsichtig zwischen ihnen hindurch.

»Drin. Beatmen. Ich höre ab.« Ich setze mein Stethoskop auf und höre anhand der Beatmungsgeräusche, ob der Schlauch nicht doch in der Speiseröhre gelandet ist. »Der ist drin. Beidseits gut belüftet. Ich fixiere. Kannst du noch weiterdrücken?«

Khaled nickt. Ich fixiere den Tubus mit Pflasterstreifen am Mund des Mädchens, damit er nicht mehr herausrutschen kann. Die Besatzung eines Rettungswagens kommt zu uns.

»Laufende Reanimation. Wir fahren unter Herzdruckmassage ins nächste Krankenhaus. Welches ist das?«, rufe ich den Sanitätern zu.

»Das ist das Shimeisi.«

»*Yalla yalla!* Trage her, und dann fahren wir los.«

Wir legen das Mädchen auf die Trage und rollen sie zur Ambulanz, während Khaled weiter den Brustkorb drückt. Khaled steigt hinten mit mir ein und lässt den Tahoe an der Praxis stehen.

»Fahr so schnell du kannst!«, befehle ich dem Fahrer.

Khaled kniet über dem Mädchen auf der Trage und drückt den Brustkorb. Ich beatme zwischendurch. Nach fünf Zyklen machen wir eine Analyse und spritzen wieder eine Dosis Adrenalin. Nach vier Analysen kommen wir am Krankenhaus an.

Khaled bleibt über dem Kind knien, und wir laden die Trage mit ihm und dem Mädchen aus. Khaled drückt unaufhörlich weiter. Im Laufschritt schieben wir die Trage in die Notaufnahme und steuern den ersten freien Behandlungsplatz an. Mein Herz hämmert in meiner Brust.

»Zustand nach Rauchgasvergiftung. Patient weiblich, ca. 6 Jahre alt, in Arztpraxis aufgefunden. Lippenzyanose. Keine Atmung, kein Puls. Reanimation gestartet fünfzehn zu zwei. Ein Intraossärzugang im linken Bein. Intubation mit 5.0 Tubus, beidseits gut belüftet. Beatmung mit hundert Prozent Sauerstoff. Patientin die ganze Zeit Asystol. Kontinuierliche Gabe von Adrenalin. Reanimation läuft seit fünfzehn Minuten«, rattere ich gegenüber den anwesenden Ärzten und Pflegern meinen Report herunter. Die übernehmen jetzt unsere Aufgaben, und wir können einen Schritt zurücktreten.

Ich gehe zu einem Schreibpult. Einen Moment beobachte ich die Kollegen bei der Arbeit, dann fange ich an, mein Protokoll zu schreiben. Gerade, als ich die Adrenalingaben zusammenrechne, höre ich, wie ein Arzt sagt: »Patientin ist Exitus. Reanimation beenden. Todeszeitpunkt zehn Uhr und fünf Minuten.«

Das Mädchen ist tot.

Plötzlich breitet sich der Geschmack von Ruß in meinem Mund aus. Ich muss an die frische Luft.

So schnell ich kann, renne ich nach draußen, am Rettungswagen angekommen, übergebe ich mich. Ein Polizist bringt mir eine Flasche Wasser, und benommen nehme ich einen Schluck. Dann setze ich mich auf eine Mauer und starre vor mich hin. Ohne Gedanken, Blick auf Unendlich, die Außenwelt abgeschottet.

Kurz darauf reißt mich Khaled sanft aus meiner Isolation, und wir fahren mit der Ambulanz zu der Arztpraxis, um unseren Tahoe zu holen. Ich überlege einen Moment, ob ich meine Wut an dem Arzt auslassen soll, der sagte, dass es dem Mädchen blendend gehe, und sich während der Reanimation nicht mehr gezeigt hat. Ich will dann aber nur noch zurück zu Station 9.

Am Abend erinnert mich immer noch der rußige Geschmack im Mund an das Mädchen und an ihre dunklen Augen. Und als ich nach Hause fahre, steigt aus dem Wadi weiterhin Rauch auf.

Ich bin erschöpft. Die Kultur der Saudis zu akzeptieren, fällt mir heute schwerer denn je. Vor allem die Gleichgültigkeit, mit der manche Ärzte hier ihren Dienst verrichten, macht mir zunehmend zu schaffen.

ليالي من دون نوم

Schlaflose Nächte

Zwei Wochen später, an einem Morgen Ende März, sind Khaled und ich auf dem Weg zu einem Verkehrsunfall auf der Ring Road. Wir wissen bisher lediglich, dass es mehrere Verletzte gibt, und dass uns nur eine Ambulanz zur Verfügung steht. Der Verkehr ist wie immer chaotisch, und meine Versuche, die anderen Autofahrer über den Lautsprecher zu etwas mehr Rücksicht zu bewegen, schlagen fehl, sodass ich irgendwann das Mikro genervt einhänge.

»Das hat eh alles keinen Zweck«, murmle ich frustriert vor mich hin.

»Was ist denn mit dir los? Nicht gut drauf heute?«

»Was?«, frage ich geistesabwesend.

»Das wird ja ein lustiger Dienst mit dir«, seufzt Khaled.

»Sorry, aber ich habe letzte Nacht beschissen geschlafen.«

»Das merkt man sofort.«

Die Unfallstelle liegt mitten auf der Ring Road. Der Verkehr ergießt sich links und rechts an den beiden Unfallautos vorbei. Für Riad-Verhältnisse sieht alles gar nicht so schlimm aus. Vermutlich ist der große schwarze Hummer beim Versuch, die Spur zu wechseln, in die Seite eines weißen Hyundai Accent gefahren. Die Beifahrertüren des Hyundai sind zwar ordentlich eingedrückt, aber das Schadensbild hält sich noch in Grenzen.

Ich steige aus, greife meine Einsatzkladde und gehe

mal schauen, was überhaupt los ist. Zuallererst finde ich den saudischen Fahrer des Hummer, der schimpft wie ein Rohrspatz, aber offensichtlich hat er keine Verletzung. Ich lasse ihn stehen und gehe weiter. Als Nächsten finde ich den philippinischen Fahrer des Hyundai samt zwei Frauen und einem Baby.

Der Filipino hat nicht viel abbekommen. Seine Frau klagt hingegen über Schmerzen in der rechten Schulter, die andere Frau, seine Schwägerin, ist hochschwanger, und das Baby schreit ohne Unterlass. Bei dem Baby kann ich äußerlich keine Verletzung feststellen, leider kann es mir auch nicht sagen, ob und wo es weh tut. Die Ehefrau des Filipinos hat vermutlich die rechte Schulter gebrochen.

»Wann kommt die Ambulanz?«, frage ich Khaled.

»Die sind in ein paar Minuten hier.«

»Nach einer weiteren Ambulanz brauch ich wohl nicht zu fragen, oder?«

»Du kennst das Spiel. Sie werden uns keine mehr schicken.« Resigniert zucke ich die Schulter. Es ist das alte Lied: Die Leitstelle schickt wegen der Unfähigkeit der Disponenten immer zu wenig Rettungswagen an die Einsatzstelle.

»Ich hab ja auch nichts gesagt. Wir nehmen die beiden Frauen und das Baby mit. Die Schwangere und das Baby nur zur Vorsicht, die andere Frau hat eine gebrochene Schulter.«

»Okay. Begleitest du den Transport?«, fragt Khaled.

»Ich denke schon. Eine halbe Stunde Ruhe wird mir ganz guttun. Ich will ja, dass du später wieder einen fröhlichen Steven neben dir sitzen hast.«

In letzter Zeit begleite ich immer öfter auch unkritische Einsätze, um eine Verschnaufpause vor dem nächsten Einsatz zu haben. Wenn ich das nicht mache, schickt uns die Leitstelle direkt weiter, und das kann ich jetzt nicht gebrauchen.

Khaled lacht. »Kein Ding, machen wir so.«

Kurz darauf trifft die Ambulanz ein. Ich erkläre den beiden Sanitätern, was anliegt. Dann bringen wir die Frauen in den Rettungswagen. Der Mann gibt mir das brüllende Baby auf den Arm, und ich steige ebenfalls mit ein. Die schwangere Frau legen wir zur Sicherheit auf die Trage. Ich möchte hier nicht auch noch ein Kind entbinden müssen. Der junge Vater fährt auf dem Beifahrersitz der Ambulanz mit.

Die beiden Filipinas sprechen recht gutes Englisch, und ich erfahre, dass der kleine Schreihals ein sechs Monate alter Junge namens Tom ist. Trotz meiner ausgeklügelten Versuche schaffe ich es nicht, den Kleinen zu beruhigen. Die besten Grimassen, aufgeblasene Handschuhe, meine Taschenlampe und klimpernde Schlüssel ignoriert er durch konstantes Schreien. Die Mutter mit der gebrochenen rechten Schulter nimmt ihn schließlich auf den linken Arm, und er beruhigt sich endlich.

Kurz darauf kommen wir am Prince Salman Hospital an. Da die Mutter ihr Baby nur mit Mühe halten kann, gebe ich es dem Vater, helfe der Mutter beim Aussteigen, und anschließend entladen wir die Trage mit der Schwägerin. Khaled ist auch schon eingetroffen, und der Tross an Leuten bewegt sich in die Notaufnahme.

Eine philippinische Krankenschwester begrüßt die Patienten in ihrer Muttersprache und führt uns in einen Behandlungsraum. Bevor wir anfangen, die schwangere Frau umzulagern, gebe ich der Schwester einen kurzen Überblick, was genau passiert ist. Wir sind gerade fertig, da vernehme ich eine Diskussion im Hintergrund. Khaled redet auf einen Wachmann des Krankenhauses ein. Die beiden sprechen Arabisch miteinander, und ich kann erkennen, dass die Stimmung gereizter wird.

»Was ist los, Khaled?«

»Er will, dass der Vater rausgeht.«

»Du kannst ihm sagen, dass der Vater hier drinbleibt.«

»Der Mann verlässt jetzt diesen Raum!«, sagt der Wachmann, den ich schon öfter gesehen habe, nachdrücklich auf Englisch.

»Warum soll er denn den Raum verlassen?«, frage ich zurück.

»Männer dürfen hier nicht sein.«

»Das ist aber doof. Ich bin auch ein Mann, soweit ich weiß«, kontere ich.

Der Wachmann packt den Filipino am Kragen und will ihn rauszerren, als das Baby wieder anfängt zu schreien.

»He, lass ihn sofort los!«, brülle ich den Wachmann an und packe ihn am Handgelenk. Der grunzt nur und zerrt weiter am Vater. Ich bohre meine Finger mit aller Kraft in sein Daumengrundgelenk, weil ich das gerade zu fassen bekomme, mit dem Effekt, dass er vom Kragen des Vaters ablässt. Trotzdem lockere ich meinen Griff nicht, sondern drücke seine Hand nach unten. Jetzt stehen wir uns direkt gegenüber, von Angesicht zu Angesicht, wie in einem Western.

»Der Mann bleibt hier drin«, raunze ich ihn an.

»Der Mann fliegt jetzt raus.«

»Das schaffst du nur, wenn du mich zuerst rausschmeißt!«, kontere ich.

»Ich hole den Direktor. Der schmeißt euch dann alle raus!«

»Dann hol ihn. Wenn ich dem Direktor erklärt habe, dass der Vater einen Patienten auf dem Arm hat, wirst du so einen Arschtritt bekommen, dass du danach vielleicht noch die Toiletten putzen darfst. Aber nur, wenn du lieb bist. Und jetzt verpiss dich!«

»Du brauchst nie mehr mit meiner Hilfe zu rechnen!«, schreit der Wachmann, als ich seine Hand loslasse.

»Deine Hilfe habe ich noch nie gebraucht. Das Einzige, wobei ich sie brauchen könnte, ist mein dreckiges Auto vor der Notaufnahme. Aber pass beim Saubermachen schön auf. Es ist nagelneu!«, rufe ich ihm nach, während er sich aus dem Staub macht.

Khaled schaut, als ob er sich gerade fremdschämt. So aggressiv hat er mich bisher nie erlebt – ich mich selbst allerdings auch nicht. Rückblickend betrachtet hatte ich damals sehr wahrscheinlich eine posttraumatische Stressbelastung. Das wusste ich zu dem Zeitpunkt aber noch nicht.

Wie auch immer – der Auftritt hat gewirkt. Der Vater bedankt sich unaufhörlich, die Krankenschwester kichert, das Baby fängt an zu lachen, und die beiden Sanitäter stehen mit offenen Mündern da.

»So was solltest du nicht noch mal machen«, sagt mir Khaled später im Auto.

»Was denn?«

»Die Sache eben mit dem Wachmann.«

»Du dürftest mittlerweile mitbekommen haben, dass ich nur so reagiere, wenn es auch sein muss.«

»Steven, du wirst immer aggressiver. Ja, der Typ hat einen Fehler gemacht, aber ihr habt euch fast geprügelt! Da hat nicht mehr viel gefehlt.«

»Das stimmt, und ich hätte diesem Arschloch liebend gerne die Fresse poliert.«

»Der Wachmann ist ein Saudi. Wenn du einen Saudi schlägst, landest du ganz schnell im Gefängnis. Das war kein pakistanischer Doktor, den du da angeschnauzt hast.«

»Toll, jetzt fängst du auch noch mit dem Scheiß an.

Glaubst du ebenfalls, dass Saudis bessere Menschen sind?«

»Nein, ich glaube nicht, dass wir bessere Menschen sind, aber die Polizei glaubt das zum Teil durchaus. Die sperren dich dann vielleicht für ein paar Tage ein. Willst du das? Wieso flippst du mittlerweile so schnell aus, Steven?«

»Keine Ahnung. Das Verhalten von manchen Leuten regt mich einfach ungemein auf.«

»Du warst doch schon vor dem Einsatz mies gelaunt.«

»Ich hab eben schlecht geschlafen.«

»Du scheinst in letzter Zeit aber öfter schlecht zu schlafen.«

»Khaled, ich diskutiere mit dir jetzt nicht mein Schlafverhalten!«

»Ich dachte, dass wir wie Brüder sind. Brüder erzählen sich so was.«

»Ja, ich schlafe schlecht. Eigentlich jede Nacht.«

»Und warum?«

»Khaled, bitte lass es gut sein!«, erwidere ich gereizt.

Khaled legt auf der Straße eine Vollbremsung hin, kommt am Bürgersteig zum Stehen und schaut mich wütend an.

»Sag mir verdammt noch mal, was los ist. Ich bin dein Partner, vergessen?«

»Na gut, wenn du es unbedingt wissen willst … Ich träume von unseren Einsätzen. Von den schlimmen Einsätzen. Dann wache ich meistens schweißgebadet auf, und wenn ich wieder einschlafe, träume ich wieder und wache wieder schweißgebadet auf. Also bleibe ich dann meistens wach und schaue Filme.«

»Jede Nacht?«

»Jede Nacht!«

»Und deswegen bist du so oft gereizt?«

»Wahrscheinlich schon. Khaled, ich sehne mich mittlerweile danach, irgendein Arschloch zu verprügeln«, sage ich, während meine Lippen anfangen zu zittern. Im nächsten Moment laufen mir Tränen übers Gesicht.

»Normalerweise würde ich jetzt sagen, dass wir zu einem Imam fahren, damit du mit ihm mal ein wenig über das Leben reden kannst, aber davon hältst du ja nicht viel.«

»Der versteht doch auch nicht, was wir hier jeden Tag zu sehen bekommen. Es ist alles zu viel für mich, Khaled. Ich hab in Riad in ein paar Monaten mehr Scheiße gesehen als in all den Jahren davor.«

Khaled sieht mich mitleidig und irgendwie wissend an.

»Steven, ich sage es nicht gern, aber ich denke, du musst wieder nach Hause. Riad macht dich kaputt.«

»Das weiß ich doch!«, antworte ich mit belegter Stimme. »Ich hab mich auch schon bei Firmen in Deutschland beworben. Bisher hat nur eine reagiert.«

»Und?«

»Wir haben ein paar Mails hin und her geschrieben und über Skype gechattet. Es sieht ganz gut aus.«

»Das klingt doch super!«, erwidert Khaled, aber seine Begeisterung wirkt etwas aufgesetzt. »Du brauchst ja nur eine einzige Zusage. Würdest du da auch wieder im Rettungsdienst arbeiten?«

»Nein. Die Firma stellt Geräte für den Rettungsdienst her, und ich würde andere Sanitäter und Ärzte schulen, wie man diese Geräte benutzt.«

»Steven, das ist toll! Du bekommst den Job schon, *inschallah*.«

»Inschallah«, sage ich mit verheultem Gesicht.

»Markess Tissa, Medic Saba«, krächzt es aus dem Funkgerät.

»Wir haben einen Code 4 auf der Ring Road. Einsatznummer 493.«

Und noch ein Verkehrsunfall. Während ich mir die Augen trockne, frage ich nach weiteren Informationen. Doch die liegen wie so oft nicht vor.

Als wir an der Einsatzstelle eintreffen, ist der Rettungswagen schon vor Ort. An der Unfallstelle sehe ich keine weiteren Patienten, also gehe ich zu der Ambulanz. Fadi, Ahmed und ein Praktikant befinden sich hinten im Patientenraum. Ich öffne die Hecktür und frage, was los ist.

»Die Frau saß mit ihrem Mann im Auto, als ihnen ein anderes Auto in die Seite gefahren ist«, antwortet Fadi.

»Irgendwelche Verletzungen?«

»Bisher nicht, aber sie ist schwanger.«

»Wie sind die Vitalparameter?«

»Stabil.«

»Okay, ich denke, dass ihr sie trotzdem in die Klinik fahrt. Da brauche ich aber nicht mitzufahren, oder?«

»Wir bekommen das hin. Könnt ihr mit eurem Wagen noch einen Moment die Spur blockieren?«, fragt Ahmed.

»Kein Ding. Ich bin hier draußen, wenn was sein sollte.«

Ich schließe die Hecktür und bleibe hinter dem Rettungswagen stehen.

Die Blechlawine auf der Ring Road schiebt sich langsam an der Unfallstelle vorbei, weil jeder etwas von dem Leid mitbekommen beziehungsweise filmen will. Die ersten Gaffer parken ihre Autos bereits hinter unserem Tahoe, um zu schauen, was genau los ist. Diese Sensationslust, gepaart mit absoluter Respektlosigkeit gegenüber den Opfern, hat mich schon in Deutschland immer gestört. Hier in Saudi-Arabien empfinde ich sie aber als besonders extrem, da die Polizei nichts dagegen unternimmt.

Plötzlich sehe ich, dass sich ein hellhäutiger Taxifahrer in Paschtunentracht dem Rettungswagen nähert, offenbar ein Afghane. Ich rufe *»yalla yalla!«* und versuche, ihn durch Gesten zu verscheuchen, worauf er nur lächelt und winkt. Khaled bemüht sich unterdessen, den Verkehr so gut wie möglich an uns vorbeizuleiten. »Wo ist nur die Polizei, wenn man sie mal braucht?«, denke ich zum wiederholten Mal.

Aus dem Augenwinkel nehme ich plötzlich wahr, wie sich die Hecktür der Ambulanz öffnet. Im selben Moment schreit die Frau im Inneren des Rettungswagens auf. Ich drehe den Kopf und sehe, wie der Afghane vor der geöffneten Tür steht und mit seinem Handy Fotos macht.

»Hau ab, du Schwein!«, höre ich mich schreien. Ich schubse den Typen zur Seite und knalle die Hecktür zu. Der Afghane kommt auf mich zu, holt aus, und ich mache mich darauf gefasst, endlich die ersehnte Schlägerei zu haben. Da fliegt die Hecktür erneut auf, und Fadi springt von drinnen auf den Afghanen. Ahmed hechtet direkt hinterher, und gemeinsam prügeln sie nun auf den Taxifahrer ein.

Ein wenig verwirrt schließe ich wieder die Hecktür, als von der Seite auch noch Khaled angerannt kommt. Zu dritt widmen sie sich jetzt dem Mann.

»Mushkalla, almani, doktor!«, schreien die Jungs dabei immer wieder, was anscheinend bedeutet, dass es ein Problem ist, wenn man einen deutschen Mediziner schlägt. Das Handy des Mannes fliegt mit voller Wucht gegen die Leitplanken aus Beton und zerspringt in tausend Teile.

Der Taxifahrer tut mir mittlerweile fast leid, als ich sehe, dass Ahmed ein Messer wegwirft, welches der Afghane anscheinend hatte ziehen wollen. Prompt rollt in dem Moment ein Streifenwagen vor, und der Polizist bindet sich unverzüglich in die Schlägerei mit ein.

Einen Augenblick später steht der Taxifahrer mit gefesselten Händen neben den Einzelteilen seines Handys. Der Polizist redet mit Fadi, und ich höre wieder, wie er *»almani doktor«* sagt. Der Polizist fragt erstaunt: *»Almani doktor?«*, und gibt dem Afghanen eine schallende Ohrfeige, die ihn erneut zu Boden wirft. So schnell, wie der Polizist erschienen ist, hat er den Kerl auch schon in den Streifenwagen verladen und ist mit ihm davongefahren. Das Taxi bleibt erst mal stehen.

»Ist mit dir alles in Ordnung?«, fragt mich Fadi und tastet mein Gesicht ab.

»Ja, sicher. Der kam ja nicht mal dazu, mich anzufassen. Ist denn mit euch alles in Ordnung?«

Alle drei nicken.

»Danke, Jungs, aber ich hätte das bestimmt auch allein geschafft.«

»Er wollte dich schlagen!«, entrüstet sich Fadi.

»Der hatte ein Messer, und unser deutscher Bruder wird nicht geschlagen«, schiebt Ahmed aufgeregt nach.

Ich muss lachen und drücke alle drei nacheinander.

»Jungs, ihr seid meine Helden. Da fährt man zu einem simplen Verkehrsunfall und bekommt so eine Show geboten.«

»Wir schauen jetzt mal wieder nach unserer Patientin und dem Praktikanten«, erklärt Fadi und steigt hinten in den Rettungswagen ein.

»Und wir fahren weiter, wenn du hier nichts mehr zu tun hast«, sagt Khaled.

»Jungs, tausend Dank noch mal.«

Khaled und ich kehren ohne Folgeeinsatz auf die Wache zurück, wo ich den anderen Kollegen umgehend von dem heldenhaften Einsatz meiner Brüder berichte. Mit jedem Detail, das ich schildere, werden Khaled, Fadi und Ahmed stolzer. Sie sind für heute die Superhelden von Station 9.

Am Abend liege ich zu Hause im Bett und muss schmunzeln, als mir der Tag nochmals durch den Kopf geht.

»Meine Brüder!«, flüstere ich vor mich hin, während Sid sich an mich kuschelt und ich langsam einschlafe.

Ein schriller Ton reißt mich aus dem Schlaf, und Sid leckt mir freudig übers Gesicht. Mein Weckton im Handy. Ich lächle, weil ich die Nacht ohne Unterbrechung durchgeschlafen habe. Die erste seit langer Zeit. Wie gut sich das anfühlt!

Als ich mich wieder auf den Weg zur Arbeit mache, begegnet mir Jason.

»Hi Steven, du siehst ja so glücklich aus!«

Ich erzähle ihm ausführlich von der Schlägerei auf der Autobahn.

»Du hast mir gerade den Tag gerettet. Das ist ja mal eine geile Geschichte!«

»Eigentlich traurig, aber ich hab heute Nacht seit Langem wieder durchgeschlafen.«

»Die heilende Wirkung einer zünftigen Schlägerei ist nicht zu unterschätzen. Saudi-Arabien verändert uns alle, und ich fürchte, nicht zum Besseren«, stellt Jason fest.

»Das stimmt. Wenn ich sehe, wie manche sich hier mit Alkohol oder Medikamenten abschießen müssen, damit sie schlafen können, ist dieses Land Gift für die Seele.«

»Für mich ist es definitiv Zeit, zu gehen.«

»Ganz sicher?«, frage ich. Die Vorstellung, dass Jason den Compound verlassen könnte, beängstigt mich, da er für mich zu einem wichtigen Freund geworden ist.

»Ja. Ich gehe zurück in die Staaten und arbeite da wieder im Rettungsdienst. Ich muss zwar mehrere Stellen annehmen, um über die Runden zu kommen, aber das ist allemal besser als die Situation hier.«

»Ich überlege auch schon, nach dem ersten Jahr aufzuhören. Doch ohne einen neuen Job brauche ich nicht nach Deutschland zurückzugehen. Schlimmstenfalls werde ich noch ein Jahr dranhängen müssen.«

»Ein Jahr? Überstehst du das?«

»Wenn wir ab und an eine Schlägerei wie gestern haben, sicherlich«, sage ich augenzwinkernd. »Ich muss jetzt aber los. Auf zur nächsten Runde im wilden Süden.«

»Hau rein, Steven. Und meld dich, wenn du mal wieder Lust auf ein gemeinsames Frühstück hast.«

»Mach ich. Bis dann!«

Während der Fahrt zu Station 9 genieße ich die Ruhe vor dem Sturm. Ich freue mich über eine durchschlafene Nacht und frage mich, ob ich nicht doch noch ein Jahr in Riad dranhängen soll.

فراق بالدموع

Abschied unter Tränen

Die Antworten auf meine Bewerbungen als Paramedic bei internationalen Rettungsdiensten, Ölbohr- und Minengesellschaften laufen recht schleppend an. Im Moment gibt es, wie ich Khaled bereits erzählt habe, tatsächlich nur eine Firma in Deutschland, die Interesse zeigt – ein Medizingerätehersteller namens Arcadiac Medical. Wir hatten ein paar Mal Kontakt via E-Mail und Skype, und mein Bauchgefühl sagt mir, dass es gut aussieht.

Ich muss zum Nachtdienst, und auf dem Weg zu meinem Auto treffe ich Toby.

»Hey Bro! Geht's zum Dienst?«, will er wissen.

»Ja. Das ist meine erste Nacht«, antworte ich noch ein wenig müde. Durchzuschlafen fällt mir nach wie vor schwer.

»Ich hab meinen zweiten freien Tag, und eine Flasche Selbstgebrannter ist auch schon leer«, säuselt Toby angeheitert.

»Du sollst doch nicht so viel trinken! Das Zeug zieht dich nur noch mehr runter! Fahr lieber los und mach tolle Fotos!«

Toby scheint nicht viel von meinem Tipp zu halten, er verdreht grinsend die Augen.

»Wie läuft es mit deinen Bewerbungen?«, fragt er mich dann etwas ernster. Ich habe ihm letzte Woche beim Gassigehen mit Sid davon erzählt.

»Eine Sache sieht ganz gut aus. Wird langsam Zeit, sonst muss ich womöglich noch ein Jahr in Riad dranhängen.«

»Bei einem Extrajahr wird das hier aber auch zu deinem Freund«, sagt Toby und winkt mit der Flasche.

»Besser nicht. Ich bevorzuge doch lieber ein gutes deutsches Bier, eiskalt und frisch gezapft. Kannst du dir das vorstellen?«, schwärme ich ihm vor.

»Hör auf, angesichts dieser fiesen Plörre von deutschem Bier zu schwärmen. Ich geh wieder rein und widme mich den Frauen des Internets und meinem Gute-Nacht-Drink. Ruhigen Dienst!«, ruft mir Toby hämisch im Weggehen hinterher und winkt mit seiner Flasche.

»Danke, du Blödmann!«, murmle ich.

In Rettungsdienstkreisen wünscht man sich keinen ruhigen Dienst, da sich der Wunsch gerne ins Gegenteil wandelt und der Dienst zur Hölle wird.

Heute fahre ich mal wieder westwärts um die Stadt. Ich mag die Strecke vorbei an den Wadis. Dabei höre ich am liebsten Countrymusik, weil ich dann das Gefühl habe, am Grand Canyon vorbeizufahren.

Da der Highway hier ziemlich neu ist, scheinen ihn nicht viele Leute zu kennen. Das macht die Fahrt noch mal angenehmer. Route 66, ich komme! Zumindest für gut vierzig Kilometer.

Das Stellenangebot von Arcadiac Medical ist vielversprechend. Dr. Steiger, der Geschäftsführer, hat bereits ein paar Mal mit mir telefoniert und mich gebeten, ein wenig zum Markt in Saudi-Arabien zu recherchieren sowie Medizingerätehändler und Ansprechpartner beim Roten Halbmond zu ermitteln. Falls das funktionieren sollte, kann ich dieses Land verlassen. Es wird aber auch Zeit, wenn ich nicht bald, wie Toby, an der Flasche hängen will.

Ich halte kurz an der Tankstelle neben der Rettungswache und decke mich mit Energydrinks, Zigaretten, Cola und Snacks für die Nacht ein. Als ich auf den Hof der Wache fahre, sehe ich, dass die Ambulanzen und mein Tahoe nicht da sind. Da bleibt also noch Zeit, am Schreibtisch im Gebetsraum mein Notebook hochzufahren, Getränke kaltzustellen und in Ruhe eine zu rauchen.

Als ich gerade ein paar Dosen Cola in den Kühlschrank stelle, höre ich den Ton einer eingegangenen E-Mail auf meinem Computer und lese die folgende Nachricht:

Von: Dr. Steiger
Betreff: Ihre Bewerbung bei Arcadiac Medical
14.05.2012 um 19:51

Sehr geehrter Herr Bauer,
zunächst möchten wir uns noch einmal für Ihre Bewerbung und für die beiden geführten Gespräche bedanken.
Wir haben lange diskutiert, ob Sie der richtige Bewerber für uns sind. Letztlich haben wir uns entschieden, Sie bei der Besetzung nicht zu berücksichtigen.
Ein Skype-Interview ist zwar sicherlich besser als ein reines Telefoninterview. Es ersetzt jedoch nicht einen Face-to-Face-Termin, in dem ggf. Zweifel, die sich nun ergeben haben, ausgeräumt hätten werden können.
Wir wünschen Ihnen für Ihren weiteren Lebensweg alles Gute!

Mit freundlichen Grüßen
Dr. Steiger

Ich lese die E-Mail zwei Mal, bis ich es wirklich glaube. So ein Mist! Irgendjemandem muss ich sofort davon erzählen, um meinen Frust loszuwerden. Ich wähle die Nummer meiner Eltern.

»Bauer?«

»Mama, ich bin's!«

Wir telefonieren regelmäßig, normalerweise aber nur nach Dienstschluss.

»Hallo Stefan, ist bei dir alles okay? Du hörst dich irgendwie komisch an.«

»Erinnerst du dich an die Bewerbung, von der ich dir erzählt habe?«

»Ja – hat es geklappt?«, fragt sie freudig.

»Nein, der hat mir vorhin eine Absage geschickt.«

»Aber das sah doch eigentlich so gut aus!«, erwidert meine Mutter bestürzt.

»Das dachte ich auch. Besonders, nachdem ich für die hier vor Ort einiges recherchiert habe. Das regt mich gerade übelst auf. Jetzt muss ich noch ein Jahr in Riad dranhängen!«

»Du kannst aber auch jederzeit so wieder zurückkommen.«

»Ohne Job? Wie soll das denn gehen? Schöne Scheiße. So ein Arsch!« Ich merke, dass ich mich immer mehr aufrege. »Erst einen für seine Zwecke ausnutzen, und einen dann fallen lassen.«

»Jetzt reg dich nicht auf, Stefan. Das bringt gar nichts«, versucht sie mich zu beruhigen.

»He Steven!«, blökt Khaled in dem Moment in den Gebetsraum.

Ich lege den Finger an die Lippen und deute auf mein Handy.

»Wer war das?«, fragt meine Mutter.

»Mein Fahrer ist gerade gekommen.«

»Wir haben einen Einsatz. Code 17!«, flüstert Khaled.

»Mama, ich muss los. Schlaf gut. Ich melde mich morgen noch mal.«

»Reg dich nicht auf wegen der Bewerbung. Wer weiß, wofür es gut ist! Bis morgen.«

Ich beende das Gespräch und ziehe meine Stiefel an. Auf dem Weg zum Tahoe kommt mir der ägyptische Doktor vom Tagdienst entgegen.

»Hi Steven, du hast einen Code 17. Irgendwo liegt ein Bewusstloser rum. Nichts Wildes.«

»Alles klar. Ist der Tahoe in Ordnung?«

»Ich hab heute nichts verbraucht. Du kannst loslegen«, feixt er.

»Ich hab nicht vor, zu viel zu arbeiten. Komm gut heim und schlaf gut.«

»Bis morgen. Ruhigen Dienst!«

»Na, vielen Dank! Muss mir heute eigentlich jeder einen ruhigen Dienst wünschen?«, maule ich auf dem Weg zum Wagen und steige ein.

Khaled fährt unverzüglich los. Ich schalte die Sirene ein und schweige vor mich hin. Khaled sagt auch nichts und fährt für seine Verhältnisse recht entspannt.

»Alles okay mit dir?«, fragt Khaled schließlich zögerlich.

»Geht so!«, antworte ich knapp.

»Sorry, wenn ich dich da eben am Telefon gestört hab. Ich dachte nur …«

»Nein, das ist es nicht. Ich hab nur kurz mit meiner Mutter telefoniert. Ein Einsatz geht immer vor.«

»Ist bei dir zu Hause was passiert?«

»Nein, alles in Ordnung so weit.«

»Steven, jetzt lass mich nicht nachfragen wie ein Esel und dabei dumm sterben. Was ist los?«, insistiert Khaled. Es ist sehr ungewöhnlich für ihn, dass er so viel redet. Offenbar spürt er etwas.

»Also gut! Ich hatte mich doch um einen Job in Deutschland beworben.«

»Der Job mit den Medizingeräten?«

»Ja, genau. Die haben mir heute abgesagt.«

»Warum? Du hast doch gesagt, dass die dich wollen!«

»Offensichtlich wollen sie mich jetzt nicht mehr. Ich hab denen noch geholfen, Informationen direkt aus Saudi-Arabien zu bekommen, und dann sagen die Ärsche ab.«

»Das ist nicht fair. Ist so was üblich in Deutschland?«

»Das ist nicht nur nicht fair, sondern eine Sauerei. Bei uns zählt das Wort eines Mannes anscheinend nicht so viel wie hier. Wo fahren wir eigentlich hin?«

»In die Nähe von Manfuha. Die Polizei hat einen Bewusstlosen gefunden. Wahrscheinlich irgendein Betrunkener.«

»Na, das fängt ja schon gut an. Ich bin gerade in der richtigen Stimmung für betrunkene Arschlöcher.«

Wir biegen um die Ecke, und ich zähle sieben Polizeiautos mit eingeschalteten Blinklichtern neben einem brachliegenden Gelände. Khaled fährt an den Polizeiwagen vorbei und parkt den Tahoe zwanzig Meter weiter am Straßenrand.

»Für einen Betrunkenen übertreiben die Jungs aber ein wenig«, sage ich scherzend, während ich meinen Notfallrucksack und den Überwachungsmonitor greife.

Ich gehe über ein Geröllfeld zu einer Gruppe von Polizisten. Alle wirken bedrückt, und mir schwant nichts Gutes. Wortlos steuere ich direkt auf den Captain zu. Ich habe ihn schon ein paar Mal bei anderen Einsätzen gesehen. Soweit ich mich erinnern kann, spricht er gutes Englisch und ist an sich in Ordnung.

»He Captain. Was liegt an?«

»Der Deutsche. Sehr gut. Wie geht's dir?«

»Schlechten Menschen geht's immer gut. Übertreibt ihr hier nicht ein wenig für einen Bewusstlosen? Wo habt ihr ihn versteckt?«

»Das hat einer von meinen beschränkten Polizisten gemeldet. Komm mit. Ich zeig dir, was los ist.«

Der Captain führt mich zu einem frisch ausgehobenen Loch auf der Brache, neben dem ein abgewetzter Stoffkoffer mit Karomuster liegt.

»Mach ihn auf und schau rein«, fordert er mich auf.

Vorsichtig öffne ich den Koffer und sehe ein Bündel Handtücher. Ich schaue den Captain fragend an, und er deutet mir an, die Handtücher herauszunehmen. Als ich das letzte Handtuch hochhebe, stockt mir der Atem. In dem Koffer liegt ein neugeborenes Baby. Ein kleiner Junge. Der ganze Körper ist übersät mit Brandblasen. Das Baby ist tot.

Ich schließe die Augen und atme tief ein und aus. Bitte lass mich aus diesem Albtraum erwachen!

Nach ein paar Sekunden straffe ich die Schultern, öffne die Augen und hebe den Jungen vorsichtig aus dem Koffer. Im ersten Moment erschauere ich, denn der kleine Körper ist eiskalt und steif. Ich kann es kaum glauben: Das Baby ist tiefgefroren!

Ich merke, wie sich ein Kloß in meinem Hals bildet, und ich weiß, dass gleich Tränen fließen werden. Aber nicht jetzt! Wir bringen das würdevoll hinter uns. Ich will hier alles korrekt machen.

Zuerst muss ich den kleinen Körper auf Anzeichen von Gewalt untersuchen und den Tod bescheinigen. Ich spule das volle Programm ab. Höre die Lungen und das Herz ab, schreibe ein EKG, drucke die Nulllinie des EKG aus und leuchte ihm in die Pupillen, um zu sehen, ob diese noch reagieren. Das Ohrthermometer zeigt nur »Low« an, was mir sagt, dass die Körpertemperatur unter 32 Grad Celsius liegt. In Wirklichkeit liegt sie unter null Grad.

Vorsichtig versuche ich, die Augen des Jungen zu schließen, gebe aber auf, weil ich es wegen der Brandblasen auf den kleinen Augenlidern nicht schaffe. Dann lege ich ihn auf ein Handtuch und wickle ihn darin ein. Ich lege noch mehr Handtücher übereinander auf den Boden und bette ihn darauf. »Schlaf gut«, flüstere ich dem Jungen zu.

»Das Baby ist tot«, sage ich laut zum Captain, während ich aufstehe.

»Das dachte ich mir schon. Ist er auf natürliche Weise gestorben, oder war es äußere Gewalt?«

»Für mich sieht es so aus, als ob er Verbrühungen am ganzen Körper hat, und außerdem ist er tiefgefroren. Auf den ersten Blick ist das kein natürlicher Tod. Es sieht nach einem Gewaltverbrechen aus«, sage ich mit zitternder Stimme.

Der Captain redet auf Arabisch mit Khaled, und zusammen gehen sie zu einem Streifenwagen. Ich sehe aus dem Augenwinkel, dass der Captain die hintere Tür öffnet und mit drei Gestalten auf dem Rücksitz spricht. Dann schreit er und schlägt die Tür mit aller Gewalt wieder zu. Er und Khaled kommen zurück.

»Danke für deine Arbeit. Du hast uns sehr geholfen. Ich schätze deine mitfühlende Art«, sagt der Captain und legt mir eine Hand auf die Schulter.

»Was ist hier genau passiert?«, frage ich, während mir eine Träne die Wange runterläuft.

»Das möchtest du nicht wissen.«

»Doch, das möchte ich wissen!«

»Siehst du die drei Typen in dem Streifenwagen?«

»Ja.«

»Sie haben gerade eben gestanden, dass sie das Baby ihres Hausmädchens entbunden haben. Danach wollten sie es töten, weil es geschrien hat, und haben es mit kochendem Wasser übergossen.«

Ich schlucke, bekomme den Kloß im Hals aber nicht weg.

»Weil es dann noch mehr geschrien hat, haben sie es in die Tiefkühltruhe gelegt und es nach einem Tag rausgeholt, um es hier zu vergraben«, sagt der Captain sichtlich bedrückt.

»Das haben sie gestanden?«

Der Captain nickt nur. Ich gehe unverzüglich zu dem Streifenwagen, weil ich diesen Schweinen in die Augen schauen will. Auf dem Rücksitz sitzen drei junge Araber, die rumalbern und lachen. Keiner von ihnen schaut zu mir.

Ich klopfe gegen die Scheibe, und drei Köpfe drehen sich simultan nach links. Einer zeigt in meine Richtung, sagt etwas, und sie fangen wieder an zu lachen. Ich spüre, wie der Kloß in meinem Hals einer ungemeinen Aggression weicht. Als mir alle das Victory-Zeichen zeigen, verliere ich die Kontrolle. Ich versuche, die Autotür zu öffnen, aber sie ist verriegelt. Ich schlage mit der Faust gegen die Scheibe, und die drei Männer lachen noch mehr. Schließlich greife ich nach meinem Rettungsmesser mit dem Scheibenzertrümmerer, hole aus und spüre, wie jemand mein Handgelenk umfasst.

»Mach das nicht!«, schreit mich der Captain an.

Ich versuche, meine Hand mit dem Rettungsmesser frei zu bekommen.

»Lass das Messer fallen!«

Meine Hand zittert.

»Lass es fallen! Die sind es nicht wert.«

Das Messer fällt in den Dreck, und ich schaue dem Captain ins Gesicht.

»Gib mir diese drei menschlichen Scheißstücke nur für ein paar Minuten. Ich bring sie dir auch lebend wieder«, flehe ich ihn an.

»Du weißt, dass ich das nicht machen kann.«

»Komm schon. Es interessiert doch sonst niemanden in diesem Land, wie Gefangene hier behandelt werden. Überlass sie mir nur ein paar Minuten. Bitte!«, flehe ich energischer.

»Das geht nicht. Du darfst keine Saudis schlagen. Wir werden uns um sie kümmern.«

»Was passiert jetzt mit ihnen?«

»Sie werden vor Gericht gestellt. Und dann sehen wir weiter.«

»Werden sie zum Tod verurteilt?«

»Wenn nachgewiesen werden kann, dass sie das Kind ermordet haben, werden sie auch zum Tod verurteilt.«

»Und dann köpft ihr sie?«

»Ja, dann werden sie öffentlich mit dem Schwert enthauptet.«

»Sehr schön!«, sage ich.

Ich drehe mich noch mal zu den drei Verhafteten um, führe meinen Zeigefinger langsam über meinen Hals und grinse dabei. Der Mann auf der Fahrerseite hört auf zu lachen und sagt etwas zu seinen Komplizen. Als sie mich ansehen, zeige ich ihnen den Mittelfinger, und sie fangen an, im Streifenwagen zu toben.

Khaled nimmt mich am Arm und führt mich in Richtung des Tahoes. Unser Equipment hat er anscheinend schon eingesammelt. Ich setze mich auf den Beifahrersitz, zünde mir eine Zigarette an und weine leise vor mich hin. Wir reden die ganze Fahrt über kein Wort.

Als wir auf den Hof der Wache fahren, sage ich zu Khaled, dass ich den Rest der Nacht keinen Einsatz mehr annehmen werde. »Ruf den Supervisor an und erzähl ihm irgendwas. Aber mir reicht es für heute definitiv.« Khaled nickt nur.

Ich steige aus dem Tahoe aus, gehe direkt in den Gebetsraum zu meinem Bürostuhl und höre Heavy-Metal-Musik, während ich eine Zigarette nach der anderen rauche. Khaled und die anderen lassen mich den Rest der Nacht in Ruhe. Selbst ihre Gebete absolvieren sie nicht im Gebetsraum, sondern im Aufenthaltsraum.

Gegen sechs Uhr morgens fällt mir die E-Mail vom Abend ins Auge, und ich weiß, dass ich nicht in Saudi-Arabien bleiben kann. Ich fange an, eine Antwort zu tippen, und um 6:26 drücke ich auf »Senden«.

Von: Stefan Bauer
Betreff: Re: Ihre Bewerbung bei Arcadiac Medical
15.05.2012 um 6:26

Sehr geehrter Herr Dr. Steiger,
erst einmal vielen Dank für Ihre E-Mail.
Ganz nachvollziehen kann ich Ihre Argumentation leider nicht, da ich einem »Face-to-Face-Termin« ja nie widersprochen habe. Ich hatte mit ziemlicher Sicherheit erwähnt, dass ich ab Juni in Deutschland bin und somit auch für persönliche Termine zur Verfügung stehe.
Wie ich Ihnen gegenüber erwähnt hatte, ist mir in einem Unternehmen ein fairer Umgang mit dem Mitarbeiter wichtig, und nachdem ich Ihnen durch recht viel Recherchearbeit Informationen zu Saudi-Arabien besorgt habe, empfinde ich Ihre Entscheidung als »nicht fair«. Somit ist es aber wohl auch besser, dass wir nicht zusammenkommen. Ich habe sicherlich auch kein Interesse, in einem Unternehmen zu arbeiten, in welchem anscheinend das Verhältnis von Geben und Nehmen nicht ausgewogen ist. Nach unseren Skype-Gesprächen habe ich mich anscheinend wirklich getäuscht.

Expecting the world to treat you fairly because you are a good person is a little like expecting the bull not to attack you because you are a vegetarian.

Dennis Wholey

Weiterhin gute Geschäfte.

Mit freundlichen Grüßen aus Riad
Stefan Bauer

Ich grinse und zeige meinem Notebook symbolisch den Mittelfinger. Jetzt fühle ich mich ein wenig erleichtert und auch irgendwie hungrig. Ich gehe in den Aufenthaltsraum und setze mich neben Khaled, der schon wach ist.

»Danke für alles«, sage ich leise, um die schlafenden Kollegen nicht zu wecken.

»Geht es dir besser?«

Ich nicke. »Möchtest du etwas frühstücken?«, frage ich ihn.

»Gerne. Ich hab Hunger wie ein Kamel. Falafel?«, schlägt Khaled vor.

»Auf jeden Fall. Und Schawarma mit Leber!«, sage ich lächelnd.

»Dann lass uns mal losfahren.«

Wir holen Frühstück für alle auf der Rettungswache, und ich weiß in diesem Moment, dass meine Zeit in Saudi-Arabien bald ein Ende haben wird.

Willkommen zu Hause

Mein Entschluss ist gefasst: Ich werde wieder zurückgehen nach Deutschland, auch ohne neuen Job. Dem Roten Halbmond teile ich schriftlich mit, dass ich meinen Jahresvertrag erfüllen werde, aber auf eine Verlängerung verzichte. Ich habe ein wenig Geld gespart und bekomme für die Erfüllung meines Vertrags noch einen kleinen Bonus. Mit diesem finanziellen Polster kann ich bedenkenlos nach Hause zurückkehren und mir in aller Ruhe eine neue Arbeitsstelle suchen.

Einen echten Wermutstropfen hat mein Plan allerdings: Ich werde Sid nicht mitnehmen können. Diverse Telefonate mit deutschen Behörden zeigen mir, dass es unglaublich schwierig ist, einen Hund von Saudi-Arabien nach Deutschland zu bringen. Er würde sechs Monate in Quarantäne bleiben müssen, bevor ich ihn mit nach Hause nehmen dürfte, und das möchte ich dem kleinen Kerl auf keinen Fall antun. In Saudi-Arabien will ich ihn aber auch nicht lassen, das wäre sein Todesurteil.

Paul, ein deutscher Hubschrauberpilot, der ebenfalls im Compound wohnt, bekommt das Problem mit. Er hat eine Farm in der Nähe von Seattle, wo seine Frau und seine Kinder wohnen, und wird in zwei Wochen für einen Urlaub nach Hause fliegen. Der Import von Tieren in die USA gestaltet sich anscheinend weit weniger kompliziert, und er bietet mir an, Sid zu sich zu nehmen. Ich habe den kleinen Stinker echt ins Herz geschlossen und heule innerlich bei dem Gedanken, mich von ihm zu trennen, aber das ist die einzig vernünftige Lösung. In den nächsten Tagen verabschiede ich mich mehr und mehr von Sid, und er zieht schließlich komplett in die Villa von Paul.

Vom Verwaltungsaufwand her ist es fast schwieriger, das Land zu verlassen, als reinzukommen. Ich muss wieder auf zig Behörden und brauche diverse Briefe mit Stempeln, die ich von A über B zu C bringe.

Mein letztes Gehalt und der Bonus sind eine Woche vor meinem Heimflug noch nicht ausgezahlt. Meine Ersparnisse sind jedoch bereits nach Deutschland überwiesen, und mein Konto musste ich im Rahmen der Ausreiseformalitäten auflösen. Was also tun, so ganz ohne Geld in Riad?

Die Lohnabteilung versichert mir, dass das Geld überwiesen wird, wenn ich in Deutschland bin. Ich traue den Kollegen aber nicht, da ich aus Deutschland keine Möglichkeiten mehr habe, Druck auszuüben, falls es doch nicht kommen sollte. Angeblich gibt es aber leider keinen Weg, um vorzeitig an das Geld zu kommen.

Nach schier endlosen Diskussionen mit dem zuständigen Saudi im Büro der Lohnbuchhaltung wird es mir zu bunt. Ich hole mein Handy raus und rufe in Gegenwart des Buchhalters bei Klaus an. Wir reden auf Deutsch über Gott und die Welt, den Bürokratiewahnsinn und meine Pläne für Deutschland. Nach gut zehn Minuten beende ich das Gespräch. Der verdutzte Saudi sitzt da mit offenem Mund, anscheinend wird er nicht oft auf diese Weise ignoriert.

»Hast du gerade Deutsch gesprochen?«, fragt er.

»Ja.«

»Mit wem hast du denn telefoniert?«

»Mit dem deutschen Botschafter.«

Er wird nervös. »Warum hast du denn mit dem Botschafter telefoniert?«

»Ach, weißt du, ich kenne den Botschafter persönlich, ich hab ihn auf diversen Veranstaltungen getroffen. Ich habe ihm erzählt, dass du dich weigerst, mir mein Geld zu geben.«

»Ich würde ja gerne, aber mir sind die Hände gebunden!«, versucht er sich zu rechtfertigen.

»Versteh ich doch, du kannst ja auch nichts ändern. Na ja, auf jeden Fall will der Botschafter gleich mal mit Prinz Faisal telefonieren. Die beiden spielen wohl ab und zu Golf zusammen. Vielleicht kann der Prinz als Chef vom Roten Halbmond ja was bewirken.«

»Prinz Faisal?« Er wird immer unruhiger.

»Ja genau, Prinz Faisal. Ich gehe mal davon aus, dass der dann Dr. Al Ghamdi anruft. Ich meine, das ist ja schon peinlich, wenn man sich vor einem befreundeten Botschafter wegen so einer Lappalie rechtfertigen muss.«

Der Saudi schluckt.

»Ja, und Dr. Al Ghamdi wird auch nicht so glücklich darüber sein, dass er einen Anruf vom Prinzen bekommen hat. Der wird dann deinen Chef anrufen, und am Ende kommt alles zu dir zurück.«

»Aber ich … Kannst du den Botschafter nicht noch mal anrufen?«

»Und was soll ich ihm sagen? Ich hab ja mein Geld immer noch nicht.«

»Komm in einer Stunde wieder, und ich schaue, was ich machen kann. Aber bitte ruf den Botschafter jetzt an.«

»Pass auf, ich gehe vor die Tür und rauche eine Zigarette. Und du schaust in der Zwischenzeit, was du machen kannst, um das Problem aus der Welt zu schaffen. Je schneller wir eine Lösung finden, desto schneller kann ich den Botschafter informieren.«

Nach drei Zigaretten vor der Tür kehre ich ins Büro zurück. Der Saudi ist nicht da. Ich setze mich und warte weitere fünf Minuten, als er aufgeregt den Raum betritt.

»Hier ist ein Barscheck. Den kannst du auf jeder Bank einlösen und bekommst dein Geld. Bitte ruf jetzt den Botschafter an!«

»Das ging ja flott«, sage ich und hole mein Handy aus der Hosentasche. Ich wähle die Nummer meiner Mutter und rede mit ihr über völlig belanglose Dinge. Nach fünf Minuten verabschiede ich mich und lege auf.

»Und – was hat er gesagt? Hat er schon mit dem Prinzen telefoniert?«

»Da hatten wir aber Glück. Er wollte den Prinzen gerade anrufen. Pass auf, ich fahre jetzt zur Bank und löse diesen Scheck ein. Wenn das bei der Bank aus irgendeinem Grund nicht klappen sollte, muss ich leider noch mal mit dem Botschafter reden. Du kannst dir vorstellen, dass der nicht glücklich sein wird.«

»Nein, das klappt auf jeden Fall.«

»Dann ist ja alles gut.«

Ich verabschiede mich und fahre zur nächsten Bank. Mir werden fast 45 000 Riyal ausgezahlt, umgerechnet etwas weniger als 10 000 Euro, die ich direkt in US-Dollar tauschen lasse. Mit einem dicken Bündel Dollarnoten in einer Plastiktüte kehre ich in den Compound zurück. Ich kann die annähernd 12 000 US-Dollar zwar nicht nach Deutschland überweisen, da mein saudisches Konto ja schon aufgelöst ist. Aber ich kann das Geld problemlos im Handgepäck nach Deutschland bringen, weil die Summe unterhalb der Freigrenze von 10 000 Euro liegt.

Die Jungs von Station 9 haben meinen Entschluss, nach Deutschland zurückzugehen, akzeptiert, doch sie bestehen auf einer Abschiedsfeier. Die Party soll drei Tage vor meiner Abreise steigen, im Süden Riads, wo Fadi ein Wochenendhäuschen besitzt.

Jason ist ebenfalls eingeladen, wir fahren gemeinsam hin. Das kleine Haus steht auf einem ummauerten Grundstück und hat vielleicht fünfzig Quadratmeter Wohnfläche. Ich vermute mal, dass es dazu dient, dass ein unverheirateter junger Mann wie Fadi, der noch bei seinen Eltern wohnt, auch mal etwas Privatsphäre haben kann.

Als Jason und ich ankommen, sind die anderen alle schon da: die Jungs von meiner Schicht, diverse ehemalige Praktikanten, die mich in dem Jahr immer wieder begleitet haben, Mazen und weitere Sanitäter von den anderen Schichten, insgesamt sicher fünfzehn Mann.

Meine Jungs haben ein Festmahl organisiert, und als Krönung servieren sie eine Torte und Muffins. Sowohl auf der Torte als auch auf den Muffins ist jeweils ein essbares Foto von mir. Die Stimmung ist anfangs gedrückt, doch nach dem Essen hören wir die neuesten arabischen Popsongs, und zum ersten Mal lasse ich mich dazu hinreißen, mit den Jungs zu tanzen. Araber tanzen gerne und viel, vornehmlich aber mit anderen Männern. Ich tanze eigentlich sehr selten, und wenn, dann nur mit Frauen.

»Hey Steven, du bist der, der mit dem Scheich tanzt!«, erklärt Jason lachend, während ich mit erhobenen Händen im Rhythmus der arabischen Musik wippe.

Erst spät in der Nacht löst sich die Party auf, und wir verabschieden uns voneinander. Ich umarme jeden und muss weinen, da ich die Jungs echt in mein Herz geschlossen habe. Wir haben so viel zusammen durchgemacht, sie waren für mich wie eine Familie.

»Kommst du irgendwann wieder nach Riad?«, schluchzt Khaled und streicht mir über das Gesicht.

»Bestimmt. Irgendwann sehen wir uns wieder, *inschallah*«, antworte ich und muss ebenfalls schluchzen.

»Du bist mein Bruder, und Allah wird dich wieder zu uns führen!«

»Ganz sicher. Danke für alles. Ihr seid jetzt auch ein Teil meiner Familie, und ich werde euch immer in meinem Herzen behalten. Ich wünsche euch alles Gute, und denkt von Zeit zu Zeit an mich, euren verrückten Deutschen!«

»Wir werden dich bestimmt nie vergessen!«

Jason fährt uns nach der emotionalen Verabschiedung zurück zum Compound. Für den nächsten Tag ist eine Abschiedsfeier in unserer Wohnanlage geplant. Wir wollen ein abendliches Barbecue am Pool veranstalten, mit Musik und Getränken.

Am Morgen fahre ich mit Jason zu einem amerikanisch orientierten Supermarkt und kaufe mir zwei sechshundert Gramm schwere Rib-Eye-Steaks aus US Prime Beef für umgerechnet zwanzig Euro.

Jason schüttelt nur lachend den Kopf. »Wie kannst du bloß solche Fleischberge verdrücken?«

»In Deutschland kann ich mir das nicht mehr leisten. Da zahle ich locker das Fünffache für eine solche Fleischqualität«, versuche ich mich zu rechtfertigen.

Wir kaufen noch weitere Sachen für die Party und kochen ein letztes Mal zusammen. Ich mache mal wieder Kartoffelsalat, und Jason bäckt ein paar seiner sündhaft süßen Torten. Die Dinge, die ich mir im Lauf des Jahres für die Villa zugelegt habe, wie den Fernseher, verschiedene Küchengeräte und verschiedene Möbel, habe ich größtenteils zu einem fairen Preis an die Inder verkauft beziehungsweise verschenkt.

Die Party ist ausgelassen, und wir haben eine Menge Spaß, auch wenn wir dieses Mal nicht tanzen. Spät am Abend verabschiede ich mich und bereite mich auf meine letzte Nacht in Riad vor. Ich mache jedoch kein Auge zu, es ist einfach alles zu aufregend und zu aufwühlend.

Am nächsten Morgen packe ich meine Sachen. Zwei Koffer und viel Handgepäck werde ich mit zurück nach Deutschland nehmen. Toby und Jason wollen eine letzte kleine Fototour mit mir unternehmen. Da mein Flug erst am Abend geht, spricht nichts dagegen.

Wir fahren an den Rand Riads und schießen tolle Bilder vom Hochplateau. Die teils stark zerklüftete Landschaft ähnelt dem Grand Canyon. Vor langer Zeit müssen hier mal riesige Wassermassen durchgeflossen sein. Mein Rückflug ist noch einmal kurz in Gefahr, als Toby den Jeep an einer sandigen Stelle festfährt. Wir bekommen den Wagen erst wieder frei, nachdem wir eine Menge Sand weggeschaufelt und Steine unter den festgefahrenen Reifen gelegt haben.

Am frühen Abend kommen wir zurück in den Compound. Ich gebe Toby den Schlüssel zu meiner Villa und sage ihm, dass er das Haus ruhig leer machen könne. Ein paar Sachen war ich noch nicht losgeworden.

Jason fährt mich schließlich zum Flughafen. Auf dem Weg dorthin erzählt er mir, wie sehr er sich darauf freut, endlich seine Familie in Amerika wiederzusehen. »Ein Jahr im Ausland ist schon schwierig. Besonders wenn man verheiratet ist«, stellt er fest.

»Du bist verheiratet? Das hast du mir ja nie gesagt! Wie heißt denn deine Frau?«

»Mein Mann heißt Peter!«

Ich schaue ihn verdutzt an. »Dein Mann? Du bist schwul?«

Jason grinst nur.

»Und dann kommst du in dieses Land. Bist du verrückt oder lebensmüde?«

»Wieso? Saudi-Arabien ist ein Paradies für schwule Männer!«

»Du hast schon mitbekommen, dass Homosexualität hier mit dem Tod bestraft wird!«

»Klar, aber das ist alles halb so wild. Außerdem ist es für uns schwule Männer einfacher, Besuch zu bekommen. Du hättest ja mal versuchen können, eine Frau in den Compound zu bringen!«

»*Uns?* Gibt es da noch mehr?«

»Ja klar. Pete, Jack, Lance und Gordon sind ebenfalls schwul.«

»Das ist ja die halbe Gastarbeitergemeinde beim Halbmond. Deswegen hatte Lance auch ständig seinen saudischen Kumpel über Nacht zu Besuch!«

»Ja, das ist sein Lebensgefährte.«

»Krass, da ist Saudi-Arabien also wirklich ein Mekka für Schwule ...«

Wir verabschieden uns am Flughafen, und während ich Jason fest drücke, fließen schon wieder die Tränen. Ich hab den Kerl echt lieb gewonnen und werde unsere gemeinsamen Aktivitäten vermissen.

Beim Check-in muss ich hundertfünfzig Dollar für das Übergepäck bezahlen. Ich fliege mit einer deutschen Airline, die Maschine ist ziemlich leer. Nachdenklich sitze ich in der vorletzten Sitzreihe, und eine Stewardess fragt mich, warum ich so traurig aussehe. Ich erzähle ihr im Kurzdurchlauf von meinem Jahr in Saudi-Arabien, und immer mehr Stewardessen kommen zusammen, um mir zuzuhören. Sie können meine Geschichten kaum glauben, und ich bekomme einen Extraservice an Bord: Als das Flugzeug in der Luft ist, bringt mir eine der Stewardessen ein eiskaltes Bier, obwohl Alkohol erst ab dem Überflug der saudischen Grenze ausgeschenkt werden darf. Ich öffne die Dose, es zischt, und dann rinnt der erste Schluck durch meine Kehle. Was für ein unglaubliches Gefühl! Eigentlich kenne ich ja den Geschmack von Bier, aber dieses hier schmeckt ganz besonders gut.

Den Rest des Fluges verschlafe ich auf einer leeren Sitzreihe. Im verregneten Frankfurt passiere ich morgens die Passkontrolle und finde recht schnell mein Gepäck. Ich laufe durch den grünen Ausgang. Die Schiebetüren öffnen sich, ich gehe raus und stehe etwas verloren unter all den Heimkehrern und Touristen. Ich schaue mich um und kann kein vertrautes Gesicht sehen, bis ich ein Kind »Papa!« rufen höre. Da kommen meine Eltern mit meiner kleinen Prinzessin, die auf einem Gepäckwagen thront, den Gang entlang!

Mir schießen wieder Tränen in die Augen. Ich nehme meine Tochter in den Arm, und sie tastet unentwegt mein Gesicht ab. Man könnte meinen, dass sie erst einmal fühlen muss, ob ihr Papa auch echt ist. Ich drücke weinend meine Mutter, der ebenfalls die Tränen herunterlaufen. Zu guter Letzt umarme ich meinen Vater, der mir anerkennend auf die Schultern klopft. Es tut so gut, zu Hause zu sein!

In den nächsten vier Wochen fällt es mir jedoch ziemlich schwer, mich in den deutschen Alltag einzuleben. Ich ertappe mich häufig dabei, dass ich die Verkehrsregeln etwas flexibler auslege. Ich überhole gerne rechts und muss mich wirklich zwingen, die Straßenverkehrsordnung einzuhalten. In Geschäften habe ich immer noch die Gebetszeiten im Hinterkopf. Am schlimmsten jedoch ist, dass ich weiterhin von Albträumen geplagt werde.

Zum Ausspannen und zum Wiedereingewöhnen beschließe ich, mit meinen Eltern und meiner Tochter eine Woche Urlaub in Bayern zu machen. Das tut gut, aber ich bin mit meinen Gedanken immer noch in Riad. Und ich weiß immer noch nicht, wie es mit mir weitergehen soll.

Kurzerhand entschließe ich mich, einen dreiwöchigen Backpacker-Trip durch Thailand zu unternehmen. Vielleicht hilft mir das. Ich buche einen Flug nach Bangkok, der schon zwei Tage später geht. Mich drei Wochen treiben lassen, spontan und ungeplant ein anderes Land bereisen, fotografieren und neue Eindrücke sammeln, um die alten Bilder zu vergessen – ich glaube, das ist es, was ich jetzt brauche.

In meiner zweiten Woche in Thailand besuche ich ein buddhistisches Kloster. Ich bin kein gläubiger Mensch, aber ich lasse mich überreden, gegen eine kleine Spende mit einem Mönch zu reden.

»Sie sprechen Englisch?«, fragt mich der Alte in seinem orangefarbenen Gewand.

Ich nicke.

»Geben Sie mir Ihre Hand!«, fordert er mich auf.

Ich reiche ihm meine Hand, er nimmt sie und schaut mir gleichzeitig intensiv in die Augen.

»Sie haben in Ihrem Leben viel Gutes getan, aber die Erinnerungen an schlimme Dinge verfolgen Sie.«

Ich bin sprachlos.

»Ihnen wird Gutes im Leben widerfahren, weil Sie viel Gutes getan haben, und die Erinnerungen an die schlimmen Dinge werden Sie bald nicht mehr quälen. Ich binde

Ihnen dieses Armband um. Es wird Ihnen Glück bringen und Sie beschützen.«

Er befestigt ein dünnes Band aus drei geflochtenen weißen Fäden an meinem Handgelenk.

»Tragen Sie es so lange, bis es von alleine abfällt.«

In der folgenden Nacht schlafe ich das erste Mal ohne Albträume. Am nächsten Tag erhalte ich eine E-Mail von Arcadiac Medical mit dem gleichen Stellenangebot, auf das ich bereits eine Absage bekommen hatte. Ich überlege kurz, ob ich die automatische Nachricht löschen soll, antworte dann aber aus einer spontanen Eingebung heraus doch.

Noch am gleichen Tag kommt eine Einladung zu einem Vorstellungsgespräch, wieder von Dr. Steiger, der mir beim ersten Mal abgesagt hatte. Dieses Mal scheint alles anders, jedenfalls fange ich zwei Monate später als Internationaler Produktspezialist bei Arcadiac Medical an.

Es ist ein Jahr später, im Spätsommer 2013. Ich bin zusammen mit einem örtlichen Kollegen auf Dienstreise in Saudi-Arabien. Wir haben einen Termin in der mir so wohlbekannten Dabbab Station und warten auf unseren Gesprächspartner. Aus dem Augenwinkel sehe ich einen Sanitäter mit einem Stapel Akten vorbeigehen. Er bleibt stehen, lässt den Aktenberg fallen und dreht sich um. Es ist Khaled!

»Steven? Bist du es? Du bist es!« Er fällt mir freudig um den Hals.

»Khaled!«, rufe ich, und wieder kommen mir die Tränen.

»Du bist tatsächlich zurückgekommen. *Allah akbar!*«

»Ja, ich bin zurück. Allah hat dafür gesorgt, dass wir uns wiedersehen.«

»Warum hast du nicht angerufen und Bescheid gesagt?«

»Das ist meine erste Dienstreise nach Saudi-Arabien, und ich wusste nicht, was unser Partner vor Ort geplant hat. Deshalb habe ich niemanden informiert. Bei meinen nächsten Reisen wird sich das aber ändern, versprochen!«

Wir liegen uns lange in den Armen, und zwischendurch befühlt Khaled immer wieder mein Gesicht. Der Termin muss seinetwegen verschoben werden, und am Abend gibt es spontan ein rauschendes Wiedersehensfest mit den Jungs von Station 9 in Fadis Wochenendhaus. Wir erzählen uns fast die ganze Nacht, was wir im letzten Jahr erlebt haben. Es ist ein gutes Gefühl, zurück zu sein.

In der Nacht fährt mich Khaled ins Hotel, und ich verspreche ihm, dass ich ihn wieder besuchen werde. Bei den folgenden Dienstreisen nach Riad nehme ich mir abends immer Zeit, um alte Freunde zu treffen. Es sind überwiegend Araber, denn die meisten Europäer und Amerikaner, die ich kannte, haben das Land inzwischen verlassen. Jason lebt wieder in den USA und hat mehrere Jobs im Rettungsdienst, um über die Runden zu kommen. Klaus ist ebenfalls zurück in Deutschland. Ein einziger Amerikaner ist bis dato noch in Riad für den Roten Halbmond tätig.

Und Sid? Der lebt heute auf einer großen Farm nahe Seattle und fühlt sich pudelwohl. Er kann täglich mit drei anderen Hunden spielen, und er hat eine neue Familie, die ihn liebt.

Ich selbst sehe meine Zukunft in Europa. Ein Teil von mir ist jedoch immer noch in Riad zu Hause und wird es auch immer bleiben.

Nachwort

Es ist ein warmer, sonniger Tag im Mai. Während ich an meinem Schreibtisch in einem kleinen oberbayerischen Dorf mit Blick auf Wiesen und Felder sitze und meine Erfahrungen aus Saudi-Arabien zu Papier bringe, sitzt ein junger saudischer Mann namens Raif Badawi seit mittlerweile drei Jahren mit dreißig anderen Häftlingen in einer zwanzig Quadratmeter großen Zelle in Saudi-Arabien. Sein Verbrechen besteht darin, dass er als Internetblogger die Missstände in seiner Heimat öffentlich angeprangert hat. Für seine Forderung nach mehr Liberalität, Säkularismus und mehr Rechten für Minderheiten und Mittellose wurde er wegen Apostasie zum Tode verurteilt. Das Urteil wurde später zu zehn Jahren Gefängnis, ungefähr zweihunderttausend Euro Geldstrafe und tausend Peitschenhieben abgemildert, von denen er bis dato fünfzig erhalten hat. Weiterhin musste seine Ehefrau mit den drei Kindern aufgrund von Repressalien nach Kanada fliehen.

Jetzt denken Sie wahrscheinlich: »Da hat Herr Bauer aber Glück, dass er in solch einem liberalen Land wie Deutschland lebt. Hier kann man noch ungestraft seine Meinung äußern.«

Ich muss Sie leider enttäuschen. Für dieses Buch sitze ich zwar nicht im Gefängnis, und ich werde auch nicht ausgepeitscht – ein Vergleich zwischen Badawi und mir verbietet sich also von selbst –, aber ich habe meinen Arbeitsplatz verloren und musste finanzielle Einbußen von mehreren tausend Euro in Kauf nehmen. Die Eigentümerfamilie und die Geschäftsführung des mittelständischen Unternehmens, für welches ich gearbeitet habe (laut eigener Aussage gläubige Christen, aktiv im Kirchenvorstand, mit jährlicher medienwirksamer Spende an ein Kinderhospiz), haben mich vor die Wahl gestellt: Arbeitsplatz oder Buch. Man wolle unter gar keinen Umständen mit Stefan Bauer und seiner Geschichte in Verbindung gebracht werden. Da muss die christliche Nächstenliebe dem schnöden Mammon weichen. Aus Angst, weniger Geschäfte in Saudi-Arabien zu machen, hat man sich von mir distanziert. Der hungernde Bangladeschi, das vergewaltigte Hausmädchen oder das tote Baby am Straßenrand sind als Kunden eben nicht so attraktiv wie der saudische Staat.

Ich bin sicher, das Verhalten meines Arbeitgebers ist kein Einzelfall. Die Politik setzt sich gerne medienwirksam für die weltweite Einhaltung der Menschenrechte ein. Wenn es aber ans Geld geht, wird man pragmatisch. Meinungsfreiheit, Gleichberechtigung und Rechtsstaatlichkeit verlieren dann schnell an Wert.

Wie Sie sehen, habe ich mich für das Buch und somit für die Wahrheit entschieden, auch wenn ich den Verlust meines Jobs dafür in Kauf nehmen musste. Aber ich fühle mich so besser.

Da ich mich während meiner Schreibarbeit nochmals intensiv mit meinen Erlebnissen in Saudi-Arabien beschäftigt habe, sind viele Erinnerungen wieder aufgebrochen. Bis heute leide ich unter Albträumen, bin aber guter Dinge, dass sich die Schlafstörungen legen werden.

Mein Jahr in diesem abgeschotteten Land kann ich zusammengefasst nur als Jahr der Extreme beschreiben. Extrem schlimm, aber auch extrem schön.

شكر

Dank

Dies ist mein erstes Buch, und ich hätte mir niemals vorstellen können, wie viele Menschen notwendig sind, um solch ein Werk entstehen zu lassen. Daher ist es nicht *mein* Buch, sondern das Buch sehr vieler Menschen.

Zuallererst möchte ich meinen Kollegen und Freunden aus Riad danken. Ohne euch hätte ich die Zeit dort niemals überstanden und die Geschichten nicht erlebt. Mein nächster Dank geht an Rainer Leurs von *Spiegel Online*. Sein Artikel über meine Geschichte setzte viele unterschiedliche Rädchen in Bewegung. Dann wären da noch Erik Riemenschneider und die Agentur rauchzeichen. Nach etlichen Gesprächen erstellten wir gemeinsam ein Exposé, mit welchem wir Ramona Jäger vom Bastei Lübbe Verlag begeistern konnten. Ein ganz großes Dankeschön geht an meine Lektorin Sibylle Auer. Durch ihre Fragen zu meiner Geschichte konnten wir zusammen diesen Text in eine lesbare Form bringen. Weiterhin möchte ich allen Mitarbeitern vom Bastei Lübbe Verlag danken. Ohne euch könnte ich meine Erlebnisse maximal am Lagerfeuer erzählen, aber bestimmt nicht in einem richtigen Buch.

Und schließlich danke ich meinen Eltern. Ihr hattet es sicher nicht immer leicht mit mir und meinen verrückten Ideen. Erst geht der Junge nach Saudi-Arabien, und dann wird er auch noch Autor. Tausend Dank für die ständige Unterstützung und die vielen guten Ratschläge.

Bildnachweis

Stefan Bauer
Tafelteil I: Seite 2 unten, 4 unten, 5, 6
Tafelteil II: Seite 3 unten, 4–7, 8 oben
Tafelteil III: Seite 1, 2 unten rechts, 7, 8
Tafelteil IV: Seite 1 oben, 3, 5–8

Getty Images/Fayez Nureldine
Tafelteil I: Seite 3 unten

Getty Images / Tim E White
Tafelteil I: Seite 2 oben

Picture Alliance / CHROMORANGE
Tafelteil I: Seite 3 oben

T² Creation
Tafelteil I: Seite 1, 4 oben, 7, 8
Tafelteil II: Seite 1, 2, 3 oben, 8 unten
Tafelteil III: Seite 1, 2 oben und unten links, 3–6
Tafelteil IV: Seite 1 unten, 2, 4